Research on the
Frontier Problems
of Securities Law

证券法前沿问题研究

谢九华　樊沛鑫　著

知识产权出版社
全国百佳图书出版单位

图书在版编目（CIP）数据

证券法前沿问题研究/谢九华，樊沛鑫著. —北京：知识产权出版社，2018.5
ISBN 978-7-5130-5470-6

Ⅰ.①证… Ⅱ.①谢… ②樊… Ⅲ.①证券法—研究—中国 Ⅳ.①D922.287.4

中国版本图书馆 CIP 数据核字（2018）第 051244 号

内容提要

本书从证券法基础理论入手，阐述了证券市场主体、证券投资基金、证券监管行为的法律规制，针对境外证券法制改革及我国证券法制的协同完善进行了探讨，并提出了有建设性的观点。

责任编辑：韩婷婷　　**责任校对**：谷　洋
封面设计：郑焕良　　**责任出版**：刘译文

证券法前沿问题研究
谢九华　樊沛鑫　著

出版发行：知识产权出版社有限责任公司　　**网　址**：http://www.ipph.cn
社　址：北京市海淀区气象路 50 号院　　**邮　编**：100081
责编电话：010-82000860 转 8359　　**责编邮箱**：46816202@qq.com
发行电话：010-82000860 转 8101/8102　　**发行传真**：010-82000893/82005070/82000270
印　刷：三河市国英印务有限公司印刷　　**经　销**：各大网上书店、新华书店及相关专业书店
开　本：720mm×1000mm　1/16　　**印　张**：14
版　次：2018 年 5 月第 1 版　　**印　次**：2018 年 5 月第 1 次印刷
字　数：253 千字　　**定　价**：59.00 元
ISBN 978-7-5130-5470-6

contents ▶▶▶

目 录

第一章 证券法基础理论

第一节 证券的概念

证券概念的界定涉及证券法的调整范围并与证券法的宗旨和功能定位紧密相关，既是学习、思考证券法理论的起点，也是证券立法问题和证券法相关案件裁判的出发点。进入21世纪以来，在资本市场风云变幻、资本市场法制改革呼唤统一的金融服务法的背景下，一个充满人类智慧和科学理性精神并彰显法律的技术理性和价值理性有机融合的证券概念无疑是法律对现实经济生活实践需求及其面临的困境最为有力的回应。对证券概念进行界定具有重要的意义，主要表现为以下三个方面：①“证券”概念的界定是新证券法的关键性前提。由于我国证券立法过于保守，证券法中“证券”概念过于陈旧，界定范围过于狭窄，已经在实践中产生了许多问题，例如金融理财产品难以纳入证券监管的范围，广受学者和实务专家的批评。因此，扩大证券的概念已经成为当务之急。②“证券”概念是界定证券行为的基础，而证券行为规制，为行为主体设定法律义务是证券法的基本手段。③“证券”概念的界定是确定证券监管权力、实现功能监管的基础。最早的功能监管立法是美国1999年的《金融服务现代化法》。这部法律专门设了“功能监管”一章，废除联邦证券法对商业银行的豁免，要求商业银行将大部分的证券业务转交给单独的关联结构或者子公司进行并接受证券交易委员会（Securities and Exchange Commission，SEC）的监管。❶ 功能性监管的核心是“将金融投

---

❶ 黄韬. 我国金融市场从“机构监管”到“功能监管”的法律路径［J］. 华东政法大学学报，2011（11）.

资业、金融投资商品、金融消费者根据经济实质和金融功能进行分类”。“只要金融功能相同，就适用同一的标准与规则，对同一金融功能的金融消费者适用同一的投资者保护制度。因此，对于证券这种金融商品，不论是哪些机构发行、销售、经营，也不论是否冠以证券的名称，只要符合证券的要式性、投资性、风险性等特征，就应纳入证券法统一规制，由监管机构按统一的规范和标准监管。”❶

本书对证券概念的探讨即在这一背景下展开。首先从理论视角对证券概念的源流加以梳理，进而从立法论视角阐述我国证券法中证券的概念及其面临的困境，最后提出界定证券概念的初步构想。

一、证券和证券权利流变及其演绎史

（一）民事权利证券化与证券的产生

法律描述财产的核心概念即为民事权利，私法中庞大的权利家族谱系是财产关系形态多样性、复杂性的反映。证券原本为一个可以感知的具象概念，辞海将其解释为“用以设定或证明具有一定权利或价值的凭证”，即为明证。法学中的证券定义也难以忽视证券的具体可感知属性，将其界定为“在专用纸单或其他载体上，借助文字或图形，表彰特定民事权利的书证”；并且进一步揭示了证券所具有的载体属性：“它有时是侧重于描述民事权利的载体，这种载体既可以是纸张，也可以是记载和表彰民事权利的其他载体。”❷ 但法学上的证券定义更重视揭示证券的抽象属性，即其背后所承载的财产性民事权利。作为一种权利主体或者请求他人“为一定行为或者不为一定行为的可能性或意思自由”❸ 的民事权利概念，证券获得了近乎无限的抽象空间，因而使得其具有非常强的涵摄力。民事权利证券化使得抽象权利具体化，使民事权利飞入寻常百姓家，实现其作为市场交易工具、流通手段、财富增值手段等经济职能。

民事权利证券化的第一阶段是民事权利的债权化。债法和物权法都是调

---

❶ 郭峰. 大金融视野下的证券监管理念和证券法修改路径. 中国金融服务法律网. http：//www. ourlaw. net/.

❷ 叶林. 证券法［M］. 四版. 北京：中国人民大学出版社，2013.

❸ 李开国. 民法总则问题研究［M］. 北京：法律出版社，2003：90.

整私法主体经济关系最为基础的法律部门。从功能上说，物权法调整私法主体之间的财货归属关系，而债法则承担了财货流转之职能。但这两个部门在调整私法经济关系中所起的作用并不相同。在前工业社会，不动产的所有权与不动产的利用范围是一致的，动产的所有与利用也是一致的，基本上遵循所有之所在，即利用之所在，财产的他主占用使用只是偶尔的例外。而且由于个人力量较弱小，必须依靠身份关系来组织生产，实现财产的集合利用功能，在这个阶段，所有权居于优越地位，债权处于依附地位。到了工业社会，虽然所有权仍居于中心，但物权利用以契约形式得以广泛开展，作为承载物的利用功能的债权仍从属于所有权。而在现代社会，所有权色彩递减，债权色彩递增，甚至于公司这种经济组织也主要是通过债权来维持。因此，日本民法学家我妻荣教授认为，古代法以支配权为中心展开，近代法中的财产实现债权化从而使债权获得更加优越的地位。[1]

财产的债权化使得民事权利得以摆脱所有人的支配向着更加高效利用的方向飞奔。但传统民事权利以支配权为核心而展开、非标准化、缺乏必要的流动性等局限性仍在制约着财产的使用价值的发挥。因此，为适应现代社会对商事交易快捷的要求，必须挖掘民事权利的可转让属性、实现民事权利的量化和标准化，并使民事权利获得具体的实物载体，实现财产转让活动的简易化和流通化，以便于迅速满足和实现公司等商事组织面向社会公众筹集资金的需求。民事权利证券化就是“通过某种交易形式将民事权利与证券形式相互结合的过程，简单地说，即将民事财产权利以证券形态加以体现的过程”[2]。新近提出的私法权利结构理论认为，权利结构的变化（合成、分解以及单纯的权利结构变动）可使权利产生新的功能。[3] 该理论从功能视角进一步展示了民事权利证券化的原因及其权利结构变动的技术性是如何满足现代市场经济条件下商事活动的特殊需求的。在财产权债权化，债权取得在商事主体中的优越地位的基础上，如果想使民事权利得到大规模、商业性的利用，首先必须完成权利的集中，例如公司财产之集中利用，并改变财产的单一价值而实现其整体营运价值，因为集合财产的价值远高于单个财产价值，

[1] ［日］我妻荣．债权在近代法中的优越地位［M］．北京．中国大百科全书出版社，1999.

[2] 叶林．证券法［M］．四版．北京：中国人民大学出版社，2013.

[3] 陈醇．权利的结构——以商法为例［J］．法学研究，2010（4）．

犹如马的价值高于马肉的价值，此为财产商业利用之权利合成技术之利用，为民事权利证券化之前提条件，因为证券之所以有价值是由于证券所承载的证券发行人（如公司）具有良好的信用，其实质在于发行人的集合财产具有实现价值投资的潜在能力，“财产权的合成形成资本性财产权，具有一般财产权所不具备的增值功能”❶。没有单个财产集中为团体商业财产，就不会有分割后的标准化的证券的产生。在第二阶段，若要进一步优化利用商业性财团的整体资产，还须利用权利的分化技术，权利的分化进一步揭示了衍生金融证券产生的结构方面的原因，并从深层解释了民事权利证券化的流通功能和效率价值。首先，与物权的分解产生众多的他物权（用益物权和担保物权）、建立一个庞大的他物权交易市场一样，远期债权的分解也建立了一个能满足商人套期保值、融资便利等需求的金融衍生品市场。其次，权利分解可以节约资本并使权利具有流通性，如期货交易通常只要求以保证金进行而不必支付整个远期债权的价款。金融衍生品债权具有高度的流通性，正是得力于金融衍生品债权的分解与再分解（衍生与再衍生）技术。❷

（二）证券的谱系：广义证券与狭义证券

1. 证券与证书的区别

证书和证券的主要区别在于证书是一种法律事实的证明，如学生证、工作证、毕业证等，而证券则为某种权利之载体。

2. 广义证券及其分类

广义证券即是前述的与权利紧密相连的书证。根据其权利形态的不同，广义证券可以分为金券、资格证券和有价证券。有价证券可以进一步细分为商品证券、货币证券和投资证券，在我国分别由《中华人民共和国合同法》（以下简称《合同法》）、《中华人民共和国海商法》（以下简称《海商法》）、《中华人民共和国票据法》（以下简称《票据法》）、《中华人民共和国证券法》（以下简称《证券法》）调整。广义证券的谱系如图 1-1 所示。

---

❶ 陈醇. 权利的结构——以商法为例［J］. 法学研究，2010（4）.

❷ 同上注。

证券
- 金券：表明金额，证券形式与权利不可分，如印花
- 资格证券：行使某种权利的资格，如车票、信用卡
- 有价证券
  - 商品证券：提单、仓单
  - 货币证券：汇票、本票
  - 投资证券：股票、债券

图 1-1　广义证券的谱系

3. 证券的本质是一种标准投资合同的书面凭证

从以上基本划分可知，证券法所调整的证券是指狭义的证券，即资本证券或者投资证券，是“资金需求者通过直接融资方式向资金供应者直接获得资金后，向资金提供者签发的证券”。❶ 这类证券的特点在于从投资者角度说是其为投资的凭证，而从资金获得者看实为借贷的凭证，因此，将其界定为标准投资合同的书面凭证更为准确。之所以从投资者角度描述，将其强调为投资者凭证，在于投资合同的特征性履行受领主体（资金提供者）一方呈现出标准化、人数众多、具有公众性等特点，具有与一般合同金钱债权一样的共性，同时从实际地位来看投资者也处于弱势。另一方面，此种投资合同的特征性履行主体即资金需求者不但获得对资金的占有、使用、收益，使其在权利的行使上占据优势，而且其履行还款义务的方式呈现出多样化特点，或为到期还本付息或为支付股权收益，并且这种多样性随证券产品的创新而层出不穷。因此，特征性履行主体的特殊义务一直是证券法规制之重点。有学者认为，此种证券概念界定方式能够勾画出证券法上的证券在民法书证或广义证券体系中的地位，便于从形式上定位证券概念，但此种方法注重形式比较，没有区分商品证券、货币证券或资本证券的实质，在足智多谋的金融投资者面前这种证券概念可能被突破，故而应寻求从投资合同方式上进行界定。❷ 笔者认为，该观点认可投资证券定义的体系性、形式性优点，是可取的，但其认为将证券界定为投资性证券与投资合同界定方式系属不同的界定思路却极为不妥。二者均为投资合同界定方式，差别仅仅在于，传统大陆法将证券界定为投资证券的形式主义定义方式更为深层地揭示了投资合同的特

❶ 叶林. 证券法［M］. 四版. 北京：中国人民大学出版社，2013：9.

❷ 姚海放. 论证券概念的扩大及对金融监管的意义［J］. 政治与法律，2012（8）.

征性履行行为特征，且其暗含了法律应对投资合同的投资者一方的权利予以重点关注之意，实为概念描述中抓住本质特性、切中要害之定义。应从这个视角对证券进行观察研究，因为投资合同投资者特殊性的观点离证券投资者的倾斜保护等证券法基本宗旨在理论层面也仅差最后一层薄纸了。

笔者运用权利结构理论的“权力性权利”概念❶从权利视角进一步揭示证券发行人在投资合同中的优越地位。权利结构理论认为权利的合成、分解以及单纯结构变动可以改变权利的性质，并影响权利的功能。它既包括权利的宏观结构，也包括权利的微观结构。我国学者认为法律权利的微观结构应该具有三个层次，即权利的核心、核心的外围以及控制边缘；而权利的宏观结构则由一般权利、具体性权利和补救性权利组成。❷ 权利结构具有权利结构模式的无限性、变调性、独立性、整体性四个特征。❸ 权利结构现象是私法中的普遍现象，在一些制度创新领域颇具解释力。以股权为例，投资合同中证券发行人通过财产权的合成生成了资本性的专用财产，甚至赋予此种社团以法人地位，使原有的财产提供者失去了对财产的支配权，而获得一个实质意义上的债权性质的股权，因此从实质上改造了“投资者—公司财产”关系的权利构造样态。此种结构的变动使得实际控制公司集合财产的内部人（如大股东、董事、经理）形成一种具有支配、控制地位的权力性权利。此种权力性权利无法在合同法中进行特别规制，而证券法以规制微观证券交易中的强势权利和证券市场监管者之权力为使命，因此，除证券法制的宏观设计外，投资合同中的特殊微观权利构造也应成为证券法关注的另一焦点。

综上，本书将证券法所调整的证券界定为广义证券中的资本证券或投资证券，其实质为标准投资合同的书面凭证。

二、我国证券法的证券概念及其面临的困境

（一）我国证券法中的证券概念

2005 年《证券法》第 2 条规定，在中华人民共和国境内，股票、公司债券和国务院依法认定的其他证券的发行和交易，适用本法；本法未规定

❶ 陈醇. 权利的结构——以商法为例［J］. 法学研究，2010（4）.

❷ 林志敏. 论法律权利结构［J］. 吉林大学社会科学学报，1990（4）.

❸ 陈醇. 权利的结构——以商法为例［J］. 法学研究，2010（4）.

的，适用《中华人民共和国公司法》和其他法律、行政法规的规定。政府债券、证券投资基金份额的上市交易，适用本法；其他法律、行政法规另有规定的，适用其规定。证券衍生品种发行、交易的管理办法，由国务院依照本法的原则规定。

（二）现行规定的缺陷

我国现行的证券法存在以下几个方面的不足：

（1）列举的证券种类有限，调整范围过窄。现行证券法调整的证券概括起来包括股票、公司债券、政府债券、投资基金券以及国务院认定的其他证券。但在实践中，国务院并未认定其他证券，因此证券法调整的证券实际上就是前四类。实践中广泛运用的一些金融消费商品如银行理财产品、信托理财产品等无法纳入证券法的调整范围，调整范围过窄导致许多本属于证券法调整范围的案件无法适用证券法中的证券投资者保护规定，这使得司法实践中法院常适用《合同法》或者《中华人民共和国侵权责任法》（以下简称《侵权法》）等予以裁判。但其弊病是明显的，因为法律制度对经济的支持作用分为几个层次：第一阶段是某种法律体系的简单存在（如财产法、合同法与侵权法等以及审判机构的存在）；第二阶段是比较复杂的关于公司（或者其他形式的商业机构）的法律；第三阶段是证券法。[1] 较高层次的证券法的缺位使商事审判的专业性不足，难以满足复杂商事交易的需求，这正是证券法调整范围过于狭窄所致。

（2）未对证券进行抽象界定。证券法欠缺行为准则功能，缺乏行为标准，是非法集资泛滥的一个重要原因。另外，证券种类未对金融与经济生活进行适应性回应。保持法律对现实的适应性是成熟市场经济法制的基本立法政策。据称，发达国家平均每两年对证券法进行一次修订。而我国近年来未对证券法作过修订，立法对银行、券商、信托行业层出不穷的金融理财产品创新缺乏关注，未对金融与经济生活予以现实回应，实质上使金融创新处于极端自由乃至失序状态，不得已则转而求助于刑法规制，希图以杀一儆百来弥补粗糙的证券法制之失误。孙大午案、吴英案、曾成杰案均为其例。立法

---

[1] ［美］弗兰克·B. 克罗斯，罗伯特·A. 普伦蒂斯. 法律与公司金融［M］. 伍巧芳，高汉，译. 北京大学出版社，2011（9）：10.

对何为证券缺乏明确的概括标准，表面看来似乎并无大碍，但由于证券法并未与刑法同步，加之刑事政策的不确定性，致使涉及资金类的金融案件高发，入罪率较高，并成为部分公权力机关对付民营企业之利剑。

三、我国新证券法证券概念界定的立法构想

（一）我国证券法修改是否应采取金融商品统合规制立法模式

近年来，以英国、澳大利亚、日本、韩国、新加坡、我国台湾和香港地区等为代表，金融法制出现了从纵向的金融行业规制到横向的金融商品规制的发展趋势，出现了根据功能性监管模式来重新整理和改编原有的多部与金融市场、资本市场相关的法律，将传统银行、保险、证券、信托等金融投资业整合在一部法律中的趋势，特别是将各式各类的具有投资性、集合性的金融产品以及金融服务进行横向统合规制的趋势。[1] 有学者据此认为应在吸收借鉴他国“金融服务法”立法经验，修改或废除现有的《银行法》《保险法》《信托法》《证券法》《投资基金法》的基础上，制定一部《金融商品发行和交易法》。[2]

笔者认为，统合规制立法模式确为中国未来金融立法之最终目标。将具有投资性的金融商品（包括证券、投资性的银行理财产品和保险产品、集合投资计划单位、期权、期货等）纳入其中统一规制，采用统一的信息披露制度、反欺诈制度和投资者保护制度，可极大地便利证券市场主体识别证券品种，并为统一的功能性金融监管奠定基础。但综合考虑立法、体制改革和民众接受程度等因素，统一金融商品交易法不可能一蹴而就。韩国、日本的经验表明，统一金融法制是一个循序渐进的过程。而且横向规制具有相对性，有些技术难题难以克服，统一规制难免扼杀金融创新。[3] 此外，一些私募股权投资的私募投资产品、互联网金融中的 P2P 网络借贷等新型金融形式尚无法律加以规范，这些领域亟须单行立法加以规制。因此，较为可行的金融立法模式仍是分别单一立法，并对立法所未涉及的互联网金融进行单行立法监

---

[1] 杨东. 论金融法制的横向规制趋势［J］. 法学家，2009（2）.

[2] 郭峰. 大金融视野下的证券监管理念和证券法修改路径. 中国金融服务法律网. http://www.ourlaw.net/.

[3] 陈洁. 证券法的变革与走向［M］. 北京：法律出版社，2011：45.

管。就证券法而言，可以通过对证券的定义进行扩展、将具有证券属性的金融商品纳入证券法的调整范围，实现证券法对现实金融与经济生活的回应。

（二）证券概念界定的立法模式

有学者认为应“采用列举式加具有弹性的兜底条款立法，将所有符合‘投资性合同’特征的证券性金融投资商品纳入证券法的调整范围”。从而把金融投资商品界定为“由发行人为筹资而销售或发行，投资者以获得利益或避免损失为目的，在现在或将来特定的时点，约定以金钱或具有经济价值的物作为支付取得相应的权利，其权利可予以转让、变现、赎回的投资性金融产品”。其具有如下特征：第一，以金钱出资并有赎回金钱之可能性；第二，与资产或股价指数等相联动；第三，可期待获取较高收益，但也需承受投资风险。❶

还有学者认为应采取“概括+列举”方式，即资本市场统合法用“概括所有具有投资性金融商品的单一概念来定义金融投资商品，即为了取得利益或者避免损失及危险管理，负担本金损失或者超过本金损失乃至追加支付的可能性，约定现在或者将特定时间点上的金钱等转移，从而具有的权利”❷。认为应对投资性金融商品实行一元化管理，而创新性的证券品种由证券监管机构认定。

以上这两种模式都在挖掘证券概念的本质属性和功能的基础上，对证券概念的内涵和外延进行界定并对成熟证券品种采取列举方式以明确证券的范围。笔者认为对证券的抽象的定义在学理上非常有价值，但是否将其写入立法条文值得商榷。因为证券市场的创新度非常高，市场主体规避法律的意愿与能力也非常强，投资类证券产品本身是一个开放的不断发展的概念。因此比较好的立法模式还是“列举+兜底”模式，其优点是既能对成熟的投资证券明文列举，又能用限制性兜底性条款为证券法预留足够的调整空间。

---

❶ 郭峰. 大金融视野下的证券监管理念和证券法修改路径. 中国金融服务法律网. http：//www. ourlaw. net/.

❷ 陈洁. 证券法的变革与走向［M］. 北京：法律出版社，2011：47.

第二节　证券市场和证券市场体系

一、证券市场概述

（一）证券市场的概念与特征

1. 证券市场的概念

虽然人们可以从证券交易场所等有形市场角度去理解证券市场，即证券市场是由一定建筑物、设备设施和人员构成并按一定交易规则进行证券产品买卖的专业类场所，主要包括场内交易市场和场外交易市场。场内交易市场即证券交易所，属于证券市场中提供集中竞价服务的最为重要的主体和场所，其设立、运行皆严格按法律规定进行。除此之外，为保障多层次的证券直接融资需求，也有所谓的场外交易市场（Over-the-Counter Market，OTC），或称柜台市场、店头市场。但证券市场的概念更应从抽象层面来理解。马克思认为，市场是商品交换的场所，是一切交换关系的总和。因此，作为金融市场重要组成部分的证券市场可以理解为所有具有投融资属性的证券权利（证券类产权或称证券金融商品）进行交换的空间和场所，其交换关系主要包括证券募集关系、证券发行关系和证券交易关系。证券市场的构成要素在此种抽象意义上也包括证券市场主体、证券市场客体、证券市场交易行为和证券市场交易规则四个方面。证券市场主体主要围绕证券投资合同关系展开。第一层次是证券投资合同的双方，即证券发行人和证券投资者，包括发行股票或者债券的上市公司、发行国家债券的政府以及发行证券投资基金份额的基金管理公司和购买上述证券产品的投资者。由于证券金融商品具有无形性，品质难以辨别，因此为保证交易的顺利进行，需要有专门的证券法强制证券发行人披露那些能决定证券价格的主要信息，以保障证券投资者作出理性的经济决策。第二层次的主体，即证券中介机构如证券交易登记机构、证券公司（投资银行）以及相关的会计师、律师事务所等。证券市场的客体是指所有纳入证券法规制并为直接金融服务的有价证券，包括股票、投资基金份额、债券以及其他所有具有直接大规模融资属性的投资合同。证券交易行为有证券募集行为、证券发行行为以及证券交易行为三类。实践中，不但应研究合法的证券交易行为，还应关注非法集资等不合法但在实际上属于证券融资的行为。证券市场交易规则既包括直接为证券发行、买卖服务的证券法中集中规定的规则，也包括为基础关系服务的合同法、侵权法，还包括一些对以上法律规定的效力进行强化的公法，如刑法中对非法集资罪的规定。在中国特定的转型背景下，许多具有强制性效力特征的行政法规、规章以及证券市场的相关政策也确定了证券市场主体的权利义务及其交易的程序规范，因而也属于证券市场规则。总体来讲，证券市场的规则呈现出一个效力层次不一、法源多元化的格局，但其为市场经济中较高层次的法律规范则无疑义。

2. 证券市场的特征

证券市场是资本市场的有机组成部分，具有以下几个特点：

（1）证券市场是信息不对称的市场。证券作为供投资者买卖的特殊金融商品，存在品质识别困难等先天劣势，因此，与证券品质有关的信息及其获取机制构成证券市场运行的基础。但较上市公司、证券中介机构、证券监管机构而言，投资者处于信息弱势地位，其对上市公司的经营状况、盈利能力、产品的竞争力和公司管理层的变动等信息难以全面、有效地掌握，投资者很难确定其所购买股票的真正价值，因此证券市场存在普遍的信息不对称问题。对信息不对称的负面效应或者其易导致劣币驱逐良币倾向问题，当以诺贝尔经济学奖得主乔治·阿克洛夫所提出的柠檬市场效应最为深刻。❶ 他在1970年发表的著名的《柠檬市场：质量不确定性与市场机制》一文中，从质量与不确定性之间的关系方面对汽车旧货市场进行分析，提出了柠檬市场理论。他的分析表明：旧货市场上卖主对汽车质量的信息要比买主掌握的更多一些，也就是说在旧车市场上信息分布是不均匀的、非对称的。但是买主可依据经验大致了解市场上旧车的平均质量，因此在交易时他们只愿意依据市场的平均质量支付购买价格。在这样的条件下，高于市场平均质量的旧

❶ 低质量车在美国被叫作“柠檬”，在旧车市场上买主不知道自己将要购买的汽车是质量好的，还是一辆“柠檬”，但他知道他可能买到“柠檬”的概率，因此他不会为任何车辆支付高于平均质量的价格。在许多市场中，买者利用一些统计数据来判断他们将要购买的商品质量，在这样的情况下，卖者就有动力提供低质量的商品以获取高额的利润。进而证明了是价格决定了商品质量，而非传统经济学所说的：质量决定价格。

车因无利可图将退出市场，随着市场上高质量旧车的退出，市场上旧车的平均质量就会下降，导致买主愿意支付的购买价格也随之下降，结果，又导致质量较高的旧车卖主被迫将车辆退出市场。如此循环，在一个质量分布不均匀的市场中，质量最差的旧车将在质量最好的旧车淘汰出市场后，还会将质量较好、质量中等和质量较差的旧车依次淘汰，从而导致旧车市场无法存在。在我国股市中，从“郑百文”“ST 猴王”，到“银广夏”无一不是利用信息不对称在牟取利益，对证券市场的危害非常大。一旦市场进行逆向选择，将会侵蚀证券市场的基石。鉴于信息不对称存在于任何委托代理关系中，在证券市场上永远都会存在信息不对称的问题，证券法的任务就是尽量去解决证券市场中存在的公众股股东与大股东、管理者、证券经营机构、中介机构之间的信息不对称的问题。若不解决，就会出现很多道德方面的风险和法律方面的风险，使投资者的利益受到损害。[1] 因此，证券法制应围绕信息获取的公开公正原则，努力消除证券市场中的柠檬市场效应和信息不对称现象，以维护证券市场的健康运行和发展。

（2）证券市场是具有垄断属性的市场。垄断，古称为“榷”，古代中国的盐、铁、茶长期实行官营禁榷制度，原指站在市集的高地上操纵贸易，后来泛指把持和独占。政治经济学中，垄断是指少数大企业为了获得高额利润，通过相互协议或联合，对一个或几个部门商品的生产、销售和价格进行操纵和控制的行为。我国证券市场由于法人股流通性较弱，加之在证券发行一级市场上部分机构（上市公司、证券公司、证券投资基金和其他国有企业所组成的战略投资者）在询价和配售环节拥有垄断性质的新股优先购买权，因此证券市场资源在一定程度上存在垄断现象。证券经营机构规模经济的特点使自由竞争很容易发展成为高度的集中垄断。在我国证券市场上，券商越大，可能占有越多市场份额，就会垄断市场中的一些产品，垄断市场中的一些运作，也就很容易发展成为高度的集中垄断。垄断的出现，一方面会给消费者带来损失，另一方面券商为了抢客户，会使出各种招数来竞争，这种激烈的同业竞争如果没有国家的管制，将会导致证券体系的不稳定，如挪用客

[1] 郭锋. 新证券法：国家干预与放松管制之平衡. 中国民商法网. http://www.civillaw.com.cn/article/default.asp?id=26097.

户保证金等，就会危及整个金融、经济体系的稳定。❶

（3）证券市场是具有外部性的交易市场。外部性又称为溢出效应、外部影响或外差效应，指一个人或一群人的行动和决策使另一个人或一群人受损或受益的情况。经济外部性是经济主体（包括厂商或个人）的经济活动对他人和社会造成的非市场化的影响，即社会成员（包括组织和个人）从事经济活动时其成本与后果不完全由该行为人承担。经济外部性分为正外部性（positive externality）和负外部性（negative externality）。正外部性是某个经济行为个体的活动使他人或社会受益，而受益者无须花费代价；负外部性是某个经济行为个体的活动使他人或社会受损，而造成外部不经济的人却没有为此承担成本。负外部性的典型例子是工厂在生产中排放污染物，它所造成的社会成本包括政府治理污染的花费、自然资源的减少以及污染物对人类健康造成的危害。正外部性的典型例子是教育。完善的教育系统培育出的人才会对社会建设做出贡献，这是对所有人都有益的。证券市场外部性是指证券交易行为中私人成本或私人收益向第三方溢出的外部经济效应。无论正外部性还是负外部性都意味着证券市场机制失灵，因而不利于实现金融资源的帕累托最优。例如，银广夏事件、美国的安然造假事件被披露、涉事公司受罚后，公众投资者承担了额外的风险并引发证券市场的巨大波动。当投资者对证券市场信心不足并远离证券市场时，证券市场将趋于疲软，进而影响整个社会的经济生活。尤其我国证券市场由计划经济转型而来，以国有上市公司和管理国有资产的代表人组成的特殊利益集团的存在导致上市公司信用缺失的通病，其外部性行为增加了政府“隐含担保”的成本。同时，一些证券公司因为经营不合规合法而破产倒闭，这些均对证券市场产生了重要影响。因此，鉴于证券市场风险明显的外部性，完全依靠市场力量将无法使证券风险的外部成本内部化，所以需要政府力量的介入，通过证券监管使社会成本内部化。❷

---

❶ 郭锋．新证券法：国家干预与放松管制之平衡．中国民商法网．http://www.civillaw.com.cn/article/default.asp?id=26097.

❷ 高伟．证券风险的外部性与证券监管［J］．金融教学与研究，2002（4）．

（二）证券市场的分类

1. 按照证券种类分类

按照证券种类，可将证券市场分为股票市场、债券市场、基金市场以及衍生证券市场四个基本类别。

（1）股票市场。股票市场是上市公司股票发行、转让、买卖和流通的场所，包括股票发行市场和股票交易市场。股票市场的前身起源于1602年荷兰人在阿姆斯特丹运河大桥上进行荷属东印度公司股票的买卖，而正规的股票市场最早出现在美国。股票市场是投机者和投资者双双活跃的地方，是一个国家或地区经济和金融活动的寒暑表，股票市场的不良现象如无货沽空等会导致股灾等各种危害的产生。股票市场唯一不变的就是：时时刻刻都是变化的。中国内地有上海证券交易所和深圳证券交易所两个交易市场。

（2）债券市场。债券市场是金融市场的一个重要组成部分，又称“债市”，是发行和买卖债券的场所，包括各种国债市场、企业债券市场、公司债券市场、金融债券市场等。就我国目前债券市场的发展情况看，国债市场和公司债券市场最为典型。

（3）基金市场。投资基金，是一种利益共享、风险共担的集合投资制度，即通过向社会公开发行一种凭证来筹集资金，并将资金用于证券投资。基金是证券市场重要的机构投资者，对保障市场的稳定具有重要作用。基金市场就是基金凭证发行和交易的证券市场。依照基金的特点和性质，基金市场可进一步分为投资基金市场和产业基金市场。投资基金市场又可进一步分为公募型的证券投资基金市场（Public Offering of Fund）和私募型的股权投资基金市场（Private Equity，PE）两大类。我国证券投资基金法主要调整、规范前一种。

（4）衍生证券市场。衍生证券（Derivative Security），也称衍生工具，是一种自身价值依赖于其他更基本的（underlying）标的变量的证券，其收益取决于其他资产价格（如债券或股票价格）的合约。证券衍生产品可以分为契约型和证券型两类。契约型证券衍生品种，以股票、债券等资本证券或者资本证券的整体价值衡量标准如股票指数为基础，主要包括各类期货、期权等品种，如股指期货、股指期权、国债期货、股票期权等。证券型证券衍生品种，是股票等基础证券和一个权利合约相结合，并将其中的权利以证券的形式表现出来，形成的一种新证券品种。有代表性的证券型证券衍生品种有认股权证和可转换公司债。衍生证券市场是指以衍生证券为发行和交易对象的证券市场，主要包括期货市场、期权市场以及其他衍生证券市场。衍生证券市场存在较大风险，1995 年巴林银行因炒作日经 225 指数期货合约和看涨期权等衍生证券交易而倒闭是其中最典型的实例。

2. 按照证券权利的交易流程分类

按照证券权利的交易流程，可分为证券发行市场和证券交易市场。

（1）证券发行市场。证券发行市场（Primary Market/New Issue Market），是指筹集资金的公司或政府机构将其新发行的股票和债券等证券销售给最初购买者的金融市场。通过一级市场，发行人筹措到了公司所需资金，而投资人通过购买公司的股票成为公司的股东，实现了储蓄转化为资本的过程。因此发行市场的主要功能体现为以下三个方面：为资金需求者提供筹措资金的渠道；为资金供应者提供投资机会，实现储蓄向投资的转化；形成资金流动的收益导向机制，促进资源配置的不断优化。证券发行市场根据证券发行方式的不同可以区分为不同性质和功能的市场形态。按该市场发行对象的不同，可分为公开发行市场与非公开发行市场。前者又称公募市场，是指事先不确定特定的发行对象，而是向社会广大投资者公开推销股票的发行市场。非公开发行市场又叫私募市场，是指发行公司只对特定的发行对象推销股票的发行市场。非公开发行市场主要为以下目的服务：①以发起方式设立公司；②内部配股；③私人配股，又称第三者分摊。

（2）证券交易市场。证券交易市场也称证券流通市场、二级市场（Security Secondary Market）、次级市场，是指对已经发行的证券进行买卖、转让和流通的市场。在二级市场上销售证券的收入属于出售证券的投资者，而不属于发行该证券的公司。通常所讲的股市一般是指证券的交易市场，它承担了证券的流通、证券价值发现以及套期保值等诸多功能。

二、我国证券市场存在的问题

目前我国证券市场最为重要的特点就是新兴加转轨型市场经济体制下的政府主导型证券市场。因此，证监会不但有监管职能，实际上还承担了培育市场的造市和托市职能。某种程度上说，政府对市场形成了一种隐性承诺。[1]这导致我国证券市场具有不同于欧美日发达经济体的特点，也存在一些较为明显的问题，主要表现为以下几个方面。

1. 证券市场较强调融资功能，公众投资者保护水平较低

我国证券市场强调融资功能，具体来说，①主板市场的沪深证券交易所在组织体系、上市标准、交易方式和监管结构方面几乎都完全一致，主要为成熟的国有大中型企业提供上市服务；②2004 年 6 月 24 日推出的二板市场（创业板市场）着眼于为中小企业特别是高新技术企业服务，但它附属于深交所，基本上延续主板的规则：除能接受流通盘在 5000 万股以下的中小企业上市这点不同以外，其他上市的条件和运行规则几乎与主板一样，所以上市的门槛较高；③由代办股份转让系统和地方产权交易市场构成的三板市场交易规则混乱，布局不够合理。

笔者认为，证券市场须具备价值投资功能，而保持上市公司公众性品质是实现价值投资的前提和基础，其实质是弱势的金融消费者对金融经营者权力的一套法律制衡机制。作为一套资本的合理定价机制，价值发现、资源配置是证券市场的主要功能之一。但我国的相关制度设计过分重视融资功能，目前存在的诸多弊病均与价值投资功能缺失紧密相关。主要可以概括为以下七个方面：

（1）新股发行上市规则呈现“计划、管制”色彩和“融资者本位”倾向；

（2）上市公司股利分配缺乏约束机制；

（3）交易环节具体规则有待完善；

（4）退市制度存有缺陷；

（5）公众投资者参与公司治理机制未完全形成；

（6）证券市场监管者权力过大与执法乏力并存；

（7）中介机构欠缺公众责任意识和责任追究机制。

2. 证券种类狭窄、市场层次较为单一

我国现行《证券法》第 2 条规定，在中华人民共和国境内，股票、公司

---

[1] 周海冰. 政府隐性承诺与中国证券市场价格反应［J］. 南开经济研究，2006（5）.

债券和国务院依法认定的其他证券的发行和交易，适用本法；本法未规定的，适用《中华人民共和国公司法》和其他法律、行政法规的规定。政府债券、证券投资基金份额的上市交易，适用本法；其他法律、行政法规另有规定的，适用其规定。证券衍生品种发行、交易的管理办法，由国务院依照本法的原则规定。现行证券法调整的证券概括起来包括股票、公司债券、政府债券、投资基金券以及国务院认定的其他证券。由于实践中，国务院并未认定其他证券，因此证券法调整的证券实际上就是四类。第39条规定，依法公开发行的股票、公司债券及其他证券，应当在依法设立的证券交易所上市交易或者在国务院批准的其他证券交易场所转让。证券只能在证券交易所或者在国务院批准的场外市场转让。目前，我国内地经国务院批准设立的证券交易所只有上海证券交易所和深圳证券交易所两家。因此，场内交易就是在上海证券交易所和深圳证券交易所内进行的证券交易。根据深圳、上海证券交易所于2006年7月1日分别发布实施的《交易规则》规定，下列证券可以在我国证券交易所市场挂牌交易：①股票；②基金；③债券；④债券回购；⑤权证；⑥经中国证监会批准的其他交易品种。目前，经国务院批准且已经运作的其他证券交易场所只有代办股份转让系统。代办股份转让系统又称为三板市场，于2001年7月16日正式开办，当时在三板市场由指定券商代办转让的股票有61只，其中包括水仙、粤金曼和中浩等退市股票。[1] 作为我国多层次证券市场体系的一部分，三板市场一方面为退市后的上市公司股份提供继续流通的场所；另一方面也解决了原STAQ、NET系统历史遗留的数家公司法人股流通问题。因此，2006年以前我国只存在较高层次的证券交易场所，低层次交易场所尤其是场外交易市场不足。总的来说，中国的场外市场主要由各个政府部门主办，市场定位不明确，分布不合理，缺乏统一规则且结构层次单一，多层次的证券市场体系有待进一步发展。

3. 证券市场结构不够合理

证券市场结构是指证券市场的构成及其各部分之间的量比关系，包括层次结构、品种结构、交易所结构。层次结构通常指按证券进入市场的顺序而形成的结构关系。品种结构是指有价证券的品种形成的结构关系。这种结构

[1] 截至2016年年底，“新三板”挂牌企业总数已达10 163家，总股本5851.55亿股，总市值达40 558亿元。

关系的构成主要有股票市场、债券市场、基金市场、衍生产品市场等。概括来讲，我国证券市场存在“重股市、轻债市，重国债、轻企债”现象。截至2011年，国债和企业债加起来有20多万亿元的余额，和股票市场差不多，但企业债数量有限，仅有五六万亿元。和成熟市场相比，我国债券市场和股票市场不成比例。郭树清认为，“中国资本市场的自身结构不平衡首先表现在股票债券比例失调”。2011年年底，公司类信用债的余额不到股票市值的1/4。债券市场仍以国债、金融债、政策性银行发的债为主，公司类信用债券仅占全部债券市场的1/5左右。投资者结构也很不合理。境内专业投资者仅占16%，境外专业机构只有1%。此外，债券市场监管采取发改委、人民银行、证监会三家共同管理的模式，存在互通机制不协调、不统一的问题，增加了债券发行企业和投资者的成本。

三、建设多层次直接金融体系，构建合理的证券市场体系结构

（一）建设多层次证券市场体系的必要性和基本原则

1. 建设多层次证券市场体系的必要性

多层次资本市场是对现代资本市场复杂形态的一种表述，是资本市场有机联系的各要素总和，具有丰富的内涵。它不仅包含交易场所、交易品种以及同一个市场内部的不同层次，还包含体现在投资者结构、中介机构和监管体系的多层次，交易定价、交割清算方式的多样性，它们与多层次市场共同构成一个有机平衡的金融生态系统。建设多层次的证券市场体系，有利于满足资本市场上资金供求双方的多层次要求，有利于优化准入机制和退市机制，提高上市公司的质量，有利于防范和化解我国的金融风险。

2. 建设多层次证券市场体系的基本原则

建设多层次证券市场体系应以实现证券市场的价值投资功能为目标，以金融消费者理念、信托责任理念、市场化改革与严格监管理念以及改革发展成果公平分享理念等为指导，以重塑上市公司的公众性品格为路径，并坚持以下基本原则：

（1）公众投资者倾斜保护原则。基于中小投资者的弱势地位，立法及执法须予以倾斜保护。增加公众投资者话语权，以形成强大制约力量，督促上

市公司提升品质。

（2）证券市场相关机构人员权力制约原则。证券市场相关主体在信息和技术方面具有某种程度的垄断地位，往往对市场交易享有某种支配性的权力。因此，须按权力法则设置制约机制。

（3）从严监管原则，解决“市场失灵”。实施从严监管并非一味授予证监会更多的权力，而是要赋予公众投资者更多的权利，建立包括举报、申诉、参与以及获得救济权等在内的权利体系，形成行政监管、自律监管、公众（媒体）监督、司法救济并举的监督救济机制。

（4）惩罚赔偿原则与直接迅捷赔偿原则。须引入惩罚性赔偿机制，畅通司法赔偿救济渠道，建立赔偿基金，提高赔付效率，降低维权成本，以利于受损的公众投资者实现迅捷赔偿。

（二）欧美日证券市场体系结构特点及其借鉴

1. 美国资本市场体系的结构特点

美国资本市场体系规模最大，体系最复杂也最合理，主要包括以下三个层次：①主板市场。美国证券市场的主板市场是以纽约证券交易所为核心的全国性证券交易市场，该市场对上市公司的要求比较高，主要表现为交易国家级的上市公司的股票、债券；在该交易所上市的企业一般是知名度高的大企业，公司的成熟性好，有良好的业绩记录和完善的公司治理机制，公司有较长的历史存续性和较好的回报。从投资者的角度看，该市场的投资人多为风险规避或风险中立型。②以纳斯达克（NASDAQ）为核心的二板市场。纳斯达克市场对上市公司的要求与纽约证券交易所截然不同，它主要注重公司的成长性和长期营利性，在纳斯达克上市的公司普遍具有高科技含量、高风险、高回报、规模小的特征。纳斯达克虽然历史较短，但发展速度很快，按交易额排列，它已成为仅次于纽约证交所的全球第二大交易市场，而上市数量、成交量、市场表现、流动性比率等方面已经超过了纽约证交所。③遍布各地区的全国性和区域性市场及场外交易市场。美国证券交易所也是全国性的交易所，但在该交易所上市的企业较纽约证交所略逊一筹，该交易所挂牌的企业发展到一定程度可以转到纽约交易所上市。遍布全国各地的区域性证券交易所有 11 家，主要分布于全国各大工商业和金融中心城市，它们成为区域性企业的上市交易场所，可谓美国的三板市场（OTC 市场）。

2. 日本资本市场体系的结构特点

日本的交易所也分为三个层次：全国性交易中心、地区性证券交易中心和场外交易市场。①主板市场。东京证券交易所是日本证券市场的主板市场，具有全国中心市场的性质，在此上市的都是著名的大公司。②二板市场。大阪、名古屋等其他 7 家交易所构成地区性证券交易中心，主要交易那些尚不具备条件到东京交易所上市交易的证券，这 7 家地区性市场构成日本的二板市场。③场外交易市场。包括店头证券市场和店头股票市场，在此交易的公司规模不大但很有发展前途，其中店头市场的债券交易金额占日本证券交易的绝大部分。

3. 英国资本市场体系的结构特点

英国资本市场体系主要包括以下三个层次：①主板市场。伦敦证券交易所是英国全国性的集中市场，有着 200 多年的历史，是吸收欧洲资金的主要渠道。②全国性的二板市场（Alternative Investment Market，ATM）。与美国不同，英国的二板市场由伦敦交易所主办，是伦敦证交所的一部分，属于正式的市场。其运行相对独立，是为英国及海外初创的、高成长性公司服务的一个全国性市场。③全国性的三板市场（Off-Exchange，OFEX）。它是由伦敦证券交易所承担做市商职能的 JPJenkins 公司创办的，属于非正式市场。主要为中小型高成长企业进行股权融资服务。

（三）修改证券法，完善我国证券市场体系结构

1. 完善我国多层次证券市场体系的基本构想

首先，在市场发展层面上，要减少行政干预、提升市场效率，要逐步实现证券发行监管由核准制向注册制转变，同时要进一步加强退市制度改革和转板制度的设计。我国多层次证券市场间的转板机制构建，应当以实质多层次资本市场为基础，建立完善的升板和降板机制，区分二板和三板市场不同的升板绿色通道，规定升板的限制期，赋予公司升板自主决定权和降板申诉救济权。[1] 其次，在监管制度层面上，建立集中与自律相结合的监管模式，

---

[1] 侯东德，李俏丽. 多层次资本市场间转板对接机制探析［J］. 上海金融，2013（12）.

逐步完善做市商制度，加强信息披露监管的有效性，并尽快建立一个高效、统一的清算结算系统。最后，一方面，要对《证券法》进行修订，明确场外交易市场的法律地位，进一步完善《证券法》中关于虚假陈述、内幕交易和操纵市场等行为的民事责任立法；另一方面，在司法上应完善我国当前的代表人诉讼制度，明确诉讼代表人选定的具体程序和方法。建议取消当前证券市场民事赔偿纠纷案件的诉讼前置程序，维护投资者应有的诉讼权利，减少诉讼难度。另外，还应该实行证券诉讼原告举证责任倒置制度，强化上市公司和控股股东以及券商和其他证券服务机构的举证责任。

2. 我国多层次证券市场体系的应然结构

我国资本市场从20世纪90年代开始发展，目前由场内市场和场外市场两部分构成。其中场内市场的主板（含中小板）、创业板（俗称“二板”）和场外市场的全国中小企业股份转让系统（俗称“新三板”）、区域性股权交易市场、证券公司主导的柜台市场共同组成了我国多层次资本市场体系如图1-2所示。

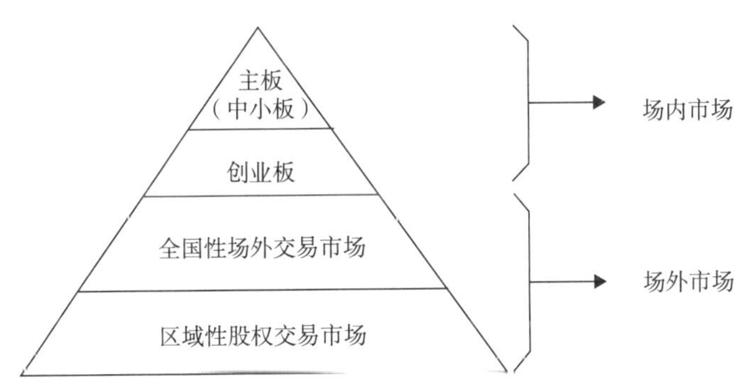

图1-2　中国多层资本市场架构

（1）主板市场。主板市场也称为一板市场，指传统意义上的证券市场（通常指股票市场），是一个国家或地区证券发行、上市及交易的主要场所。主板市场对发行人的营业期限、股本大小、盈利水平、最低市值等方面的要求标准较高，上市企业多为大型成熟企业，具有较大的资本规模以及稳定的盈利能力。2004年5月，经国务院批准，中国证监会批复同意深圳证券交易所在主板市场内设立的中小企业板块，从资本市场架构上也从属于一板市场。中国大陆主板市场的公司在上交所和深交所两个市场上市。主板市场是资本市场中最重要的组成部分，很大程度上能够反映经济发展状况，有“国民经济晴雨表”之称。

（2）二板市场。又称为创业板市场（Growth Enterprises Market，GEM），是地位次于主板市场的二级证券市场，以 NASDAQ 市场为代表，在中国特指深圳创业板。在上市门槛、监管制度、信息披露、交易者条件、投资风险等方面和主板市场有较大的区别。其主要目的是扶持中小企业，尤其是高成长性企业，为风险投资和创投企业建立正常的退出机制，为自主创新国家战略提供融资平台，为多层次的资本市场体系建设添砖加瓦。2012 年 4 月 20 日，深交所正式发布《深圳证券交易所创业板股票上市规则》，并于 5 月 1 日起正式实施，将创业板退市制度方案内容落实到上市规则之中。

（3）三板市场。全国中小企业股份转让系统（National Equities Exchange and Quotations，NEEQ），是经国务院批准设立的全国性证券交易场所，全国中小企业股份转让系统有限责任公司为其运营管理机构。2012 年 9 月 20 日，公司在国家工商总局注册成立，注册资本 30 亿元。上海证券交易所、深圳证券交易所、中国证券登记结算有限责任公司、上海期货交易所、中国金融期货交易所、郑州商品交易所、大连商品交易所为公司股东单位。

（4）四板市场。区域性股权交易市场（以下简称“区域股权市场”）是为特定区域内的企业提供股权、债券的转让和融资服务的私募市场，一般以省级为单位，由省级人民政府监管。是我国多层次资本市场的重要组成部分，亦是中国多层次资本市场建设中必不可少的部分。对于促进企业特别是中小微企业股权交易和融资，鼓励科技创新和激活民间资本，加强对实体经济薄弱环节的支持，具有积极作用。目前全国建成并初具规模的区域股权市场有：青海股权交易中心、天津股权交易所、齐鲁股权托管交易中心、上海股权托管交易中心、武汉股权托管交易中心、重庆股份转让系统、前海股权交易中心、广州股权交易中心、浙江股权交易中心、江苏股权交易中心、大连股权托管交易中心、海峡股权托管交易中心等十几家股权交易市场。

第三节　证券法与公司法的关系

一、公司法的含义与特点

想要厘清证券法与公司法的关系，首先要明确两者各自的含义和特性。证券法的基本概念与特征前文已介绍，这里首先就公司法的基本情况做简要论述。

公司法是规定各种公司的设立、活动、解散以及其他对内对外关系的法律规范的总称。[1] 公司法立法的主要目的是维护公司本身以及公司所涉及的股东、债权人等相关利益人的合法权益，促进市场经济的良好发展。公司法调整包括公司设立、存续和终止过程中的一系列行为和活动，设立过程中调整公司设立人之间的关系、设立人与其他第三人的关系；存续期间调整股东之间的关系、股东与公司的关系、公司管理层与股东间的关系、管理层之间的关系等；终止过程除调整以上关系外，还调整股东与清算组织、清算组织与外部第三人之间的法律关系。

公司法具有以下几个方面的特点：

首先，公司法是主体法和行为法的结合。主体法又称为组织法，是对某种主体各方面进行全部调整的法律，包括主体的成立、运行以及消灭，它侧重调整的是组织的内部关系。公司法对公司从成立到消灭的全过程做了细致而详尽的规定，确认了公司的法律地位，赋予了公司相应的权利和义务，因此是主体法。行为法又称为活动法，是指直接调整主体对外行为活动的法律规范，这种活动不是发生在主体的内部，而是主体同其他主体之间的行为。公司法规定了公司直接以自己名义从事的经营和交易活动，包括公司对外发行股票、债券以及股票交易等，因此也具有行为法的性质。

其次，公司法是强制性和任意性的结合。所谓强制性，是指由法律强制力保障的，不允许当事人随个人意志更改的法律规范。公司法之所以具有强制性，是因为公司作为社会经济活动的最重要主体，不仅影响着公司股东、

---

[1] 赵旭东．公司法学［M］．北京．高等教育出版社，2015：42.

高管和内部员工的利益，也影响着第三人、债权债务人等外部人，为了保护这些外部人的权益，必须在公司法中体现国家干预的力量，维护社会交易的安全。所谓任意性，是指可以根据当事人意志而转移、按照双方意愿发生变更，排除适用某些条款的法律规范。公司法具有任意性，是因为公司法本身具有私法属性，只要不涉及公众利益，不损害外部人法律权益，应当充分尊重当事人的意思自治和利益追求。

最后，公司法具有很强的国际性。商事活动具有国际性，商事法律是最具国际性质的法律，公司法作为最重要的商事法律之一，其国际性不言而喻。从我国公司法的内容上看，公司的含义、类型、设立程序、资本与股份、股东大会、董事会等机构的设置和职权，都和其他国家的公司法有共通之处。此外，公司法的国际性还体现在跨国公司法的研究和实践上。例如，欧盟采取制定公约、发布指令、制定统一的欧洲公司法等形式来协调欧洲各国家的公司法，对各国公司法的修改起到了重大的影响。

二、公司法与证券法的异同

（一）公司法与证券法交叉性的表现

由于公司法和证券法在调整对象方面有一定的重叠，导致在司法实践中，各国的公司法和证券法都存在部分法条规定同一法律关系的现象。中国的公司法和证券法同样存在此现象。这些规定虽是针对同一法律关系，但绝不是简单的重复，而是具有不同的侧重面，其法律功能也不一样。如果侧重点和内容一样，则在立法技术上采用了参照适用的手法。现以2013年最新修订的《中华人民共和国公司法》和2013年最新修订的《中华人民共和国证券法》为例，进行大致的梳理，厘清司法实践中两部法律的交叉点和侧重点。

1. 关于证券的发行

（1）发行对象。《公司法》规定，公司满足一定条件时，可以发行股票和证券。《公司法》从股票发行的主体（《公司法》第125条[1]）、股票的含

[1] 《中华人民共和国公司法》第125条："股份有限公司的资本划分为股份，每一股的金额相等。"

义（《公司法》第125条）、股票的样式（《公司法》第128条[1]）、股票的种类（《公司法》第129条[2]）、公司债券的含义（《公司法》第153条[3]）、公司债券的种类（《公司法》第156条[4]）以及可转换为股票的公司债券的特殊规定（《公司法》第161条[5]、第162条[6]）等方面对发行对象作了规定。《证券法》则开宗明义地指出该法调整对象包括股票、公司债券（《证券法》第2条[7]），这是《证券法》与《公司法》的交叉之处。此外，《证券法》还调整公司法未调整的国务院依法认定的其他证券、上市交易的政府债券、证券投资基金份额。而《证券法》未规定的，适用《中华人民共和国公司法》和其他法律、行政法规的规定。这是《证券法》与《公司法》的不同之处。

（2）发行原则。对于证券的发行原则。两部法律的相同之处是都规定了股票发行的“三公”原则（《公司法》第126条[8]、《证券法》第3条[9]）。

---

[1] 《中华人民共和国公司法》第128条：“股票采用纸面形式或者国务院证券监督管理机构规定的其他形式。股票应当载明下列主要事项：（一）公司名称；（二）公司成立日期；（三）股票种类、票面金额及代表的股份数；（四）股票的编号。股票由法定代表人签名，公司盖章。发起人的股票，应当标明发起人股票字样。”

[2] 《中华人民共和国公司法》第129条：“公司发行的股票，可以为记名股票，也可以为无记名股票。公司向发起人、法人发行的股票，应当为记名股票，并应当记载该发起人、法人的名称或者姓名，不得另立户名或者以代表人姓名记名。”

[3] 《中华人民共和国公司法》第153条：“本法所称公司债券，是指公司依照法定程序发行、约定在一定期限还本付息的有价证券。”

[4] 《中华人民共和国公司法》第156条：“公司债券，可以为记名债券，也可以为无记名债券。”

[5] 《中华人民共和国公司法》第161条：“上市公司经股东大会决议可以发行可转换为股票的公司债券，并在公司债券募集办法中规定具体的转换办法。上市公司发行可转换为股票的公司债券，应当报国务院证券监督管理机构核准。发行可转换为股票的公司债券，应当在债券上标明可转换公司债券字样，并在公司债券存根簿上载明可转换公司债券的数额。”

[6] 《中华人民共和国公司法》第162条：“发行可转换为股票的公司债券的，公司应当按照其转换办法向债券持有人换发股票，但债券持有人对转换股票或者不转换股票有选择权。”

[7] 《中华人民共和国证券法》第2条：“在中华人民共和国境内，股票、公司债券和国务院依法认定的其他证券的发行和交易，适用本法；本法未规定的，适用《中华人民共和国公司法》和其他法律、行政法规的规定。政府债券、证券投资基金份额的上市交易，适用本法；其他法律、行政法规另有规定的，适用其规定。证券衍生品种发行、交易的管理办法，由国务院依照本法的原则规定。”

[8] 《中华人民共和国公司法》第126条：“股份的发行，实行公平、公正的原则，同种类的每一股份应当具有同等权利。同次发行的同种类股票，每股的发行条件和价格应当相同；任何单位或者个人所认购的股份，每股应当支付相同价额。”

[9] 《中华人民共和国证券法》第3条：“证券的发行、交易活动，必须实行公开、公平、公正的原则。”

此外，介于公开发行证券的公众性，证券法还专门规定了自愿、有偿、诚实信用原则以及禁止欺诈、内幕交易和操纵交易市场的原则（《证券法》第4条❶、第5条❷）。

（3）发行条件。在股票发行方面，非公开的发行由《公司法》单独规定，而公开发行股票，则由《公司法》和《证券法》共同调整。《公司法》对股票的发行条件规定得较为简单和零散。要求对于发起设立的公司，发起人要认购所有股份（《公司法》第77条）❸。对于募集设立的公司，发起人认购的股份不得少于公司股份总数的35%（《公司法》第84条）❹。《证券法》则对股票的公开发行规定得较为系统和细致。《证券法》第13条规定了公司公开发行新股，应当具备健全且运行良好的组织机构、具有持续盈利能力财务状况良好、最近三年财务会计文件无虚假记载无其他重大违法行为、经国务院批准的国务院证券监督管理机构规定的其他条件等四个条件。公司公开发行债券，需满足股份有限公司的净资产不低于人民币3000万元，有限责任公司的净资产不低于人民币6000万元，累计债券余额不超过公司净资产的40%，最近三年平均可分配利润足以支付公司债券一年的利息，筹集的资金投向符合国家产业政策，债券的利率不超过国务院限定的利率水平，国务院规定的其他条件等六个积极条件，以及不得有前一次公开发行的公司债券尚未募足、对已公开发行的公司债券或者其他债务有违约或者延迟支付本息的事实并仍处于继续状态、违反证券法规定改变公开发行公司债券所募资金的用途三个消极条件。

（4）发行价格：《公司法》规定，股票可以溢价发行、平价发行，但不得折价发行（《公司法》第127条）❺。《证券法》则进一步补充规定，股票

---

❶《中华人民共和国证券法》第4条：“证券发行、交易活动的当事人具有平等的法律地位，应当遵守自愿、有偿、诚实信用的原则。”

❷《中华人民共和国证券法》第5条：“证券的发行、交易活动，必须遵守法律、行政法规；禁止欺诈、内幕交易和操纵证券市场的行为。”

❸《中华人民共和国公司法》第77条：“股份有限公司的设立，可以采取发起设立或者募集设立的方式。发起设立，是指由发起人认购公司应发行的全部股份而设立公司。”

❹《中华人民共和国公司法》第84条：“以募集设立方式设立股份有限公司的，发起人认购的股份不得少于公司股份总数的百分之三十五；但是，法律、行政法规另有规定的，从其规定。”

❺《中华人民共和国公司法》第127条：“股票发行价格可以按票面金额，也可以超过票面金额，但不得低于票面金额。”

发行采取溢价发行的，其发行价格由发行人与承销的证券公司协商确定。(《证券法》第34条)。

(5)发行程序：对于股票的发行程序，《公司法》只笼统地说明了需要经过股东大会的决议(《公司法》第133条)[1]、公告(《公司法》第134条)[2]、登记(《公司法》第136条)[3]等程序。而《证券法》则规定了决议、审批、公告、登记的具体要求。首先，公司公开发行股票或者公开发行新股，必须向国务院证券监督管理机构报送募股申请和一系列文件。(《证券法》第12条[4]、《证券法》第14条[5])。其次，由国务院证券监督管理机构的发行审核委员会审核股票发行申请并核准股票发行申请(《证券法》第22、23、24条)。最后，发起人在得到核准后，公告公开发行募集文件(《证券法》第25条)。此外，证券法还以大篇幅规定了证券的承销方式以及每种承销方式的具体权利和义务。发行公司债券和发行股票也有很多类似规定。

2. 关于证券的交易

(1)一般规定：《公司法》规定股东持有的股份可以转让(《公司法》第137条)，转让的场所和方式(《公司法》第138条、第139条)和转让的效力(《公司法》第139条)。此处值得注意的是，《公司法》用的是股份转

[1] 《中华人民共和国公司法》第133条："公司发行新股，股东大会应当对下列事项作出决议：(一)新股种类及数额；(二)新股发行价格；(三)新股发行的起止日期；(四)向原有股东发行新股的种类及数额。"

[2] 《中华人民共和国公司法》第134条："公司经国务院证券监督管理机构核准公开发行新股时，必须公告新股招股说明书和财务会计报告，并制作认股书。"

[3] 《中华人民共和国公司法》第136条："公司发行新股募足股款后，必须向公司登记机关办理变更登记，并公告。"

[4] 《中华人民共和国证券法》第12条："设立股份有限公司公开发行股票，应当符合《中华人民共和国公司法》规定的条件和经国务院批准的国务院证券监督管理机构规定的其他条件，向国务院证券监督管理机构报送募股申请和下列文件：(一)公司章程；(二)发起人协议；(三)发起人姓名或者名称，发起人认购的股份数、出资种类及验资证明；(四)招股说明书；(五)代收股款银行的名称及地址；(六)承销机构名称及有关的协议。依照本法规定聘请保荐人的，还应当报送保荐人出具的发行保荐书。法律、行政法规规定设立公司必须报经批准的，还应当提交相应的批准文件。"

[5] 《中华人民共和国证券法》第14条："公司公开发行新股，应当向国务院证券监督管理机构报送募股申请和下列文件：(一)公司营业执照；(二)公司章程；(三)股东大会决议；(四)招股说明书；(五)财务会计报告；(六)代收股款银行的名称及地址；(七)承销机构名称及有关的协议。依照本法规定聘请保荐人的，还应当报送保荐人出具的发行保荐书。"

让的概念，它不仅包括股份的交易，还包括其他形式股份所有权的转移，如赠送等。而《证券法》只针对证券的交易行为做了一般性的规定。

（2）证券上市：为了和证券法衔接，《公司法》做出了参照适用的规定，概括地指出上市公司的股票需根据有关法律、行政法规及证券交易所交易规则上市交易（《公司法》第144条）。而《证券法》则详细地规定了公司股票和债券上市的条件（《证券法》第50条、第57条）、股票和债券暂停上市的情形（《证券法》第55条、第60条）、股票和债券终止上市的情形（《证券法》第56条、第61条）。在上市的程序方面，《证券法》还规定了证券上市交易需经证券交易所的审核同意（《证券法》第48条），需要保荐人的保荐（《证券法》第49条），以及需要提供给证券交易所的相关文件（《证券法》第52条、第58条）和公告事项（《证券法》第54条）。

（3）禁止性规定。《公司法》在规定股份在可依法转让的同时，也规定了几种对股份转让的限制情形。一是对公司发起人、董事、监事、经理转让本公司股份的限制（《公司法》第141条）❶，二是对公司收购本公司股份的限制和例外（《公司法》第142条）❷。证券法则是从市场公平角度出发，专节规定了证券交易过程中禁止内幕交易、操纵市场和欺诈的行为（《证券法》第73~84条）。

3. 关于信息的披露

《公司法》和《证券法》都有关于信息披露的条款，但是两者规定的范围不完全重合。《公司法》的规定不仅适用于上市公司，还适用于非上市公司。《公司法》规定公开募集股份需公告招股说明书（《公司法》第85条），上市公司必须公开财务状况、经营状况及重大诉讼，在每个会计年度内半年

❶《中华人民共和国公司法》第141条："发起人持有的本公司股份，自公司成立之日起一年内不得转让。公司公开发行股份前已发行的股份，自公司股票在证券交易所上市交易之日起一年内不得转让。公司董事、监事、高级管理人员应当向公司申报所持有的本公司的股份及其变动情况，在任职期间每年转让的股份不得超过其所持有本公司股份总数的百分之二十五；所持本公司股份自公司股票上市交易之日起一年内不得转让。上述人员离职后半年内，不得转让其所持有的本公司股份。公司章程可以对公司董事、监事、高级管理人员转让其所持有的本公司股份作出其他限制性规定。"

❷《中华人民共和国公司法》第142条："公司不得收购本公司股份。但是，有下列情形之一的除外：（一）减少公司注册资本；（二）与持有本公司股份的其他公司合并；（三）将股份奖励给本公司职工；（四）股东因对股东大会作出的公司合并、分立决议持异议，要求公司收购其股份的。"

公布一次财务会计报告（《公司法》第145条）。《证券法》除对以上内容要求公司公开外，还专节规定了持续信息公开的内容，如在证券公开发行和股票上市前需公告相关公开发行和股票上市的文件（《证券法》第25条、第53条），公告股票获准在证券交易所交易的日期、持有公司股份最多的前十名股东的名单和持股数额、公司的实际控制人、董事、监事、高级管理人员的姓名及其持有本公司股票和债券的情况。信息披露还必须保证真实、准确、完整等（《证券法》第63条）[1]。《证券法》赋予公司更多信息披露的责任，是其公众性的实践体现，更强调保护广大投资人的利益。

（二）公司法与证券法的相同之处

1. 证券法脱胎于公司法

从历史上来看，公司法和证券法并不是同时产生的，证券法是公司法发展到一定阶段后从公司法中脱离出来的独立法律部门。目前证券法中的公司证券，最初全部由公司法调整，后来随着公司制度的发展、股东公众化程度的提高以及股份转让交易的日益频繁，规定较为笼统的公司法已不能支撑庞大的证券交易法律体系，证券法才从公司法中脱离出来，成为独立的法律部门。以美国为例，最早美国关于公司方面的所有法律关系全部由公司法调整，但在后来的实践和发展中发现，公司法并不能有效地解决当时棘手的证券诈骗问题。为更好地解决此问题，1911年堪萨斯州制定了美国历史上第一部规范证券销售的综合性法律。到1993年，除内华达州以外的其他州都制定了证券法，联邦也制定了证券法。[2] 由此可以看出，公司法与证券法从历史角度看具有巨大的联系和共通之处，从某种意义上讲，证券法与公司法本属一体，只是为了更好地处理公司融资和投资者保护等问题，才从公司法中脱离出来，应运而生。

2. 证券法与公司法调整的目的一致

我国《公司法》和《证券法》第1条分别规定了两法的立法目的。《公司

---

[1] 《中华人民共和国证券法》第63条：“发行人、上市公司依法披露的信息，必须真实、准确、完整，不得有虚假记载、误导性陈述或者重大遗漏。”

[2] Paul Gonson. Solicitor, Securities & Exchange Commission. Securities Regulation in the United States, Course Materials for Fundamentals of Federal Securities Regulation, Fall/Winter-1995-1996.

法》的立法目的是规范公司的组织和行为，保护公司、股东和债权人的合法权益，维护社会经济秩序，促进社会主义市场经济的发展。《证券法》的立法宗旨是为了规范证券发行和交易行为，保护投资者的合法权益，维护社会经济秩序和社会公共利益，促进社会主义市场经济的发展。由于证券发行和交易的主体包括公司，再加上投资于股票和公司债券的投资者必将是公司的股东和债权人，《公司法》和《证券法》都规范了公司的行为，都以保护股东和债权人的合法权益为主要宗旨，都是以市场经济中最重要的主体——公司以及与公司相关的主体和行为的法律关系为其主要调整对象。

3. 证券法与公司法在调整范围上具有交叉性

证券法的调整对象为证券的发行、交易、服务及监管行为以及由此产生的相关社会关系，公司法的调整范围为公司的设立、存续及终止行为以及由此产生的相关社会关系，两者在调整范围上具有交叉性。如果公司的股份没有对外公开发行，那么，股东与公司的法律就由公司法调整；如果公司的股份公开发行，那么股东作为投资者，与公司的关系由证券法调整。此外，公司是否公开发行股票、证券发行事项决定等内部事务，由公司法调整。公司若决定公开发行股票，其公开发行的程序、需要披露的信息内容，与第三人产生的种种关系，则由证券法调整。证券法调整范围的很大一部分和公司这一现代最主要的经济主体密切相关，和公司法的调整对象在调整范围上有一定的交叉。

4. 证券法与公司法在规制对象上有结合处

公司法与证券法在规制对象上也有结合之处。公司的股票、债券、认购权证等，一方面既是公司法的规制范畴，另一方面也受到证券法的规制。股票发行是公司筹集资本的手段，信息公开的内容是公司的财务信息，上市公司的并购影响的则是公司的资本结构和组织结构，它们既是证券法的规制对象，也是公司法的规制内容，公司法和证券法从不同的阶段、不同的角度进行规制，公司法较为侧重公司内部，证券法则较多地关注公众的利益，它们分别对同一事物的不同方面进行规制。上市公司及其股东作为经济活动的主体之一，既要受公司法的规制，也要受证券法的规制。

（三）证券法与公司法的差异

1. 调整范围具有差异

虽然公司法与证券法在调整范围上具有一定的交叉性，但也具有各自不同的调整范围。公司法的主业是规范公司的组织和行为，虽然涉及公司股份、债券的发行和转让，但其出发点是基于公司的运营，其规定也只限于公司运营方面。证券法的调整对象是证券关系，它围绕证券展开，不仅调整证券发行人、证券交易人等平等主体间的关系，也包括与证券公司、证券交易所、证券登记结算机构、证券服务机构等因中介服务产生的关系，还有证券监督管理机构因监督管理所产生的证券监管关系，这些都是公司法未涵盖、也无法涵盖的。换句话说，公司法有关证券方面的规定多为较笼统的一般性规定，主要是调整一级市场，为了保护公司的运营，从公司的角度出发的，是证券发行的内部程序。而证券法则重点规制证券的二级市场，偏重于外部的程序。

2. 公众性程度不一致

现代社会，投资者多通过公司或投资于公司的形式进行投资，因此使公司法与证券法没有明显的界限。但是，公司法重在规定公司组织体的设立、运营及消灭，重点关注的是公司内部的事务，是公司和股东权益的实现。这样的事务给予股东和公司更多的自治范围，其大多数条款都可以通过公司章程来排除适用。相反地，证券法规定股份的公开发行和交易，由于股份分散，股东众多，证券法涉及的投资人范围相对较广，更涉及社会经济秩序、社会公共利益以及社会主义市场经济的发展，因此，证券法相对于公司法，其公众性更强。

3. 强制性规定不一

公司法作为商法的代表，具有较强的自治性。我国原公司法曾因管制性太强，没有脱离计划经济的烙印而遭到诟病，与世界讲求公司自治的理念背道而驰。随着市场经济的发展和社会经济环境的成熟，我国渐渐接受了公司自治的理念，给予公司更多的自主权，公司法中的很多条款可以通过公司章程来排除，大大减少了国家意志对公司经营决策的不必要干预。而证券法则刚好相反，由于证券法的公共性更强，政府的行政权力有更大程度的介入。

此外证券法有大量的程序性规定，这些程序性规定一般是通过强制性条款予以固定的。所以证券法相较于公司法而言强制性更明显，证券监督管理部门“看得见的手”干预得更多。

4. 利益保护的侧重点不同

虽然公司法和证券法的调整对象都是围绕着公司以及公司的股东、债权人等关系展开的，但两部法律所保护的利益主体的侧重点有所不同。公司法主要保护股东的利益，所以规定了股东的查阅权、请求解散公司权、异议股东的股份回收请求权以及派生诉讼等权利。而证券法主要保护具有更广泛意义的广大投资者的利益，所以强调证券发行和交易的公平、公正和公开，强调信息的披露和广大投资者者的知情权，与其他机构如证券公司、证券交易所的关系、其他第三人的关系也受到了较多的关注。

三、公司法与证券法关系的理论争议

公司法与证券法相互依赖，相互作用。如前所述，二者既有众多的相同点，也存在各自的特性。关于公司法与证券法的关系，在理论上仍存在颇多争议。目前最主要的是两种理论：一是特别法学说，一是关系法学说。

（一）特别法学说

特别法学说认为，证券法为公司法的特别法。从立法源头上讲，证券法本应作为公司法的一个章节而存在，但由于证券的重要性及其发展的迅速性，如果再放入公司法中将会有畸重畸轻之感。因此，从立法技术上考虑，证券法从公司法中剥离出来，单独成立证券法，但是追根溯源，其仍是公司法的特别法。我国《证券法》规定，在我国境内，股票、公司债券和国务院依法认定的其他证券的交易和发行，适用证券法。该法未作规定的，适用公司法和其他法律、行政法规的规定。可见司法实践中也是采用特别法学说。证券法脱胎于公司法且与公司法有着共同的目标，在调整对象上有交叉，在规制对象上有结合，因此证券法与公司法是特殊法和一般法的关系。

（二）关系法学说

关系法学说认为，证券法与公司法虽然联系紧密，但不是一般法与特别法的关系，只是调整范围存在相同之处的两部独立的法律。规范的公司组织和行为能够为证券市场的健康发展提供更好的主体保障，而健康的证券市场能够推动公司更好、更广地发展，能够充分保护投资者的根本利益。

公司法与证券法的调整对象主要存在三种情况：一是既受公司法调整、又受证券法调整的内容，如股份有限公司股票的发行和转让；二是只受公司法调整、却不受证券法调整的内容，如公司的设立、组织以及非上市公司股票的发行等；三是只受证券法调整，却不受公司法调整的内容，如股票和公司债券外的其他证券的规制。介于以上情形，公司法并不能囊括证券法所调整的所有范围。此外，公司法与证券法的公众性不同、强制性规定不一且利益保护的侧重点不同。因此公司法与证券法不是一般法和特别法，而是密切关系法。

（三）本书的观点

笔者认为，从源头上看，证券法与公司法是特殊法与一般法的关系，证券法脱胎于公司法，是公司法的特别法。证券法在形成的初期主要依附于公司法。然而随着市场经济的不断活跃和证券市场的迅猛发展，证券法的调整范围已突破原先公司法的限制，拓展到了新的领域，证券法开始展露更多新的规则，反过来影响公司法的发展。此时，证券法和公司法不再是特殊法与一般法的关系，不能够再简单地将证券法等同于公司法的特别法，两者变成了各自独立的但又联系紧密的关系法，走向了关系法学说的道路。

四、我国《证券法》与《公司法》的协同完善

（一）《公司法》与《证券法》联动修改的必要性

公司与证券有着天然的联系，资本市场既受公司法的调整，也受证券法的调整。如前所述，从前期的特殊法到一般法，到如今的关系法，无论哪个时期，公司法与证券法都有着紧密的联系。公司法规定的原则与证券法一致，很多证券发行的理念与制度同样也规定在公司法中，例如，注册资本制度、实缴资本等，既在公司法中有所体现，证券法中同样有相关内容。所以，在涉及相关法律的条文修改时，必须联动地修改公司法与证券法，这样才能保证制度和原则在法律层面上的统一，才能保证法律规定的一致性，维

护法律规范的权威。

此外，由于我国《公司法》与《证券法》的历史发展原因，导致了两部法律部分规定的交错。《公司法》制定时，《证券法》的制定时机尚未成熟，所以《证券法》的内容都规定在《公司法》中。待《证券法》独立成法时，部分本应属于《证券法》的内容仍旧遗留在《公司法》中。而本应属于《公司法》规定的内容如独立董事等却被带到了《证券法》内，这也是导致证券法和公司法相互交错，需要立法协调、联动修改的原因。刘俊海教授就主张，《公司法》与《证券法》进行修改应遵循以下思路：一是联动修改，同步进行；二是归零思考，全面修正，不是小改，而是进行全面修改；三是宜细不宜粗，增强法律可操作性；四是提高任意性规范比重，减少不必要的强制性规范。❶

（二）《公司法》与《证券法》联动修改的急迫性

法律制度应适应社会经济的发展，随着社会的发展变化适时地做出调整。我国的资本市场正处在急速发展时期，相应的社会经济基础有了较大的改变，此时再墨守以前的思维原则和制度就有些不合时宜了。

当今的中国发生了巨大的变化，作为市场经济的重要组成部分，资本市场的改革迫在眉睫。国务院《关于2013年深化经济体制改革重点工作意见》除了重申“改革工商登记制度”之外，还指出要“建立健全覆盖全部国有企业的国有资本经营预算和收益分享制度”“健全投资者尤其是中小投资者权益保护政策体系”“推动大型国有企业公司制股份制改革，大力发展混合所有制经济。推进国有经济战略性调整和国有企业并购重组，着力培育一批具有国际竞争力的大企业”“探索建立与国际接轨的外商投资管理体制”“建立合格境内个人投资者境外投资制度”。以上的改革计划涉及公司资本制度、公司登记制度、中小投资者保护、国有企业改革等，都涉及证券法的内容，需要对公司法与证券法进行联动修改。

---

❶ 刘俊海. 2004法治化将加速前行［N］. 中国证券报，2003-12-30.

(三)《公司法》与《证券法》联动修改的成功经验

1. 2005 年的联动修改

2003 年 7 月 18 日，全国人大财经委成立证券法修改起草组并纳入了当年的立法规划。但是《证券法》直到 2005 年 10 月才正式修订公布。证券法的修正战线延续两年，并不是因为修改证券法遇到了巨大的争议或是难以调和的矛盾，而是为了等待公司法的修订步伐。考虑到《公司法》与《证券法》中都有相关问题需要修改，如果先行修改一部法律，会使两部联系紧密的法律对同一事物的规定不一，不利于法律的适用，也会影响法律的权威性。因此，《公司法》与《证券法》在 2005 年的修订中已经很好地进行了一次联动修改的尝试。《公司法》删除了“股份有限责任公司的股份发行和转让”一章中的第三节“上市公司”，将该节有关内容调整到《证券法》中。保护中小股东利益的原则也很好地贯彻到了《公司法》和《证券法》中。全国人大常委会先于 2005 年 2 月 25 日一读审议《公司法修订草案》，后于 2005 年 4 月 24 日一读审议《证券法修订草案》。2005 年 10 月，两法联袂修改的版本顺利出台。[1]

2. 2013 年的联动修改

2013 年，《公司法》和《证券法》再次进行了联动的修改。这次修改主要涉及以下几个方面：

(1) 推动资本认缴登记制的改革。

2013 年，在讨论国务院机构职能转变工作的电视电话会上，国务院总理李克强指出，行政审批制度的改革是国务院机构职能转变的抓手，工商登记制度改革是行政审批制度改革的重点。工商登记制度的改革以“宽进、严管”为原则，其重要内容是将公司的注册资本实缴登记制改为认缴登记制。

世界各国的公司注册资本制度主要有两大类：一是法定资本制；二是授权资本制。法定资本制又分为两种形式，一是股东一次性认缴并实际缴纳注册资本，二是股东一次性认缴但分次实缴注册资本金。授权资本制式股东分次认缴并实缴注册资本。授权资本制的核心是认缴及出资信息的披露。公司

[1] 刘俊. 建议《公司法》与《证券法》联动修改［J］. 法学论坛，2013（7）：5.

股东根据意思自治的原则，自我约定公司的认缴出资额、实缴方式与期限、出资的方式等，登记于公司章程中。社会公众有权前往公司登记机关查看公司的登记信息。因为公司注册资本不是保护债权人的唯一手段，所以在授权资本制下，发起人在进行公司登记时，无须提交验资报告、无须登记实收资本。

从实践来看，我国2005年公司法采用的是一次性认缴、分次实缴的法定资本制。[1] 2013年，我国《公司法》将注册资本实缴登记制度改为认缴制，规定除另有规定的外，取消了关于公司股东（发起人）应当自公司成立之日起两年内缴足出资、投资公司可以在五年内缴足出资的规定。取消了一人有限责任公司股东应当以此足额缴纳出资的规定。公司股东（发起人）自主约定认缴出资额、出资方式、出资期限等，并记载于公司章程。有限责任公司股东认缴出资额、公司实收资本不再作为公司登记事项。公司登记时，不需要提交验资报告。而《证券法》也相应地将第129条第一款修改为：证券公司设立、收购或者撤销分支机构，变更业务范围，增加注册资本且股权结构发生重大调整，减少注册资本，变更持有5%以上股权的股东、实际控制人，变更公司章程中的重要条款，合并、分立、停业、解散、破产，必须经国务院证券监督管理机构批准。由此，增加注册资本但股权结构没有发生重大调整，已无须经过国务院证券监督管理机构的批准，与公司法授权资本制下股权的灵活变动相匹配。

（2）放宽注册资本登记条件，废除法定注册资本金制度。

法定注册资本金制度是指公司在成立之时，法律要求股东必须缴纳最低的注册资本金，低于该注册资本金公司不得成立的制度。该制度起源于大陆法系，《欧盟第二号公司法指令》中就明文规定："公司设立或者开业，成员国法律应当规定股东实际认购股东的最低限额。此限额不得低于2.5万欧元。"日本借鉴了大陆法的立法传统，在1990年修改《商法典》时确定了最低注册资本金制度。我国台湾地区的法律也承袭了大陆法系的传统，规定了法定注册资本金制度。我国的《公司法》从最开始就在法条中规定了公司的

---

[1] 2005年版《中华人民共和国公司法》第26条："有限责任公司的注册资本为在公司登记机关登记的全体股东认缴的出资额；公司全体股东的首次出资额不得低于注册资本的20%，也不得低于法定的注册资本最低限额，其余部分由股东自公司成立之日起两年内缴足，投资公司可在五年内缴足。"

最低注册资本金。2006 年在修订《公司法》时，为了让更多人参与市场经济中，降低公司的设立门槛，增强资本的活力，一举将有限责任公司的最低注册资本降至 3 万元，将股份有限公司的最低注册资本降至 500 万元，将一人有限责任公司的最低注册资本规定为 10 万元。

近年来，最低注册资本金制度受到了极大的挑战。最低注册资本制度一直饱受诟病，主要理由是最低注册资本金规定的最低限额是立法者主观臆断、闭门造车的结果，并未进行科学的测算。最低注册资本制度实行以来，保护债权人的效果不佳，反而人为地设置了公民参与公司活动和市场竞争的门槛，不利于市场经济的活力发挥。因此，美国在 1969 年率先在《美国模范商事公司法》中废除了法定注册资本制度。从理论上说，股东只需投入 1 美分的股权资本，即可在现今绝大多数州设立公司。受美国法定注册资本制改革思想的影响，2005 年，日本在其公司法法典中废除了注册资本制。2013 年，我国在《公司法》和《证券法》的修订中，也废除了法定注册资本金制度，规定除法律、行政法规以及国务院决定对公司注册资本最低限额另有规定的外，不再受有限责任公司最低注册资本 3 万元、一人有限责任公司最低注册资本 10 万元、股份有限公司最低注册资本 500 万元的限制；不再限制公司设立时股东（发起人）的首次出资比例；不再限制股东（发起人）的货币出资比例。

3. 联动修改的成功经验和积极意义

（1）进一步简政放权，完善了社会主义市场经济体制。改革注册资本登记制度，放宽市场主体准入，创新政府监管方式，建立高效、透明、公正的现代公司登记制度，是为了进一步简政放权，构建公平竞争的市场环境，推进行政审批制度改革，建立完善的社会主义市场经济体制，加快完善现代市场体系。

（2）简化工商登记制度，降低公司设立成本。取消除法律、法规另有规定外，有限责任公司最低注册资本 3 万元、一人有限责任公司最低注册资本 10 万元、股份有限公司最低注册资本 500 万元的注册登记限制；不再限制公司设立时股东（发起人）的首次出资比例、货币出资比例和缴足出资的期限；公司实收资本不再作为工商登记事项；除募集方式设立的股份有限公司外，公司设立出资不必经会计师事务所验资。这些法律规定的取消，简化了工商登记制度，放宽了公司设立的行政审批，缩短了公司设立的时间，减少了公司设立需要的人力、物力等方面的成本，降低了市场准入的门槛。

（3）鼓励创业，带动就业。受全球金融危机的影响，我国出现了较为严重的通货膨胀，同时伴随着失业和就业难的问题。我国《公司法》和《证券法》的联动修改，放宽了市场主体的准入，能够调动社会资本力量，促进小微企业特别是创新型企业的成长。取消法定最低资本额和货币出资比例的限制，使得许多资金较为紧张的团队可以在创立初期把资金投入能创造价值的经济业务中去，避免公司设立过程中资金闲置的现象；资金严重缺乏而具有特殊专业技术的团队可以不必担心货币资金不足而全部用非货币资产出资，从而有利于技术创新企业的设立；在就业难的现实面前，公司设立门槛的降低能够鼓励创业，发挥人力资源的主观能动性，进而增加就业岗位，避免劳动力的闲置、浪费。

（4）激发社会投资活力，推动经济发展。改革注册资本登记制度，放宽市场主体准入，能够激发社会投资活力，扩大社会投资，推动新兴生产力发展，巩固经济稳中向好的发展态势，符合新技术、新产业、新业态等新兴生产力发展的要求，使人民群众在深化改革、不断解放和发展生产力的过程中更多受益，巩固经济稳中向好的态势。

（5）厘清了公司法和证券法各自的调整范围。在我国《公司法》和《证券法》未联动修改前，部分应当由证券法调整的内容仍放在公司法中予以规定。《公司法》与《证券法》的联动修改，将《公司法》中的证券法律规范成功剥离。《公司法》中关于上市公司的上市条件、上市暂停、上市终止等制度成功放入《证券法》，使证券法与公司法的立法更科学，内容更合理，调整对象更加明确，立法技术更趋进步。

（五）《公司法》与《证券法》联动修改待完善之处

在大力鼓励激发市场活力、降低市场投资门槛的同时，不能忽视交易安全的重要性。鼓励投资的结果是放松对公司资本制度的要求，给予股东更低的投资门槛，但也给债权人和其他相关权利人的保护带来了巨大的挑战。以前，包括债权人在内的相关权利人还有一层最低法定出资额的保护，在《公司法》和《证券法》联动修改后，剔除了这层保护，可能会引发交易安全以及债权人权益保障的问题。首先，容易引起公司设立中的欺诈和投机等非法行为的滋生。认缴制既未规定公司首次发行股份的最低限额，也未规定公司实收资本应与公司的生产经营规模相适应，这就容易产生公司设立中的投机和欺诈行为。其次，不利于保护债权人的利益。因为在认缴制下，公司章程中规定的公司资本仅仅是一种名义资本，公司的实收资本可能微乎其微，这对公司的债权人来说具有较大的风险性。再次，不利于维护交易安全。公司成立之初所发行的资本十分有限，公司的财产基础缺乏稳固性，这就削减了公司的信用担保范围，从而不利于维护交易的安全。如果单单从投资者角度考虑问题，而不去考虑投资公司的债权人、银行、供应商等主体的利益，一味放松甚至虚化注册资本的作用，到头来“皮包公司”现象必然盛行，交易安全受到威胁，很可能导致没有债权人愿意与之打交道。因此，摆在立法者面前最紧迫、最重要的问题，是如何创新权利人保护机制，更加重视交易的安全应当从以下几个方面着手加以解决。

一是事前的预防。阳光是最好的防腐剂，保护债权人和相关权利人的利益，维护交易的安全，关键还是要建立与之匹配的信息公示体系，完善市场主体信用信息公示制度。使债权人和相关权利人能够方便、完整、真实地查看债务人的资本、经营状况和财务情况等信息，从而可以根据理性的分析自主智慧地选择合作伙伴，淘汰失信的公司。因此，要建立相应的配套措施，提高公司的透明度及其公信力，将企业登记备案、年度报告、资质资格等通过市场主体信用信息系统予以公示，完善信用约束机制，促进企业诚信制度建设。另外，我国当前的信用体系存在多头管理、缺乏系统性的现象。尽管有中国人民银行的征信系统、工商部门的经济户籍系统库以及各种的民间征信机构，但每个部门的信用收集都只局限于一部分，尚未建立一个完整、系统化的信用信息收集体系。应建立一个囊括企业基本信息、工商登记、产品服务质量、税收缴纳、工资支付、接受处罚等内容的全面的企业信息数据库，且公民可以自由、方便、跨地区、全方位地查询。

二是事后的保护。虽然有前述诚信信息体系的建设和各种制度的保障，但是债权人仍有可能由于公司的不法行为而受到损害。这就必须完善对失信公司的责任追究机制。事后的救济机制与事前的预防机制缺一不可，都是保护利益相关人的重要手段。在取消法定资本制后，严厉和完善的事后问责可以及时对债权人充分的保护，又提升了市场的活力和公司的参与度，实现“宽进严管”。随着公司注册资本认缴制度的推行，必然会出现一些不讲诚信，投机取巧的皮包公司。针对这类公司，完善公司人格否认制度，在公司侵害利益相关人权利而公司资金不够赔偿的恶意情况下，揭开公司面纱，要求公司的股东承担责任。目前，我国公司法的人格否认制度可操作性不强，实践中运用该条法律。因此，建议细化公司人格否认制度，增强其操作性和可诉性。同时，建立确认失信评估机构和审计机构对公司债权人的连带清偿责任。增强中介机构的责任意识，增加对利益相关人的保护。此外，还应当理顺公司在侵害相关利益人后所承担的民事责任、行政责任和刑事责任，实现三种责任间的无缝对接，明确责任形式，才能使保护利益相关者的力量不断加强，从而切实地维护交易安全。

第四节　证券法的基本原则

一、证券法基本原则的性质和功能

“原则”（Principle），源自拉丁语 principium，其含义为“起源”“开始”“基础”。对于证券法而言，其基本原则即是指贯穿于证券法活动始终的，各方主体进行证券市场活动所必须遵守的基础性规律。证券法的基本原则是证券法制度的前提和基础，对整个证券立法活动具有指导和贯通意义。对证券法基本原则的理解可以包括以下几方面：①就内容而言，证券法的基本原则具有概括性。证券法的基本原则是对相关主体进行证券法活动的总要求，是对主体所必须遵循的规律的最基本、最一般的概括。②从地位上看，证券法的基本原则具有基础性。证券法的基本原则处于整个证券行为体系的顶端，体现了证券法的基本目的和任务，决定着证券法制度的基本架构和特征。③就适用范围而言，证券法的基本原则具有普遍性。它贯穿于整个证券法，是证券发行、交易、监管制度与规则的基础，是证券法各方参与主体都必须遵循的，对于各阶段的证券行为具有普遍指导和统一协调意义。④从效力角度讲，证券法的基本原则具有较强的稳定性。基本原则源于证券市场的特殊结构，其基础性地位决定了它的不可动摇性，不能被随意变更，否则将动摇整个制度的根基，所以说，它较证券行为的具体制度来讲具有更为稳定的作用。

证券法的基本原则对证券法活动具有重要的作用，表现为以下几个方面：①指导功能。原则是规则的指引，证券法基本原则是证券法制度的基础，是对证券法规则的抽象概括，对证券活动具有普遍的指导作用。一方面，证券法制度的设置、修改必须以基本原则为根本出发点，围绕基本原则进行设计与发散。另外，证券法基本原则统领着证券法制度的具体运行和证券市场活动的实际操作，其蕴含的指导思想贯穿于证券市场的整个过程。②协调功能。这一功能主要反映在：一方面，证券法基本原则协调着证券法宗旨与证券行为规制的关系，保障两者的独立运行与有序合作；另一方面，基本原则联系并调节着证券立法过程以及立法后的执行和守法各个阶段制度与规则的内在协调与统一，避免制度与规则的冲突。③预测功能。证券法的基本原则不仅规范着相关主体在证券法过程中的具体行为，还蕴含着价值判断标准。参与证券活动的主体可以根据证券法的基本原则，对自己的行为是否合法、合理进行判断。

一、证券法的法定基本原则[1]

（一）三公原则（公开、公平、公正原则）

《证券法》第3条规定，证券的发行、交易活动，必须实行公开、公平、公正的原则。该原则为公理性原则，系属构筑证券法大厦之基石。

（1）公开原则，也叫信息披露原则，是指证券的发行、交易必须向公众披露有关信息资料。对信息披露的要求具体体现为证券发行信息披露和持续性信息披露两个阶段。一般认为信息披露的要求须符合以下几个要求：全面、真实、及时、易得、易解。

（2）公平原则，是指在证券发行和交易活动中，市场主体的法律地位平等，即平等地享受权利和承担义务，公平地开展竞争，合法权益受到公平保护。

（3）公正原则，是指对每个市场主体均应平等地适用法律，平等地对待争议各方当事人，不歧视任何人。

[1] 关于现行《证券法》基本原则之理解，请参见叶林《证券法》。

（二）平等、自愿、有偿、诚信原则

《证券法》第4条规定，证券发行、交易活动的当事人具有平等的法律地位，应当遵守自愿、有偿、诚实信用的原则。该条可以概括为平等、自愿、有偿、诚信四项基本原则。这些原则为证券市场与一般市场所共同遵循，其在证券法中被进一步强调的意义在于强调证券市场诸多行为的私法属性，从而有助于理解证券市场的本质为市民社会主体之间的交易，并有助于从融资效率、自由等视角理解证券交易等微观行为。

（三）政府统一监管、行业自律管理与审计监督相结合的原则

《证券法》第7条规定，国务院证券监督管理机构依法对全国证券市场实行集中统一监督管理。国务院证券监督管理机构根据需要可以设立派出机构，按照授权履行监督管理职责。第8条规定，在国家对证券发行、交易活动实行集中统一监督管理的前提下，依法设立证券业协会，实行自律性管理。这一原则体现了证券市场法制的公法属性以及其监管层次的多样性。它对证券市场的启示在于要发掘行业自律等软法资源的效率，从而在实质上变更强的监管为更优的监管，实现从证券监管的强弱之争到优化监管方式的转变。

（四）分业经营、分业管理原则

《证券法》第6条规定，证券业和银行业、信托业、保险业实行分业经营、分业管理，证券公司与银行、信托、保险业务机构分别设立。国家另有规定的除外。该条是否可以构成证券法的基本原则学界存有争议。质疑者认为分业还是混业并非证券法的必然属性。但支持者认为，既然立法规定，则分业监管会从整体上影响证券法制的框架设计，从而对证券行为和监管产生实质影响，因而系属基本原则无疑。

三、证券法基本原则的分类

对法定的证券法基本原则，学界争议较少。但也有学者认为上述的政府统一监管、行业自律管理与审计监督相结合的原则、分业经营等原则并非证券法基本原则，而只是证券市场的基本体系结构内容。至于学理上的争议，

部分学者认为：第一，投资者保护属于证券法的宗旨和目标，不属于基本原则存在分歧；第二，私法中的一些基本原则如诚信、平等等原则是否为证券法基本原则存在分歧；第三，统一的金融市场及其监管中的一些基本原则是否为证券法的基本原则，如效率原则、金融稳定与金融自由原则、金融监管适当原则等存在分歧；第四，金融市场的基本原则与金融法制的基本原则是否为同一概念也存在分歧。笔者认为，首先，证券法的宗旨与基本原则、证券法具体规则存在差异。其次，证券法基本原则与金融市场法制的基本原则有紧密关系，其中的许多监管原则应吸收到证券法中来。最后，应运用法律逻辑思维把现行所有相关的基本原则进行体系化思考并使之成为一个从证券法宗旨和目标到基本原则再到具体规则的较为严谨的证券法制体系。其中，用类别思维对证券法基本原则作一梳理十分有必要。

现行证券法的基本原则作为各项证券金融制度的基础，其本身是一个内涵丰富、结构严谨的科学体系，根据一定的客观标准，可以将证券法基本原则划分为以下几种不同的类别：

（1）实然原则与应然原则。前者指证券法的基本原则的实然状态，后者则针对应然状态，两者是根据法律是否有明确规定来进行划分的。

（2）一般原则与特有原则。这是以某一原则是否为证券法制度特有为标准来划分的，前者指证券立法与其他立法所共同遵循的基本原则，如平等、自愿、有偿、诚信原则；后者是指证券市场活动所特有的基本原则，如“三公”原则。

（3）公理性原则与政策性原则。这是以某一原则产生的基础为标准，前者是依据证券市场行为规制内在规律而产生的原则，如金融消费者保护原则；后者是具有立法和监管政策色彩的、体现监管者意志的原则，如分业经营、分业管理原则。

（4）价值性原则与技术性原则。这是以某一原则的具体内容为标准进行划分的，前者是反映证券法的基本思想与内在价值的原则，后者是指反映证券法技术操作的原则。价值性原则与技术性原则都为证券法基本原则的必要组成部分。两者联系紧密、相辅相成，没有一定的价值性原则，技术性原则就无法有效的发挥功能；没有技术性原则，价值性原则也难以贯穿和体现。

四、我国证券法基本原则的双层结构

学界已注意到《证券法》第3~9条规定的基本原则在规范意义上的差别。为此，有学者从民法视角或者经济法视角对证券法律制度的基本原则进行区分，认为其包括调整证券市场平等主体之间证券财产关系的民法属性的证券法基本原则和调整证券市场非平等主体之间监管与被监管关系的经济法属性的证券法基本原则两大类。[1] 因此，证券基本原则体系呈现出由证券法宗旨和目标所统率的双层结构样态，具体表现为私法性基本原则和公法性基本原则两大类。

（一）私法性基本原则

证券市场中的民事法律行为，主要体现了三公原则、平等、自愿、有偿、诚信原则以及合法性或者禁止欺诈原则。本书仅以禁止欺诈原则为例加以探讨。《证券法》第5条规定，证券的发行、交易活动，必须遵守法律、行政法规；禁止欺诈、内幕交易和操纵证券市场的行为。对此学者有不同解读。有学者认为属于法治原则[2]，笔者认为属于独立的禁止欺诈原则。

禁止欺诈原则是私法的禁止权利滥用原则在证券法中的体现。权力性权利理论[3]为笔者观察禁止欺诈提供了极佳的视角。权利结构现象是私法中的普遍现象，其在一些制度创新领域颇具解释力。以股权为例，投资合同中证券发行人通过财产权的合成生成了资本性的专用财产，甚至赋予此种财团以法人地位，使原有的财产提供者失去了对财产的支配权，而获得一个实质意义上的债权性质的股权，因此从实质上改造了“投资者—公司财产”关系的权利构造样态。此种结构的变动造成了实际控制公司集合财产的内部人（如大股东、董事、经理）形成了一种具有支配控制地位的权力性权利。此种权力性权利在合同法中无法进行特别规制，证券法则以规制微观证券交易中的强势权利和证券市场监管者之权力为使命。尤其在中国特殊证券市场，公众投资者利益保护问题还体现为一个政府公权力、（特殊团体）经济上权力行

---

[1] 李东方. 论证券监管法律制度的基本原则［N］. 北京大学学报（哲学社会科学版），2001（6）.

[2] 王京，等. 证券法比较研究［M］. 北京：中国人民公安大学出版社，2004：9.

[3] 陈醇. 权利的结构——以商法为例［J］. 法学研究，2010（4）：86-99.

权如何制约的问题。问题的产生既在于公法上政治权利的缺失以及公权主体制约机制的不足，也在于私法领域，私法主体的地位差异，已然改造了证券市场主体的平等性。因此，必须考虑证券市场中权力权利要素，此种权力权利是如何深刻地影响着这个市场的运行。概而言之，应建立证券市场相关主体权力性权利的制约机制。具体来说，除了要对证券监管机构人员进行权力制约外，还需考虑对其他人员的权力进行规制。基于证券市场相关主体某种程度的垄断地位，上市公司、证券公司、基金公司、会计师事务所等主体的高管以及其他专业人员因信息和技术的垄断，已对证券市场的交易享有某种支配性的权力，即某种特权地位。因此，须按照权力法则（权力—责任）设置责任予以制约。例如，证券发行定价中，基金经理拥有为新股定价的投票权，却无任何责任约束机制，显然容易以权谋私。

至于其控权机制的基本思路，以上市公司相关主体为例加以说明。由于公司管理层事实上掌控了公司的交易财产而享有事实上的权力，从而产生大小股东之间地位的差异，乃至于中小股东实质上只是过客，唯有“用脚投票”一种制约手段。为此可以从以下三个方面入手：第一，上市公司治理的核心与关键是“控权”，即约束上市公司控股股东、实际控制人及其他证券市场主体的权力。第二，控权之道是借鉴权力性权利外在制约模式，首推以权力治权力，即通过公司机关的相互制约，形成权力制约机制。第三，塑造上市公司的公众性品格，建立上市公司公众性保障机制，即作为金融消费者的公众投资者以权利制约金融经营者权力的一套权力制衡机制。其要点有：①公众持股机制：即上市公司股权适度分散，绝大部分股份由社会公众持有。所有权集中的优点是可以有效地监督管理层，但潜在的风险是控股股东凭借自己掌握的控制权从公司中获得私有收益，损害中小投资者的权益。②公众治理机制：即社会公众股东通过各种方式参与上市公司治理以及参与证券发行、交易、监管等宏观证券市场治理。③公众受益机制：上市公司社会公众股东（中小投资者）参与公司红利分配，即便没有投机收益，也有投资股利回报。④公众选择机制（择优汰劣）：即形成价值投资理念，公众投资者对经营业绩良好的公司长期持股，抛弃业绩不良公司的股票，从而促使上市公司不以上市（圈钱）为目的，而是以上市为手段，以认真勤勉地改善经营管理、扩大生产为公司上市目标，最终实现股票价格与公司产品或者服务价值的一致性。

（二）公法性基本原则

1. 证券监管的法治性原则

（1）法治原则的含义。证券监管的法治性原则来源于监管制度的法治化，其意为“证券监管法律制度的完善应以法治为其价值标准并力图达到法治状态”，“没有哪一种市场像证券市场这样依赖法律，这是由证券市场在国民经济中的重要性与其特有的产品虚拟性、高风险性及易传导性决定的，只有将证券市场建立于系统完善并实施良好的法律基础之上，证券市场才会得到稳定迅速的发展”❶。法治性原则是指证券监管机构的主体权限、程序以及内容应当符合法律规定。首先，证券监管的法治原则具体包括权限法定、程序法定以及内容合法三大层面的含义。第一，证券监管的权限法定，是指证券监管权的行使应当符合法律规定，主体行使证券监管权应当有法律根据。一方面，要求证券监管具有法定性，由法律明确规定证券监管权的行使主体；另一方面，要求证券监管权权限明晰，由法律规定证券监管权的具体范围，保障权力在明晰的范围内有效运作。第二，证券监管的程序法定，是强调证券监管权的行使应当符合法律程序，且这种程序不以人的意志而改变。也就是说一方面强调证券监管的规则性，以法律既定的程序规范证券监管权的行使，一方面强调证券监管的严肃性，以法定程序为证券监管权提供法律保障。第三，证券监管的内容合法，是指要求监管机构的监管行为必须符合法律规定和证券市场的基本情况。

其次，证券监管的法治原则所指的法既包括硬法又包括软法。所谓硬法，即刚性的法，指国家权力机关以立法方式制定的宪法与法律具有明显的强制效力。宪法是中国证券法制所应当遵守的最高法律，证券监管制度必须以宪法为准则，任何违反宪法的证券监管行为都是无效的。另外，证券监管还须在实体和程序方面遵守与其相关的法律法规。所谓软法，是指不运用国家强制力保证实施的规范。在对证券监管的考察中，软法是不可忽视的内容。软法包括证券交易惯例、证券业协会、证券交易所制定的章程等。证券监管的运行，需要充分考虑软法所提供的约束与保障。

---

❶ 黄晓燕. 论完善证券监管法律制度的指导原则［N］. 运城学院学报，2005（2）.

（2）法治原则的要求。在制度层面，要健全证券监管法律制度。一套比较完善的证券监管法律制度是要求或者保障证券监管在法治轨道运行的前提基础。而在制定这套制度或者规则时，必须进行系统、全面的考虑，既要涉及实体层面的主体与权限，又要包含程序层面的规定；既要规定证券监管权在外部行使的规则，又要考虑监管行为主体的内部协调、决策规则。在观念层面，要树立证券监管所涉主体的法治意识。在证券监管制度设定后，需要主体进行遵守和维护。无论是证券监管建议的提出主体还是接受主体，都必须强化法治意识，严格遵守法定权限和法定程序，在法律规定的权限和程序内有序地进行证券监管。

目前我国证监会职能存在证券市场监管和发展二重目标的内在矛盾，极易导致其从市场监管者变异为维护股价和市场稳定的发展者，从而导致纵容被监管对象实施违法行为等现象的出现。笔者应借鉴国外先进立法例，进一步明晰证券监管机构的职能定位。国际证监会组织（International Organization of Securities Commission，IOSCO）所制定的示范法性质的《证券监管的目标和原则》之第 1~10 条对理解监管的法治性原则颇有裨益。这 10 条涉及与监管机构有关的原则、自律原则、证券监管的执法原则三大块，具体包括：①应明确、客观阐明监管机构的职责；②监管机构在行使职权时应该独立、负责；③监管机构应掌握足够的权力、适当的资源并具备相应的能力来履行职能，行使职权；④监管机构应采取明确、一致的监管步骤；⑤监管人员应遵守包括适当保密准则在内的最高职业准则；⑥监管体制应根据市场规模和复杂程度，适当发挥自律组织对各自领域进行直接监管的职责；⑦自律组织应接受监管机构的监督，在行使和代行使职责时遵循公平和保密准则；⑧监管机构应具备全面的巡视、调查和监督的权力；⑨监管机构应具备全面执法的权力；⑩监管体制应确保有效率、有诚信地使用巡视、调查、监督和执法权力以及实施（被监管机构）有效合规的举措。❶

我国 2005 年《证券法》修改以 IOSCO 的示范法为参照，扩大了证监会的权限。概括来讲，证券监管法治原则应包括：①监管权授予法定原则。②监管权行使法治性原则。《证券法》第 7 条规定，国务院证券监督管理机构依法对全国证券市场实行集中统一监督管理。国务院证券监督管理机构根

❶ 中国证监会国际合作部译. 证券监管的目标和原则［N］. 证券市场导报，2006-7（7）.

据需要可以设立派出机构，按照授权履行监督管理职责。该条基本阐明了监管权力来源的合法性，但对证券监管机构权力行使的法定性应进一步完善，从而形成完整的证券监管权力行使法律规则框架。

2. 注重程序性监管原则

程序是指事先确定的为完成某个事项的条件、方法和步骤。程序作为人类理性的产物，目的在于防止无序现象。程序的设置及运作都反映了对恣意和专断的防止。程序之所以受到关注，在于程序有其特定的不可替代的价值。对于程序的价值，存在“工具说”与“本位说”之争，现代程序价值理论经由了程序工具主义向本位主义的过渡，程序价值的两重性得到了普遍认可——程序既具有工具属性，又具有目的属性，二者统一存在。程序是实现实体的手段，任何实体结果的满足，都需要依赖一定的程序，程序应当为结果服务；同时，程序又具有自身的价值属性，它有独立于结果之外的价值判断。❶ 对民主来讲，程序是民主的重要组成部分。程序民主也称民主程序，是程序民主化与民主程序化的结合，指的是在实现民主过程中的先后顺序及其有关制度性规定。程序民主是与实体民主相对而言的，实体民主关注的是民主的目标，而程序民主关心的则是民主的步骤与进程。对应程序的价值来看，程序民主同样具有双重价值：首先，程序民主是实体民主得以实现的基本保障。实体需要通过程序加以表现，没有程序民主，实体民主不能自动实现；程序民主由于实体民主而存在，并且可以补充实体民主的不足、纠正实体民主的偏失。其次，程序民主具有其独立价值，在一个原则性的民主目标下，如果采取不同的合法程序，其结果也会大相径庭。❷ 从具体运作来看，现代民主都是制度民主、规制民主，即必须有科学的法律制度和程序规则来加以规范，现代民主的所有成果几乎都是程序法制的成果。

具体到证券监管来说，合理的证券监管程序是证券监管质量的重要保障。合理的程序通过角色分派、职能分工，能够限制和排除立法活动和执法活动中的恣意因素，推动各主体在职能上既配合又牵制、在交涉中既对峙又妥协，从而广泛吸纳被监管者的意见，协调利益冲突，既可促进证券监管立法的民主化、科学化，又有助于监管过程效率的提升。这体现的不仅是程序

---

❶ 周云倩. 舆论监督的程序价值研究［J］. 现代视听，2009（9）：33.

❷ 参见韩强. 程序民主论［M］. 北京：群众出版社，2002：40-42.

正义，更是一个由程序性正义向实质性正义过渡的过程。证券监管的民主性、有序性必须由公正合理的民主程序来保障。没有形式就无所谓内容，监管权的行使必然要依托于一定的程序才能作用于证券监管的对象，否则监管法治性原则就徒有其表。这一程序必然涉及监管主体和监管对象，由此使得程序蕴含了两大作用：一方面通过具体的接受建议的程序，对证券监管立法权实现控制和监督，防止地位强大的监管主体滥用监管权；另一方面通过监管对象的提出建议和意见的程序，保障证券市场内部具备科学的意见形成机制，促使监管权行使的规范化、高效化，防止证券监管步入无序状态。由此可以看出，程序是证券监管不可或缺的组成部分，它能够为证券业协会、证券交易所、证券公司等主体有序、高效地参与证券监管活动提供保障。

然而，如西方法律哲学家萨默斯所指出的，现代社会太注重结果而对程序的关注太少，程序的价值和意义无论是在思想领域还是在行为领域都没有得到应有的重视。[1] 因此，在证券监管机制中，必须高度重视程序的设置与构建。这一程序设置必须包括证监会与证券业协会、证券交易所的证券监管程序以及被监管对象的意见形成程序两大部分，并且要注重程序意识的内化，从观念上强调程序的重要性和对程序的尊重。

3. 适当性监管原则

张忠军博士认为，金融监管法的基本原则就一个，即优化监管原则，其具体内涵是依法监管、合理监管、适度监管和高效监管四个方面。[2] 该观点清晰，富有概括性、前瞻性和启发性。具体到证券监管领域，前述的法治性原则，解决了证券监管（权力）的合法性和正当性基本问题；鉴于经济法不过是经济行政法，而证券监管法律规范属于纵向法律关系，因此对行政行为的判断标准无非就是合法性（包括实体和程序的合法性）和合理性两项原则，因此笔者认为，除证券监管的合法原则之外，须考虑的还有证券监管权力行使的合理性问题。合理监管与适度监管两个要素共同构成证券监管的适当性原则。首先，合理监管是指符合行政法的行政合理性原则的证券监管行为。所谓行政合理性是指行政法律关系当事人的行为，尤其是行政机关的自由裁量行为要做到合情、合理、恰当和适度。行政合理性要符合法律的目

[1] 周云倩. 舆论监督的程序价值研究［J］. 现代视听，2009（9）：33.

[2] 张忠军. 优化金融监管：金融监管法基本原则［J］. 法学，1998（1）：43-46.

的，有合理的动机，应考虑相关的因素而不考虑无关的因素。证券监管的合理性的合理条件范围包括“下位规则服从上位规则的合理性、权利保护强于义务附加的合理性、无过推定优于过错推定的合理性、取利优于取稳的合理性、许可选择大于禁止选择的合理性”等方面。[1] 行政合理性原则的合理条件的具体内容对确定证券监管行为的边界具有重要价值。其次，鉴于证券市场的复杂性和高度投机性，证券市场的自由与效率存在紧张关系，金融市场失灵与金融监管失灵并存等因素还蕴含了适当监管的要求。适度监管是指金融监管主体的监管行为必须以保证金融市场调节的基本自然生态为前提，不得损害金融市场调节整体的自然性，不得通过监管而压制了金融机构竞争和发展的活力。金融监管者应充分发挥金融行业自律机制作用，避免直接管制微观金融机构。[2]

---

[1] 关保英. 论行政合理性原则的合理条件［J］. 中国法学，2000（6）：78-87.

[2] 张忠军. 优化金融监管：金融监管法基本原则［J］. 法学，1998（1）：43-46.

第二章　证券市场主体的法律规制

第一节　证券交易所的法律地位考察

证券交易所，即场内交易市场，作为证券交易的心脏、枢纽机构，自成立以来便对资本市场的发展起到了巨大的促进作用。根据我国《证券法》以及《证券交易所管理办法》的规定[1]，证券交易所是指为证券的集中和有组织的交易提供场所、设施而依法设立的非营利性自律法人。就我国而言，证券交易所还肩负着履行国家法律、法规、规章和政策的职责。但伴随着国际资本市场的快速发展，证券交易所的公司化也成为国际市场的大趋势，作为全球经济一体化下的中国是否应紧跟国际步伐，也成为国内社会日益关注的问题。

一、证券交易所的组织形式

证券交易所的组织形式根据其组成方式、管理体制、责任形式的不同，大致可以分为会员制的证券交易所和公司制的证券交易所。我国沪、深两市的证交所从其章程来看，都规定为会员制的法人。[2]

（一）会员制证券交易所

会员制的证券交易所是由若干证券商会员自愿出资、依据同向意愿共同

---

[1] 《证券法》第102条："证券交易所是为证券集中交易提供场所和设施，组织和监督证券交易，实行自律管理的法人。"《证券交易所管理办法》第3条："本办法所称证券交易所是指依本办法规定条件设立的，不以营利为目的，为证券的集中和有组织的交易提供场所、设施，履行国家有关法律、法规、规章、政策规定的职责，实行自律管理的法人。"

[2] 参见《上海证券交易所章程》第3条、《深圳证券交易所章程》第2条。

制定章程、交易规则而共同组建的非营利性的交易所形式。在会员制下，只有会员券商才能进入交易所进行交易，而其他券商以及投资者则只能通过授权委托会员券商的方式进入交易所交易。同时会员券商对于交易所的责任也仅以缴纳的会费为限。

会员制证券交易所由于不以营利为目的，收费较低，因此对于场内的行为不承担任何担保责任，投资者对于违约和风险损害都应由自己担责。这种风险完全由投资者承担的机制，有利于促进投资者谨慎投资、诚信交易；而非营利性、服务性也增强了交易所的公益性及社会责任感，有利于创建公平、公正、公开的交易环境。

同时，作为独立的法人，会员制证券交易所也有完备的机构设置。会员制证券交易所在组织机构的总体设置上划分为会员大会、理事会、总经理。会员大会类似于公司中的股东大会，是证券交易所的最高权力机构；理事会好比董事会，是证券交易所的决策机构；理事会下设监察委员会，类似于公司中的监事会，行使监督职能。此外，理事会下还可以根据需要设立其他的专门委员会；而总经理是日常事务的管理者与执行者，同时也是会员制证券交易所的法定代表人。我国证券交易所对于总经理的任命由证监会决定。

（二）公司制证券交易所

公司制证券交易所和其他有限责任公司、股份有限公司相同，都是由出资人共同出资入股、依《公司法》规定而设立的独立法人。虽然公司制证券交易所大多为营利性法人，但与会员制证券交易所相同的是，二者都是服务型机构，都不参与证券交易，只是相比较而言，公司制证券交易所收取的交易佣金较会员制高，因此对于投资双方的违约损失负有赔偿责任。

在组织机构的设置上，公司制证券交易所与普通公司基本相同，以股东会、董事会、监事会这一三权分立、权力制衡的治理结构为基本组织框架。只是鉴于证券交易所的特殊性，采用公司制模式的证券交易所会在基本组织框架之下对领导机构作出各种制约性的安排。例如，纽约证券交易所规定“董事会由 21 人组成，1 名董事长，10 名代表股东的董事，10 名代表社会公众利益的董事”。再如，我国台湾地区“证券交易法”第 126 条第 1 款规定：“证券商及其股东或经理人不得为公司制证券交易所之董事、监察人或经理人，但金融机构兼营证券业者，因投资关系并经主管机关核准者，除经理人职位外，不在此限。”[1]

（三）公司制证券交易所与会员制证券交易所的比较分析

公司制与会员制作为证券交易所的两种基本组织形式，二者之间有着某些相似性，同时也存在显著的差异性。就其共性而言，两者都只是提供交易设施和场所的服务机构，并不参与实际的交易之中，因此在基本功能、职责范围方面几无差别。两者的差异主要表现在：第一，法律属性不同。公司制证券交易所属于营利性的公司法人，会员制证券交易所属于非营利性质的社团法人。第二，组成人员不同。公司制证券交易所由股东构成，而会员制证券交易所由会员券商组成，前者因投资关系而取得股东地位，后者通过交纳会费的方式成为交易所会员。第三，法律关系不同。公司制证券交易所对在场内交易券商的管理权力来源于券商入市前与交易所之间签订的契约，是一种典型的相向意思合同关系，而会员制证券交易所对会员的自律管理权来自会员自愿的权力让渡，是一种类似于合伙合同的同向意思合同关系。第四，责任承担不同。公司制证券交易所因其营利性会收取高昂的交易费用，因此对于投资者之间的违约损害赔偿承担相应的法律责任，而会员制证券交易所属于非营利性法人，收费较低，对于投资者之间的违约责任不承担责任。

虽然公司制证券交易所在原来很少见，但随着公司制改革浪潮的推进，从 1993 年斯德哥尔摩证券交易所挂牌上市迄今为止，已有 30 多家证券交易所实现了公司化改制。加拿大的多伦多及蒙特利尔证券交易所、韩国证券交易所以及新加坡证券交易所等都属于公司制的证券交易所。

二、证券交易所的法律地位

（一）概述

所谓法律地位，有两层含义：第一，指法律主体享有权利、承担义务的资格；第二，即法律主体在整个法律框架之下所处的地位。具体来说，主要涉及证券交易所属于会员制的社团法人还是公司制营利法人抑或国家监督管理之下的事业法人，证券交易所的权利义务有哪些，证券交易所与会员、上

[1] 姜廷松，周湘伟，黄宗强. 中国证券法与证券法律实务［M］. 北京：华夏出版社，2002.

市公司以及政府监管部门的关系等问题。

根据《证券法》《证券交易所管理办法》的相关规定，我国证券交易所的法律地位是：提供证券交易的场所和设施的非营利性、会员制法人对交易所会员以及在交易所上市的证券公司实施自律性监督的机构。

（二）对我国证券交易所法律地位的审视

我国的沪、深两大证券交易所最早是为了解决国企资金短缺问题以及整顿“黑市”交易而设立的公开发行股票的试点单位。设立之初，国家计划将两大交易所设置为地区性的交易场所，但资金漏斗一旦打开，“股份制试点”随市场需求推向全国，沪、深证交所也由地方政府监管的试点单位转为全国性的证券交易中心，并在推进资本市场的发展过程中始终保持着主导地位。[1]与沪、深证交所的辉煌业绩一样不容忽视的是，两大全国性的证券交易所在《证券法》颁布实施之前就已经设立，并且这一推动力不是来源于现有的会员券商，相反，地方政府和中央政府为了公共利益而实施的外部推动才是设立两大交易所的真正原因。因此，将官方发动设立的机构称为社团法人，在未达成会员券商同向意愿的前提下将沪、深证券交易所认定为会员制，在证监会的重重把控下自许为自律性法人等，似乎都显得过于牵强，因此有必要站在新的历史高度来重新审视我国证券交易所的法律地位。

1. 公司制或会员制

无论是上交所还是深交所，在章程中都明确地将自己定义为“会员制”证券交易所，《证券法》在条文中的称谓也是“会员”以及“会员席位”，法律制度上的设计也大体上迎合了会员制证券交易所的规定。但是法律往往滞后于社会的发展是不争的事实，因此法律的规定是否切合实际也值得商榷。在公司制改革成为国际发展趋势的今天，笔者在此不是为了随大溜而否定我国证券交易所会员制组织形式的合理性，而是想阐明在与国际接轨的那个时代将我国证券交易所定位为会员制，在今时今日是否符合实际情况。

（1）设立层面。前文已经提到，沪深两大交易所并不是会员券商自发组织而形成的非官方机构，而是中央、地方两级政府合力的产物。也就是说，

---

[1] 我国证券交易所的发展历程可以参考王安．股爷您上座——大话中国证券市场十年［M］．北京：华艺出版社，2000.

是先有了沪深两大证券交易所，现存的会员券商才加入其中。而真正意义上的会员制证券交易所应相当于合伙企业，各会员达成共同意愿，并将该意愿表现为章程、行为规则的形式，会员制证券交易所由此成立。而我国证券交易所的设立在逻辑顺序上与之恰恰相反。

（2）财产所有权层面。《证券法》第105条规定“实行会员制的证券交易所的财产积累归会员所有，其权益由会员共同享有，在其存续期间，不得将其财产积累分配给会员。”这一规定从表面来看与实行会员制的国家一样是承认会员资产分配权的，但仔细分析其实不然。以美国纽约证券交易所（New York Stock Exchange，NYSE）为参考，NYSE将会员分为三类：常规会员、场内通道会员、电子通道会员。常规会员的权益来自对NYSE的原始投资或者受让原始投资，因此，NYSE章程规定，只有常规会员才享有资产分配权；而场内通道会员、电子通道会员都是向NYSE交费租用通道的证券商，一旦合约终止，它们就不再是会员，在交易所破产、解散或终止时也就不享有剩余资产的分配权。[1] 回顾我国证券交易所的相关规定，不难发现沪深两大交易所的会员券商都是NYSE分类下的场内通道会员和电子通道会员，若按照NYSE章程背后的原理，沪深交易所的会员是不享有资产分配权的。

2. 社团法人还是事业单位法人

会员制证券交易所的法律性质是社团法人，是人合性的独立法人，是为共同目标而设立的组织。而事业单位，则是在我国特殊环境下产生的既不属于政府机关也与结社无缘的体制化产物。依据《事业单位登记管理暂行条例》的规定：“事业单位，是指国家为了社会公益目的，由国家机关举办或者其他组织利用国有资产举办的，从事教育、科技、文化、卫生等活动的社会服务组织。”事业单位有三个特征：第一，为了公益目的；第二，其设立属于一种国家或准国家行为；第三，性质上是社会服务机构。

仔细考察我国的证券交易所，是为了扩充国家资金以及规范、整顿毫无秩序的“黑市”交易而由国家注资设立，由中央、地方两级政府推动产生的服务型机构，成立至今，其监管权也经历了由政府到证监会的转变。由此，

---

[1] 方流芳. 证券交易所的法律地位——反思“与国际惯例接轨”［J］. 政法论坛，2007（1）：25.

可以说中国的证券交易所是政府机构对证券交易实施监督管理而设立的一线监管机构。在证券法律尚未制定、国家对公开发行股份尚存疑虑的那个时代，证券交易所不可能由各会员券商自主发起设立。因此，牵强地给沪深证券交易所打上社团法人的烙印，是从本质上抹去了国外“非营利性法人”与中国特色“事业单位”之间的差异。

3. 自律法人还是他律法人

法律条文从字面上简单规定我国证券交易所为自律法人，但从交易所对内、外部的自律监管来看，都带着浓郁的行政色彩。在内部管理上，我国证券交易所设立理事会，其中包括理事成员和非理事成员，而非理事会员由证监会委派；证券交易所设总经理 1 人、副总经理 1~3 人，也均由证监会任免；最后，证券交易所的中层干部，其任免也要报证监会备案。由此可见，整个证券交易所高层人员的管理均在证监会的“统治”之下。从对外监管来看，证券交易所主要是对上市公司和会员的行为进行监督。就上市公司而言，监督的基础是证券交易所允许该公司在交易所上市，同时上市公司同意交易所制定的交易规则，即交易所与上市公司之间达成协议，但我国《证券交易所管理办法》第 52 条却对这一民事自治行为进行了限定。[1] 而对于交易所的会员来说（假设证券交易所会员制组织形式的前提正确），既然交纳费用成为会员券商，那么就应推定该会员与交易所之间达成了同向协议，当会员违反协议时，交易所有权对该会员采取相应的处罚措施，而我国《证券交易所管理办法》第 42 条再一次否定了交易所的这种自律管理权力，将其让渡于证监会。这些都无疑是在证券交易所实行自律管理的过程中强加的行政干预，使证券交易所成为附属于政府的一线监管机构。

三、我国证券交易所法律地位的完善建议

所有权和治理模式的错位是导致我国证券交易所法律地位模糊的主要原因之一。如果在会员制盛行的那个年代为了与国际社会接轨而将“会员制”的组织形式强加于我国证券交易所之上，不但无益，反而会阻碍我国证券交易所作用的发挥。因此，重新审视我国证券交易所的性质并对其法律地位给

---

[1] 《证券交易所管理办法》第 52 条规定：“交易所与任何上市公司所签上市协议的内容与格式均应一致；确需与某些上市公司签署特殊条款时，报证监会批准。”

出准确的定位是极为重要的。

（一）建立切合实际的治理模式

在市场经济主导的当今社会，无论是在国家层面还是社会投资者层面都不承认也不愿意承认我国证券交易所属于国家设置的企业。从前面的论述中可以看到，沪深两大证券交易所在本质上并不属于会员制，而是在证监会监管下的事业单位，是政府履行监管职能的执行机构。

判断一项制度的好坏，应该看它是否符合一个国家的国情，而不是看它是否符合国际社会的发展趋势。在中国处于经济转型的时期，公开发行股份对于市场经济发达的国家而言是一件屡见不鲜的事，但对于证券法律体系尚未形成的我国而言却是一项大胆的尝试。因此，在那个时候，由国家创办交易所并在政府的监管之下是切合实际的，我国证券市场快速发展至今的傲人成果也证实了这一行为的正确性。

其实，在当时缺乏证券法律以及行业结社传统的中国，交易所由国家所有并由政府监管并不是一件坏事。一方面，在政府监管之下，国家权力在整顿市场秩序方面比自律监管更为有效；另一方面，在交易市场并不发达的情况下，证券交易所由国家所有可以有效地避免私人管理情形下因追逐利益而实施破坏市场竞争秩序的行为。无论从哪一方面来看，国家所有、政府监管的模式都在发展市场的前提下降低了交易所的管理成本及运行成本，在美国受到“金融海啸”重创的时期，中国资本市场并未因此而产生大的波动也证明了这种证券交易所的模式是我国目前较好的选择。

（二）减少政府行政干预

行政监管与自律监管处于同等重要的位置，如何在两者之间找到一个平衡点是我国乃至全世界金融监管所重点关注的问题。过分依赖市场的自律管理，结果是席卷全球的“金融海啸”；而行政监管的范围过于广泛，难免会引发冲突和纠纷。由“327”衍生的案件就是一个很好的例子。[1] 原告胡某，以上交所宣布“327 国债”尾市成交无效造成其损失为由，向上海市虹口区

[1] 胡某诉上交所宣布“327 国债期货”尾市交易无效侵权案，参见上海市第二中级人民法院（1997）沪二中经受终字第 2 号民事裁定书。

人民法院提起侵权损害赔偿诉讼，而法院以“上交所的行为属于行政行为，原告以民事侵权赔偿起诉不属于法院民事诉讼受理范围”为由，裁定不予受理。原告提起上诉后，二审法院对此维持了一审裁定。因此，我国的监管现状实际上是以行政监管为主，自律监管只是辅助行政监管施行的手段之一，这不仅导致了大量纠纷的产生，也不符合现代国际社会的监管模式。[1]

目前，要扭转这一尴尬的局面，就应当将大部分监管权力归还给证券交易所。相比于行政监管而言，自律监管具有以下几方面的优点：首先，自律监管的成本低，方式灵活，相比于以行政立法的形式而言，不会滞后于社会的发展而与新的情况不相适应。其次，自律监管更贴近市场需求，监管效果更加有效。就证券交易所而言，实行自律监管的参与者为券商，他们有着行政人员所不具备的专业知识以及实践经验，当市场发生新的变化时，券商的反应比行政机构灵敏，其采取措施预防、化解风险的能力也较行政机构强。最后，自律监管可以防范行政监管所触及不到的道德风险。道德风险与法律风险一样关系着证券市场的健康发展，法律风险可以通过立法的形式予以防范，而道德风险并未触及法律的底线，行政机关对此不能采取有力的措施，但自律监管却可以在监管内部制定道德规范，约束各参与者的行为，强化市场道德标准。

（三）创建符合我国实际的公司制证券交易所

国际竞争力弱、创新能力差一直是我国证券交易所存在的问题。究其原因，一是所谓的会员制形式导致的经营成本高、交易效率低；二是我国证券交易所一直处于国家垄断地位，没有外部的竞争压力，创新服务能力自然得不到有效的提高。面对这一体制性问题，只有从相关制度上着手，才能全面发挥证券交易所的功能。

在公司化浪潮的推动下，全球已经有几十家证券交易所进行了改制，并且在改制完成后，业绩都有了大幅提升。而我国要实行这一改革制度，不应当只是与国际接轨，还应当在综合考量可行性与必要性的基础之上创建符合我国国情的公司制证券交易所。

---

[1] 以上海证券交易所为例，2000年以来，针对其自律管理行为提出要求承担损害赔偿责任的诉讼近20起。

首先，要设立公司制证券交易所的前提条件是营造一个有效竞争的市场环境，不然处于垄断地位的公司制证券交易所在利益驱动下会滥用市场支配地位，给市场参与者造成无法挽回的损失。我国沪深两大证券交易所自成立以来，一直垄断着交易市场，虽然全国曾经兴起过区域性交易所设立的热潮，但最终还是被政府勒令停办。这是出于规范市场、防范潜在风险的目的而采取的限制竞争措施，但在金融全球化的时代，继承维持交易所的垄断地位无益于其服务能力的提升。国家一旦完全打开资本市场，我国证券交易所的优势地位将不复存在。

其次，应当明晰产权。我国证券交易所自成立之初便存在产权与利益错位的制度缺陷。国家对于交易所享有实际的所有权，会员因其缴纳会费而应享有资产分配权，但在实务中却出现了法律将国家的所有权赋予会员，而会员的资产分配权又被限制的矛盾现象。因此，若要实行公司制改革，明确国家与会员各自的产权是进行股权分配的基础。

最后，在明晰产权的基础上应当确定国有资产的持股比例。确定这一比例的现实意义在于：第一，在证券市场起步较晚的中国，政府监督仍应当占有重要地位，以此来防范不确定的市场风险。确定国家持股的比例，可以对政府的控制力进行具体的量化。第二，在保持适当比例的基础上，可以视具体的发展情况逐步分散股权、稀释持股比例，防止证券交易所公司化之后出现的一股独大、内部人控制等情形。

证券交易所作为多层次资本市场的重要组成部分，对于推动金融产品的创新以及新兴资本市场的转型都有着重要的作用。面对国内资本市场的不断开放，证券交易所面对的行业竞争也日趋激烈。如何在复杂的国际环境中不断提升自己的国际竞争力，是应当慎重考虑的问题。证券市场 20 多年的快速发展，其成果是惊人的，存在的问题也是明显的，而所有问题的根本在于制度的缺陷。弥补这一缺陷需要找出现有制度的不足，对我国的证券交易所重新定位，在符合我国国情的大前提下寻找顺应国际发展趋势的治理模式。唯有如此，才能最大限度地发挥证券交易所的功能，保障证券市场的良好运行。

第二节 场外交易市场的法律问题

场外交易市场（OTC）是与场内交易市场相对应的、构建多层次资本市场的重要组成部分。可以说，我国的股票交易开始于场外交易市场，只是混乱的秩序、无力的监管导致场外交易市场的发展一次次受到重创。2013 年 1 月 16 日全国中小企业股份转让系统（以下简称“全国股转系统”）正式揭牌运营，2012 年 8 月证监会发布的（2012）第 20 号公告首次明确了区域性股权交易市场的法律地位，从而构建了我国“全国—区域”的场外交易市场基本框架。

一、场外交易市场概述

（一）场外交易市场的概念

场外交易市场最初也被称为“柜台市场”“店头市场”，是世界上最古老的证券交易场所。由于最原始的场外交易市场没有固定的交易场所和统一的交易规则，因此，在柜台交易时期的场外交易市场的定义是从场内、场外交易市场的物理界限出发的，相对于集中于大厅交易的场内交易市场而言，场外交易市场是指“无集中交易场所和统一交易制度的，分散于各个证券商柜台的市场”。

但随着社会的发展，电子信息技术的引进，场内、场外的交易都可以通过网络订单的形式撮合、成交，并且场外交易市场也逐步进入了规范化的运行，原来以物理界限为特征的概念已不能准确地诠释场外交易市场。因此，从最广义的概念来说，场外交易市场是指涵盖场内交易之外的各类交易市场。

（二）场外交易市场的特征

场外交易市场具有以下几个方面的特征：

（1）挂牌标准低。在场外交易市场挂牌交易的公司通常是不能在一国场内市场挂牌交易的公司。这些公司的普遍特点是：规模不大却有潜在实力；公司注册资本、盈利能力、资产质量等方面尚有不足，经营状况波动较大。

因此，在前景不明的情况下，为了满足这些公司的融资需求，其挂牌标准也不得不有所降低，通常不对这些公司的盈利能力设置高门槛。

（2）信息披露要求低。由于挂牌公司的规模较小，对于高昂的中介评估、验证费用，中小企业表现出承受能力弱的特点。如果对于场外市场的挂牌公司设置和场内挂牌公司同样的信息披露制度，无益于场外市场挂牌公司的成长。因此，对场外交易市场设置较为宽松的信息披露制度而导致的场外交易市场透明度较低，是其又一大特征。

（3）市场流动性差。场外交易市场挂牌的公司虽然具有竞争的潜力，但在挂牌标准低、信息披露要求宽松的现实情况下，投资者对场外市场挂牌公司的预期值也不如对场内市场的那么高，无论在成交量还是换手率上，场外交易市场流动性差的特点是显而易见的。目前，在引进了做市商制度后，流动性问题在一定程度上有所缓解。

（三）场外交易市场的职能

场外交易市场具有以下几个方面的职能：

（1）按需融资，改善中小企业的融资环境。中小企业融资难一直是阻碍其发展的重要因素之一。国家对于中小微企业的融资问题先后出台了多项政策法规[1]，但都不能从根本上解决中小企业融资难的问题，主要有以下两方面的原因：第一，中小企业能否从银行顺利融资受到国家货币政策的影响，在银根紧缩时期，大型企业都有可能面临资金短缺的市场风险，更不用说实力较弱的中小企业；第二，资信良好、盈利能力强的中小企业可以通过在创业板上市进行融资，但据统计，很多公司筹到的资金一直存放在账面上没有动用，原因在于所融资金超过了其本来的需求，这不利于市场资源的优化配置。而场外交易市场（特别是新三板）按需融资的原则可以使企业很好地摆脱解决这一困境。

（2）提供证券流动的场所。据统计，截至 2013 年年底我国股份有限公司数量已经达到了 10 万多家，而在交易所上市的公司才 2494 家，比例还不到 3%。也就是说，大量股份有限公司的股票仍游离于交易所之外无法自由转让。除此之外，因股份制改革而遗留下来的内部职工股、法人股以及从主

---

[1] 注：银监会发布的《关于深化小微企业金融服务的意见》。

板市场退市的公司的股票也急需一个流动的场所。可以说，场外交易市场最初形成时就是为了解决这些非流通股的问题，提供证券流通的场所既是场外市场设立的目的，也是场外市场的职责目标。

(3) 促进资本市场的分层管理。审视资本市场多层次的一个视角可以从风险管理出发，将资本市场划分为风险程度、产品结构各不相同的子市场。就中国目前来说，场内市场运行规范，上市公司资信良好，市场透明度高，因此投资者的风险较低，适合风险适中或风险厌恶的投资者；而场外市场透明度低，风险较大，但同时宽松的监管也为该市场带来了创新的契机，因此，这类市场比较能赢得风险偏好者的喜爱。在这一纵向风险层级的分化下，一方面要求监管者设计不同的制度进行分层管理，另一方面也满足了市场中不同风险类型投资者的喜好。

二、我国场外交易市场结构

2012 年作为我国场外交易市场发展的分水岭，实行了两大重要举措：第一，新三板扩容到全国，成为全国性的股份转让系统；第二，区域性证券交易市场的法律地位得以确认。[1] 规范的场外交易市场结构基本建成。我国场外交易市场的结构层次如图 2-1 所示。

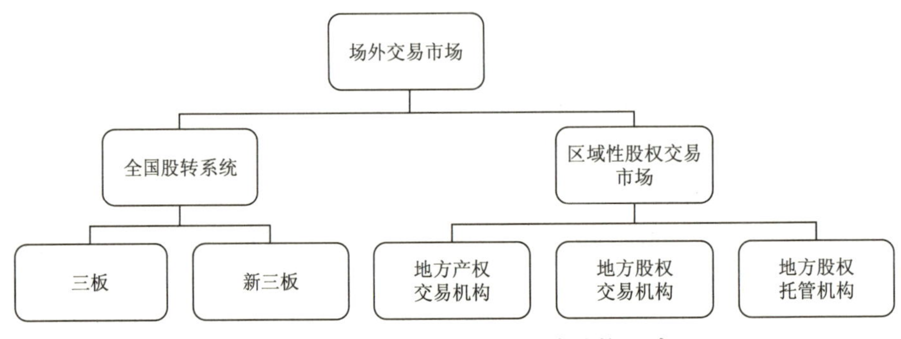

图 2-1　我国场外交易市场的结构层次

---

[1] 《关于规范证券公司参与区域性股权交易市场的指导意见（试行）》规定："区域性股权交易市场（以下简称区域性市场）是多层次资本市场的重要组成部分，对于促进企业特别是中小微企业股权交易和融资，鼓励科技创新和激活民间资本，加强对实体经济薄弱环节的支持，具有不可替代的作用。"

（一）全国股份转让系统

全国股份转让系统是经国务院批准，依据《证券法》设立的全国性证券交易场所，主要为创新型、创业型、成长型中小微企业发展服务。❶ 全国股转系统是在原有代办股转系统的基础之上逐步发展而来的全国性场外交易市场，其发展主要分为三个阶段：第一阶段，2006 年中关村科技园区非上市高新技术企业进入代办股份转让系统，为区别于原来的三板市场，“新三板”的称谓由此发展而来；第二阶段，新三板扩容，试点由北京扩展到了天津、上海、武汉高新区；第三阶段，在试点成功的基础上，将范围推至全国，同时全国股转系统也应运而生。由此，原来“两网”系统（STAQ、NET）挂牌公司和沪、深交易所退市公司也顺理成章成为该系统的一部分，并接受全国股转系统的统一监管。

全国股转系统下设全国中小企业股份转让有限责任公司作为其运营管理机构，并且将在全国股转系统挂牌的公司统一纳入非上市公众公司进行监管。❷ 此外，《全国中小企业股份转让系统业务规则（试行）》将全国股转系统的交易方式规定为协议转让、集合竞价、竞争性做市模式以及证监会批准的其他转让方式，并且在条件成熟的情况下可以转板，实现场外与场内市场的对接。由此，规范全国股转系统的各项配套措施基本设立，作为全国性的证券交易场所，全国股转系统取得了与沪、深交易所同等的法律地位。

（二）区域性股权交易市场

区域性股权交易市场大多成立于 20 世纪 90 年代，在沪深交易所惊人业绩的驱动下，全国几乎所有的银行和非银行金融机构都想争先成为第三家证券交易所。据统计，在最为繁华的时候，此类区域性场外交易市场多达 100 多家，形成规模的有 30 多家，有辐射力的达 16 家。❸ 现今存在的区域股权交易市场从功能上可以区分为以下三类：

（1）地方产权交易机构。地方产权交易机构是指由省级或地市级政府审

---

❶ 参见《国务院关于全国中小企业股份转让系统有关问题的决定》（国发〔2013〕49 号）。

❷ 详见《非上市公众公司监督管理办法》。

❸ 李慎波. 新三板操作实务［M］. 北京：法律出版社，2011.

批或直接组建、从事各类产权交易转让的产权交易所、产权交易中心、产权交易有限责任公司。由于产权交易涉及国有资产的转让，因而设立地方产权交易机构的法律依据主要来自《企业国有资产法》。据统计，全国有300多家这类产权交易机构。此类机构是在服务国有产权转让的过程中发展起来的，可以促进国有产权的阳光交易，防止国有产权因商业贿赂而流失。

（2）地方股权交易机构。地方股权交易机构是一些地方政府为响应国家有关区域改革政策的号召而建立的非上市公司股权交易平台，在名称上直接冠以“股权交易”的字样。全国范围内已经形成天津股权交易所、重庆股份转让中心、上海股权托管交易中心、深圳中小企业非公开股权柜台交易市场等专门的区域股权交易市场。

（3）地方股权托管机构。地方股权托管机构是指对非上市公司的股份进行集中登记托管的独立法人，是为了促进非上市股份有限公司健康发展、规范股权交易、确保国有资产在交易过程中保值增值而设立的兼具监管职能和市场化运作功能的服务型机构。

相比于全国股转系统的有限容量而言，市场整体的需求量远大于此。因此，要发展场外市场，区域性股权交易市场占据着重要地位。我国对于区域性股权交易市场法律地位的肯定使得场外交易市场的建设迈出了关键性的一步。

三、做市商制度

作为解决场外交易市场流动性弱这一问题的制度设计，做市商制度是各国家场外交易市场不可或缺的一项交易制度。随着全国股转系统的揭牌运营，做市商制度也被明确规定为该系统的交易制度之一，这对于发展场外交易市场具有重大意义。

（一）概述

做市商（Market Maker）也称“报价驱动交易制度”，是场外交易制度的核心，是指在证券市场上，由具备一定实力和信誉的证券经营法人作为特许交易商，不断地向公众投资者提供双边报价，并在该价位上以其自有资金和证券承担成交义务的一种交易制度。同一只证券可以只有一名做市商进行报价，也可以由两名以上做市商报价。当同一只证券有两名以上做市商进行报价时，称为“竞争性做市商制度”，目前全国股转系统采用的做市商制度就属于竞争性的做市商制。[1]

（二）做市商制度的职能

做市商制度具有以下几个方面的职能：

（1）防止操纵证券价格行为，稳定证券交易价格。由于主办券商都是具有相当资金实力和证券储备的公司，对于恶意参与者的操纵价格行为可以起到一定的阻碍作用。当市场操纵者为拉低证券价格而大量抛售时，做市商会以其自有资金买进证券，防止证券价格大幅下跌；当市场操纵者试图提高证券价格时，做市商则会大量抛售库存证券，从而防止证券价格的大幅上涨。在做市商的“对冲”交易行为之下，市场操纵者的操纵成本增加，因此可以降低操纵价格的风险，规范市场秩序，稳定市场价格。

（2）促进证券的流动性，活跃交易市场。如果一个交易场所本来就具有很强的流动性，则可以直接采用集中竞价的方式进行交易，不必引入做市商制度，做市商制度设计的初衷就是为了解决流动性弱的问题。具体来说，针对刚刚建立的交易场所，可能在规模以及基础设施建设方面都不完备，在市场信息不对称的情况下，引入做市商制度可以降低投资者的信息搜寻成本，及时成交模式可以提高成交效率，从而吸引更多的投资者进入该市场，推动市场的发展。

（3）发现价格。做市商制度下，主办券商承担着按报价成交的义务。如果券商在未认真分析市场的情况下胡乱报价，就会给其自身造成亏损。因此，强制性成交义务潜在地促使券商以其专业知识认真地对挂牌公司的每一只股票进行评估，并在交易市场上报出合理的买进和卖出价格，从而使证券的市场价格真实反映其内在价值。

（三）做市商制度的风险评析

虽然做市商制度能促进交易、稳定价格、活跃市场，但该制度存在的风险也是不容忽视的。兼具营利性与社会性的主办券商应在二者之间寻求一个

[1] 《全国中小企业股份转让系统业务规则（试行）》第3.1.4条规定：“挂牌股票采取做市转让方式的，须有2家以上从事做市业务的主办券商（以下简称‘做市商’）为其提供做市报价服务。”

平衡点，唯有如此，才能保证券商的中立性，保障市场的健康运行。做市商制度的风险主要表现为以下几个方面：

（1）主办券商亏损的风险。在做市过程中，主办券商通过赚取买卖价差而盈利，但是当券商为了履行做市义务而不得不高买低卖时，将面临亏损的风险。具体来说，如果主办券商合理评估某一证券的价格为15元/股，并以16元/股的报价卖出，但是投资者认为这个价格高估了股票的实际价值，其心理预期值仅为10元/股，那么投资者不会在此价位上进行交易。当交易日该证券没有成交量时，券商不得不通过降价卖出该证券的方式来履行做市义务，即券商会以10元/股的价格报价卖出，从而在15元/股的买入价与10元/股的卖出价之间出现巨额亏损的风险。

（2）主办券商的存货风险。目前大多数国家规定主办券商买进的证券当日是不能卖出的。面对市场的波动，券商就可能面临着大量持有某一证券而带来的存货风险。假设买进当天的价格为10元/股，等到第二天，该公司股票因为受到某些重大事件的影响，价格受挫而降到8元/股，一方面，投资者会因市场波动而大量抛出该股票，主办券商为了保持供求平衡、稳定价格而大量买进；另一方面，股票价格已经降到8元/股，券商想要以高于8元的价格向市场抛出似乎不太可能，其报出的卖出价可能就在7元/股。无论在买入还是卖出方面，券商都面临着不可控制的风险。

（3）主办券商的道德风险。做市商在场外市场中扮演的角色是双面性的，既有商人营利性的一面，更多的是被定义为一种社会公益机构，当两者出现冲突时，市场会要求做市商更多地关注、维护市场的稳定。前面已经提到，做市商面对的做市风险是很大的，并且是不可避免的，在承受了如此巨大的风险之后还要将社会公益置于首位，这不符合商人追逐利益的本质，道德风险的触发也就不可避免。具体到实务当中，券商易发的道德风险在于：第一，利用信息优势，操纵市场价格；第二，从事自营和经纪业务的券商很难保持中立地位，可能做出有损客户利益的行为；第三，在缺乏有效竞争的市场环境中，券商消极做市的行为将不利于提高证券的流动性以及市场的活跃性。

四、我国新三板做市商制度的发展建议

全国股转系统明确将竞争性做市商制作为一种交易制度写入法律之中，

这对于新三板做市商制度的发展打下了基础。但是该制度如何设计才能在最大范围内发挥做市商的优势、避免各种风险，是我们目前应当重点关注的。

（一）新三板做市商制度的最新发展态势

据全国股份转让系统的统计数据显示，截至2016年年底，“新三板”挂牌企业总数已达10163家，总股本5851.55亿股，总市值达40558亿元。其中采用做市交易方式的企业1646家，协议交易方式企业为8354家，创新层企业952家，基础层9048家，创新层+做市企业共636家。由此，我国新三板市场正式成为全球首家达到1万家挂牌企业的证券市场。我国做市商制度于2014年8月正式上线运行，其主要规则是：第一，新三板符合条件的挂牌企业必须拥有两家以上做市商为其做市。第二，做市商采取双向报价、特别是多个做市商的竞争性报价，使报价尽可能接近真实价格，使交易价格具有公信力，充分发挥资本市场价格发现功能，为市场的交易活动打下稳定的基础。做市商通过履行双边报价义务，不断向投资者提供股票买卖价格、接受投资者的买卖要求，充分流动性提供者，保证市场交易连续进行，从而提高市场的流动性。第三，做市商推行T+0模式，即做市商当日买入的证券当日便可以卖出，并且在每个转让日15：00做市转让时间结束后，还有30分钟的做市商间转让时间，以供做市商调剂库存，从而缓解做市商的库存压力❶；第四，做市商不用试点而采取备案制，只要符合一定的条件，则可以申请为做市商，具体条件为：（1）要有自营业务资格；（2）要有专门的做事机构和做事人员；（3）建立完善的内部管理制度；（4）有相应的做市的技术系统。

（二）新三板做市商制度的设计建议

全国股转系统为做市商制度确立的一系列制度规划对于促进市场流动性有着重要作用，这是对我国做市商制度的一项创新，是我国做市商制度发展的一次质的飞跃。然而，场外交易市场的不成熟，注定了我国做市商制度的发展不会一帆风顺，只能在探索中不断前进，在制度设计上尽量使其最大限

---

❶ 东方财富网. 新三板做市商可T+0力促流动性［N/OL］.（2014-04-26）［2017-12-30］. http://stock.eastmone.com/news/1614,20140426380131711.html.

度地与我国场外交易市场相适应。

（1）降低做市成本，规范做市商行为。做市商的做市成本除了上述可能面临的市场、存货风险等间接成本以外，还包括了搜寻信息成本以及印花税、佣金等直接成本。券商获取的买卖价差有可能不能直接抵消这一过高成本，在“经济人”假设的理论之下❶，券商有可能做出损害市场的行为。根据对美国 NYSE 做市商数据的调查分析，买卖价差越大，做市商的积极性越高；买卖价差越小，做市商则会出现消极做市的情形。因此，我国在做市商规则的制定过程中，一方面要避免将交易成本直接移转到投资者身上；另一方面，政府也应当适度降低做市商的交易成本，例如，对于印花税给予减免措施；在上市公司信息披露方面作出更加全面的规定❷；借鉴美国场外柜台交易市场（Over the Counter Bulletin Board，OTCBB）的报价模式等❸，从而在做市商、投资者、挂牌公司三者之间寻求一个最佳平衡点。

（2）构建风险管理体系，防范做市商道德风险。任何需要做市商为其股票做市的公司都需要向券商提供相关的信息，做市商在分析这些信息的基础之上作出是否做市以及做市价格高低的决定。因此，公司提供信息的完整性以及真实性决定了其股票做市价格的高低。信息决定了公司股票做市的质量，但同时也为做市商利用该信息进行内幕交易、操纵证券价格打开了方便之门。我国新三板规定的做市商制度虽然是竞争性的，即同一只股票由两名以上做市商做市，可以在一定程度上防止某一券商的操纵价格行为，但却不能防止券商利用内部信息共同操纵市场的行为。因此，从制度上设计潜在的风险管理规则不足以有效防范道德风险，相应的风险管理体制也应及时建立。

这一管理体系可以从三个层面进行设计。首先，是新三板的自律监管，

---

❶ “经济人”假设理论是指：经济人就是以完全追求物质利益为目的而进行经济活动的主体，人都希望以尽可能少的付出，获得最大限度的收获，并为此可不择手段。这是古典管理理论对人的看法，即把人当作“经济动物”来看待，认为人的一切行为都是为了最大限度地满足自己的私利，工作只是为了获得经济报酬。

❷ 目前，我国新三板对于挂牌公司的信息披露要求较为宽松，主要是考虑到高新技术企业自身的特点，很多信息不便于向市场公开。

❸ OTCBB 的做市商报价模式有三种：一是最常见的报出确定的买进、卖出价，并且在该价格之上承担成交义务；二是不用明确价格，仅给出买或卖的意向；三是给出一个伴随浮动区间的买盘或卖盘。

自律性的管理更加专业也更贴近市场需求，同时也有高效、灵活的特点；其次，是行政监管，通过立法或者行政处罚的方式对市场券商的违法、违规行为进行威慑，监管力度较自律监管强，但也存在反应不及时的缺点；最后，则是司法监管，作为最后的救济手段，虽然其启动具有被动性，但对违法行为的阻吓力是最强的。针对我国新三板市场尚未成熟、做市商制度起步较晚、市场风险较大的现实情况，现有的风险管理体系应当以自律监管和行政监管为主，二者相辅相成，司法监管则作为最后的防线，从而形成宽严相济的风险管理体系。

（3）分层建立投资者适当性管理体制。新三板投资者适当性管理制度经历了一个从无到有的过程。依据现行《全国中小企业股份转让系统投资者适当性管理细则（试行）》的规定，整个新三板市场规定了同样的投资者适当性条件，但随着新三板市场分层管理提上日程，建立与风险水平相适应的、分层次的投资者适当性管理体系应当紧随其后，从而实现差异化市场服务，更好地建立多层次资本市场。

场外交易市场作为构建多层次资本市场的重要组成部分，社会各界对它的重视已与场内达到同样的高度。相比于场内交易市场而言，场外交易市场的创新能力更强，能焕发整个资本市场的活力，但场外交易市场同时面临着流动性不足、投资收益波动大的风险。针对这些风险，我国新三板引入了“做市商”制度，试图解决困扰场外市场快速发展的难题。然而证券市场的不成熟注定了我国每一次的改革与创新都会面临各种各样的难题，唯有在挫折与失败中逐步探索正确的方向，寻找正确的方法，构建切合实际的制度体系，才能在改革中前进，在创新中发展。新三板的成立是场外交易市场发展历史上具有里程碑意义的重大事件，我们应当把握好契机，在促进场外市场健康发展的同时与世界资本市场接轨。

第三节　证券公司的法律风险控制

证券公司作为证券市场的重要参与者，对资本市场的健康运作与发展起着举足轻重的作用。然而 2003 年年底至 2004 年上半年，证券公司积累的风险问题急剧爆发，乃至严重危及资本市场的安全。有鉴于此，国务院于 2004

年、2005年先后发布了《关于推进资本市场改革开放和稳定发展的若干意见》以及《证券公司综合治理工作方案》，证券公司的风险控制问题取得了阶段性的成效。但时至今日，风险问题始终是证券公司快速、稳定发展的瓶颈，究其原因主要有两方面：第一，从证券公司的自身属性来说，公司法人的营利性本质易导致内幕交易、操作市场等欺诈行为；第二，从证券公司的发展来看，肩负着经济转型、企业股改重任的证券公司，国家控股是其鲜明特征之一，由此带来的一股独大、内部人控制等公司治理结构问题往往会引发不可避免的非系统风险。因此，证券公司的风险控制不仅要有制度的构建，也要有执行制度的有效机制，更要有完善的内部组织结构。唯有如此，我国证券行才能在不断创新发展的同时，在国际资本市场上占据重要地位。

一、证券公司的风险来源

在证券市场中，收益和风险形影相随。证券公司在获益的同时，往往伴随着巨大的风险。风险控制，并不是要绝对避免风险的发生，而是要尽量避免或减少因风险带来的损失，从而实现利益的最大化。因此识别风险来源，有针对性地采取措施，才能以最低的成本应对风险。

（一）市场风险

证券市场瞬息万变，因政策、产业调整，利率变动以及经济周期波动而导致的市场风险对于以流动性和利润为生命线的证券公司而言是无法回避的风险，因此也被称为“系统风险”，主要包括以下几种：

（1）政策风险。所谓政策风险是指政府有关证券市场的政策发生重大变化或是有重要的法规、举措出台，引起证券市场的波动，从而给证券公司带来的风险。[1]目前，我国正处于产业转型升级阶段，国家对于产业结构的调整以及金融市场法治化建设都达到了空前的高度。面对这些变化，市场的不确定性增加，资本市场也将面临前所未有的挑战。

（2）经济周期波动风险。经济周期（Business Cycle）也称“商业周期、景气循环”，它是指经济运行过程中周期性出现的经济扩张与经济紧缩交替

[1] 中国证券业协会．证券市场基础知识［M］．北京：中国金融出版社，2012.

更迭、循环往复的一种现象，传统上分为繁荣、衰退、萧条、复苏四个阶段。[1] 与经济周期相适应的证券市场也会有行情的变化，总体分为两大趋势，即看涨市场或多头市场、牛市，看跌市场或空头市场、熊市。在其他风险可控的前提下，当证券市场处于牛市时，证券价格几乎都会上涨，交易活跃，证券公司营业收入相应地增加；当证券市场处于熊市时，投资者多持观望或悲观态度，交易惨淡必然影响证券公司的盈利能力。

（3）利率风险。利率政策作为中央银行重要的宏观调控手段，受到市场经济方方面面的影响。利率提高，部分资金选择流向银行、商业票据等其他金融资产，证券需求减少、价格降低；利率降低，大部分资金选择流向证券市场，证券需求增加、价格升高。由此，当央行为了调节宏观经济而调整利率时，从事经纪业务的证券公司收取的佣金会因证券交易量的减少而减少，从事投资咨询、财务顾问、承销与保荐、自营业务以及资产管理业务的证券公司可能会在来不及调整投资方向的情况下作出错误的投资分析或决定，从而给投资者及公司本身带来不可估量的损失。

（二）制度风险

健全的风险预警制度、合规制度以及公司治理制度等是证券公司持续发展、稳定运行的保障。但我国证券公司大多是在早期银行和信托公司下属的证券交易营业部的基础之上组建起来的，从一开始就具有产权不明、资本匮乏、股权分散等先天缺陷。内部人控制、信息隔离墙制度得不到有效执行，内幕交易等违法违规行为频发成为阻碍证券公司良性发展的致命风险。制度风险主要包括以下几种：

（1）合规风险。合规风险主要是指证券公司在业务活动中违反法律、行政法规和监管部门规章及规范性文件、行业规范和自律规则、公司内部规章制度、行业公认并普遍遵守的职业道德和行为准则等行为，可能使证券公司受到法律制裁、被采取监管措施、遭受财产损失或声誉损失的风险。[2] 市场实践中，具体表现为证券公司以及业务人员为了追求自身利益而违反《证券

---

[1] 百度百科. 经济周期 [OL]. http://baike.baidu.com/link?url=bwF4k8 YAEndfDFxTQJbyEEoR4YdkxsFPIr4OA-C62sdTEGrTx8n3XAzlXUJubdE，2017-12-30.

[2] 中国证券业协会. 证券交易 [M]. 北京：中国金融出版社，2012.

法》等法律的规定，自持证券、短线交易、内幕交易、操纵市场，不仅破坏了证券市场的公平交易，而且违法违规行为一经查处，从业人员、证券公司都将面临行政乃至刑事处罚。例如，2014年3月14日中国证监会发布的［2014］第31号公告，就是针对民生证券股份有限公司员工南某某违反《证券法》第43条规定❶而作出的处罚决定；再如，2013年9月24日中国证监会针对平安证券有限责任公司违反保荐义务出具虚假报告的行为发出［2013］第48号公告，平安证券被处以5110万元的罚款。

（2）管理风险。管理风险主要是指证券公司在经营过程中由于管理制度不健全、内部控制不严，或者工作人员违规操作而导致的客户资产损失、违约或与客户发生纠纷等，可能受到监管处罚或因承担赔偿责任遭受财产损失或声誉损失的风险。❷ 较为常见的情况有证券公司在从事经纪业务时挪用客户资金，在从事自营业务时混淆自有资金和其他资金。

（3）技术风险。作为主要以电子化方式进行交易的证券公司而言，技术风险是必须予以重视的主要风险，它主要是指证券公司信息技术系统发生故障，从而可能给客户及公司本身带来的损失。典型案例就是2013年发生的"光大证券乌龙事件"，由于套利策略系统的故障，导致在进行交易型开放式指数基金（Exchange Traded Funds，ETF）申赎套利交易时以234亿元的巨额资金申购180ETF成分股，实际成交72.7亿元，从而对投资者的判断产生了重大的影响。❸

二、现有风险的法律控制措施

针对证券公司在转型新兴资本市场中急剧爆发的风险，中国证监会根据市场现状相继出台了《证券公司内部控制指引》《证券公司风险控制指标管理办法》《证券公司监督管理条例》《证券风险处置条例》等一系列法律规章，试图将证券公司纳入规范运行的轨道，以促进多层次资本市场的发展。

---

❶ 《证券法》第43条规定："证券交易所、证券公司和证券登记结算机构的从业人员、证券监督管理机构的工作人员以及法律、行政法规禁止参与股票交易的其他人员，在任期或者法定期限内，不得直接或者以化名、借他人名义持有、买卖股票，也不得收受他人赠送的股票。"

❷ 同上述。

❸ "光大证券乌龙事件"虽然是因技术故障引起，但最终证监会对于该行为的定性为"内幕交易"，对光大证券开出了5.23亿元的巨额罚单，这在证券市场上是史无前例的。

（一）设立市场准入标准

以信用为基础建立起来的资本市场，在诚信体系不断受到挑战的今天，强化市场准入标准成为预防风险的第一道防线。作为事前预防措施，证券公司的设立需要经证监会审慎审批；证券公司的董事、监事、高级管理人员需要有相应的任职资格及从业经验，对于不宜担任高管的人员，《证券法》也作出了相应的限制；证券公司的业务范围与资本实力相挂钩。[1] 从源头上对证券公司的风险进行控制，确保从业人员诚信专业、勤勉尽职，淘汰不合规、不称职的证券公司及职业群体。

（二）强化内部控制

所谓内部控制是指证券公司为实现经营目标，根据经营环境的变化，对证券公司经营与管理过程中的风险进行识别、评价和管理的制度安排、组织体系和控制措施。[2] 在实践中，主要是指信息隔离墙制度以及合规管理制度。

（1）合规管理制度。合规管理是指证券公司制定和执行合规管理制度，建立合规管理机制，培育合规文化，防范合规风险的行为。[3] 面对日益频发的合规风险，《证券公司合规管理试行规定》强制要求证券公司设立合规部门和合规总监，从而强化证券公司对经营行为的事前审查、事中监督和事后检查。对于合规总监而言，反洗钱以及大额和可疑交易报告制度的建设是其主要的职责。伴随着经济全球化，金融电子化、信息化为贪污、贿赂、腐败等上游犯罪分子掩埋犯罪所得、逃避法律制裁提供了快速、便捷的渠道，每年因洗钱而损失的国有资产不计其数，这既不利于国家财产的保护，也不利于反洗钱的国际合作。有鉴于此，强化证券公司的合规管理，建立以客户身份识别、大额和可疑交易报告为基础的反洗钱制度，不仅是国内也是国际资本市场的强烈呼吁。

（2）信息隔离墙制度。信息隔离墙制度是证券公司对敏感信息采取的一种控制措施，以防止该信息在利益冲突的业务部门之间不当流动和使用。所

---

[1] 详见《证券法》第122、124、127、131、132、133条。

[2] 《证券公司内部控制指引》第2条。

[3] 《证券公司合规管理试行规定》第2条。

谓敏感信息，就是指证券公司在经营过程中获取的内幕信息以及可能对投资决策产生重大影响而尚未公开的信息。实务中的操作是：证券公司在内部建立观察名单和限制名单制度，当证券公司掌握或获取某一敏感信息后，应当将敏感信息所涉的公司或证券列入观察名单，并对名单中的公司和证券进行监控，一旦发现异常情况，及时调查处理；若公司在采取隔离措施中难以避免利益冲突，则应当对敏感信息所涉的公司或证券列入限制名单。与列入观察名单不同的是，证券公司可以根据自身的需要，对与列入限制名单的公司和证券相关的一项或多项业务采取限制措施，从而防止内幕交易、避免利益冲突。

（三）完善公司治理结构

公司治理有广义与狭义两方面的含义，本书此处所讲的公司治理仅从狭义方面考虑，即指在所有权和经营权分离的条件下，通过一种制度安排，建立利益主体之间的权力、责任和利益的相互制约，从而实现利益关系的合理化。❶ 其内容主要涉及董事会的结构与功能，董事会、董事长与以总经理为代表的公司经营管理层的权利和义务配置，以及与此有关的聘选、监督等方面的制度安排等项内容。❷ 我国证券公司大多为国家控股的非上市公司，与美国相比，我国证券公司的股权集中度仍然偏高，为了防止一股独大、内部人控制的情况发生，中国证监会于 2012 年 12 月 11 日颁布了《证券公司治理准则》，于 2013 年 1 月 1 日起施行，进一步完善了独立董事制度。作为现代企业内部机构之一的监事会，是独立于股东会、董事会之外的监督机构，但这种监督往往是事后的监督，不利于风险的预防。而同样以监督为职责的独立董事，则克服了监事会的这种功能弊端。独立董事作为公司聘请的外部专业董事，在股东会、董事会作出决策之前，应当从专业角度分析计划的可行性；在决策的执行阶段，独立董事有义务监督行为的合规性；决策执行完毕后，在有必要的前提下独立董事还可以聘请外部机构对执行结果进行审查。这种贯穿始终的监督机制弥补了原有的股东会、董事会、监事会三权机

❶ 葛扬."后行政人控制"与企业治理结构经济管理与社会科学前沿研究［M］. 北京：中国金融出版社，2000.

❷ 赵万一. 公司治理法律问题研究［M］. 北京：法律出版社，2004.

制的不足，有效地防范了因股权集中带来的董事会操纵股东会、损害中小股东利益的风险。此外，该准则为了进一步保障独立董事的独立性，对独立董事在董事会中的比例以及董事会下的专门委员会进行了细化规定，防止了独立董事因利益驱使而形同虚设的风险发生。[1]

（四）建立以净资本为核心的经营风险控制制度

净资本是指根据证券公司的业务范围和公司资产负债的流动性特点，在净资产的基础上对资产负债等项目和有关业务进行风险调整后得出的综合性风险控制指标。净资本基本计算公式为：净资本＝净资产－金融资产的风险调整－其他资产的风险调整－或有负债的风险调整－/＋中国证监会认定或核准的其他调整项目。[2] 净资本作为净资产中的高流动性部分，能够真实地反映证券公司可以变现和应对风险的资金数，这对于控制流动性风险而言是行之有效的手段。《证券公司风险控制指标管理办法》根据证券公司各项业务风险的大小分别制定了风险控制指标及计算方法，通过定期或不定期的检查，根据指标的达标情况采取宽严相济的监管措施，从而从量上来控制风险。

（五）规定民事赔偿制度

对于证券公司在投行业务中的虚假陈述行为，行政法和刑法规定得较为详尽，而对于违法行为的受害人——投资者，立法的保护尚有欠缺。为此，最高人民法院于 2002 年 1 月 15 日以通知的形式规定了证券市场中虚假陈述的民事赔偿责任。该通知规定，虚假陈述的行政及刑事处罚作为投资者提起民事赔偿诉讼的前置程序，投资者自处罚作出之日起两年内（诉讼时效）可以向被告所在地的中级人民法院提起民事诉讼，并且投资者无须证明损害与虚假陈述之间有因果关系，而由被告承担无过错责任。这一举措，可以说从立法层面上完善了证券公司的民事、行政、刑事责任，一方面真正从投资者角度出发最大限度地保障其权益，稳固了投资者的信心；另一方面通过加重

---

[1] 独立董事的“失独”现象在设立专门委员会之前十分严重，原因在于独立董事的薪酬以及提名都由董事会所决定，若独立董事对于大股东的违法违规行为发表否定意见，那么大股东可以凭借其持股优势，作出对独立董事不利的提名及薪酬决策。独立董事在利益的驱使下，难免沦为大股东的附属机构，形同虚设。

[2] 《证券公司风险控制指标管理办法》第 9 条。

证券公司的责任，达到防范违法违规行为发生的目的。

三、现有风险控制体制的缺陷与完善

证券公司的风险控制在相关部门的积极探索下取得了空前的成就，但从整体效果来看，仍不尽如人意。从2013—2014年证监会发布的行政处罚公告中可以看出，被处罚的证券公司及从业人员较多；从评级来看，2013年度一共有114家证券公司，但仍无一家证券公司被评为AAA级，并且AA级和A级也只有30家，占比26.3%，由此可见，证券公司仍存在很高的风险。❶因此，在外部制度日趋完善的今天，要控制证券公司的风险应当主要从内部管理出发，寻找有效的执行机制和管理机制，从而使证券公司的风险控制在合理范围之内。

（一）风险综合管理机制

现代证券公司的风险管理大多还是分部门管理，人为地将整体风险划分，不仅不利于各部门在风险管理过程中的沟通与交流，也不利于风险的整体降低。而风险综合管理机制就是为了解决这一问题而产生的为国际金融体系所追崇的有效管理制度。风险综合管理的中心理念是：对证券公司面临的所有风险作出连贯、一致、准确和及时的度量，建立一种严密的程序用来分析总风险在交易、资产组合和各种经营活动范围内是如何分布的，以及对不同类型的风险进行定位和合理配置资本。❷

具体而言，就是将证券公司的所有业务风险视作统一的整体来进行评估，在这些风险内部，有些风险可以通过对冲而相互抵消，不能抵消的风险，按其性质合理分布到各业务之中，在每一业务之下，又可以通过资产组合的优化，进一步降低风险，从而实现风险头寸最大化的转移。

（二）完善公司治理结构

国有持股、股权集中仍然是现代证券公司的一大特征。因此，要完善证

---

❶ 对证券公司的评级并不是对证券公司的分类，而是以证券公司的风险管理能力为基础，结合公司的市场竞争力和合规管理水平，对证券公司进行的综合性评价，主要体现的是证券公司的合规管理和风险控制情况。

❷ 封思贤. 我国证券公司风险管理体系研究［J］. 当代经济管理，2006（2）：28.

券公司的治理结构，首先要从公司的股权结构入手。第一，大量引进机构投资者，并通过在恰当的时机推动证券公司上市的方式，将集中的股权进行稀释；第二，对于国有股及大股东的持股比例，可以根据实际情况给出一个比例限定（最好不要超过20%），超过这一比例，首先应当进行信息披露，其次是强制性的股份转移，从而防止证券公司出现一股独大、内部人控制的情形。

其次，就是完善证券公司的机构设置。《证券公司治理准则》在三权分立的组织架构之外细化规定了独立董事的人员比例以及专门委员会的设立标准，但独立董事失独现象仍然严重，一是由于在董事会中，独立董事人数仍然较少，最多也不过1/4；二是对于独立董事的履职要求并不严格，在独立董事大多为兼职的情况下，他们很少列席公司会议。面对独立董事履职不能或不履职的情况，笔者建议：第一，提高独立董事在董事会中所占的比例（最好为1/2）；第二，减少兼职独立董事的比例，并且对于兼职独立董事出席会议的次数也应当进行规定，从而保障独立董事能认真、及时、准确地履职。

（三）建立业绩与风险挂钩的薪酬管理体制

现有证券公司的薪酬管理大多实行底薪+提成的模式，而提成就是以业绩为基础的。业绩与从业人员的客户资金、成交量等相挂钩，而与风险的控制无太多联系，因此，自身利益化的薪酬管理模式潜在地驱使着从业人员在风险的边缘进行操作，要想解决这种利益驱使而带来的法律、道德风险，就应当从根本上转变这种薪酬管理模式。笔者认为，人员的薪酬管理、风险控制也应当纳入该考核体制之中，比例在40%左右，剩下的60%还是以业绩为主。这样的比例分配，一方面符合证券公司“经济人”的本质，另一方面也将风险控制提到前所未有的重视高度，从而在进行市场竞争的过程中也能很好地限制从业人员在追求高业绩中的违法违规行为。

证券公司是经营机构，也是整个资本市场的重要中介机构，如何对其风险进行有效控制，不仅关系到证券公司自身的发展，也关系到整个资本市场的健康运作。我国目前的证券公司风险控制外部体系基本完备，但内部管理制度及执行机制较为欠缺。要想提升我国证券公司的综合实力以及国际竞争力，必须从证券公司的内部着手，建立有效的管理、执行机制，从而在健全的外部环境之下，进行良好的内部运作。

第四节　证券服务机构的行为规制

所谓行为规制，是指在现有市场结构下对于限制竞争行为的限制或禁止，以及在行为发生后的法律制裁。证券服务机构作为证券中介机构的一个庞大分支，涵盖了证券市场运行的方方面面，若对这些机构的行为不进行有效规制，公平、公开、公正的证券交易环境将受到破坏。

一、证券服务机构

（一）证券服务机构的概念

证券服务机构是指依法设立的从事证券服务业务的法人机构。主要包括证券登记结算机构、投资咨询机构、财务顾问机构、资信评级机构、资产评估机构、证券金融公司、会计师事务所、律师事务所等。由于证券登记结算机构为非营利自律法人，本书在此不作讨论。

（二）证券服务机构产生的原因

市场信息不对称使自由竞争市场不总是能够进行自我调节达到社会资源配置的"帕累托"最优[1]，"柠檬市场"问题也随之产生。美国俚语称"柠檬"为"次品"，"柠檬市场"因此也被称为次品市场或阿克洛夫模型，是指在信息不对称的市场，往往优质产品遭淘汰，而劣质产品逐步占领整个市场，导致整个市场都是劣等品。具体来说，当市场存在买卖双方信息不对称的情形时，处于劣势地位的买方对于处于优势地位的卖方会产生一种不信任感。以甜橙市场为例，市场上很多看起来皮质光滑的甜橙实际上加入了明矾等添加剂，买方获得了这一市场信息后会降低对整个市场的心理平均价格，在此假设为 6 元/斤；但不能否认的是，市场上还是存在质优的甜橙，成本加上小部分利润，这部分卖家定价为 8 元/斤；其他在甜橙中加入添加剂的

---

[1] 耿利航. 中国证券市场中介机构的作用与约束机制［M］. 北京：法律出版社，2011.

卖家，其商品的成本可能为2元/斤，根据买家的心理定价，卖价为5元/斤。在信息不对称的情况下，买家根据自己的心理预期而选择买5元/斤的甜橙，定价高的优质卖家则会因为没有市场或亏本而逐步退出，从而出现“劣币驱逐良币”的现象。为了解决这一问题，则需要中立的第三方通过信息收集、数据分析、产品测试等一系列程序对商品进行验证，从而为买方提供真实、可靠的商品信息，使市场实现优胜劣汰。这一中立的第三方就是通常所说的中介机构。

证券作为一种特殊的商品，也存在“柠檬市场”的问题，并且证券的高风险、高收益性，使得平衡市场失衡显得尤为重要。如果没有证券中介机构为投资者提供信息，绩优股会逐渐退出市场，剩下的都是劣质股，整个证券市场将面临崩盘的风险。作为中介机构之一的证券服务机构正是在这种情况下而产生的，作为联结投资方、融资方的中间桥梁，引导资金向有投资价值的方向流动，实现社会资源的优化配置。

二、证券服务机构的“失信”原因

证券服务机构作为独立的第三方机构，其产生就是为了给投资者提供真实、准确、完整的信息，以调节市场的资源配置。然而，随着社会的不断发展，诚信危机日益侵蚀着已建立的社会秩序，中介机构的失信行为使整个资本市场面临着严峻的挑战。从中国的郑百文、银广夏，到美国的安然、世通、施乐、默克及法国的维旺迪，社会各界对中介机构失信纷纷予以谴责，探求重建证券市场中介机构信用制度。[1] 如何让中介机构回归原有的功能定位，首先应当分析这些机构失信的根本原因，从本源上寻求解决的方法，才能取得标本兼治的效果。

（一）证券服务机构失信的原因探索

任何行为的产生都有着多种因素的成就，证券服务机构的失信行为也不例外。但本书在此只讨论最根本、最重要的原因：独立性的缺失。理由在于：第一，证券服务机构最初就是以独立第三方的身份出现的，独立性是该

[1] 黄小花，黄忠仁，谢利人．我国证券中介机构失信及其防治对策［J］．证券与投资，2011（5）：24．

机构存在的前提；第二，证券服务机构只有保持不偏不倚的独立性，才能作出客观、真实、专业的判断，防止证券欺诈行为的发生；第三，证券服务机构的独立性，能防止因逆向选择而造成“劣币驱逐良币”的怪相发生，保障证券市场的健康发展。因此，本书对于证券服务机构失信原因的探索主要是针对证券服务机构独立性缺失的探讨。

（1）利益驱使。无论是美国安然事件的爆发还是2013年发现的我国天丰节能公司的财务造假，都涉及会计师事务所的虚假记载行为。为安然提供审计业务的安达信，在破产之前曾经是与四大会计师事务所并驾齐驱的世界第五大会计师事务所，因为安然事件，安达信从2002年8月31日起暂停从事上市公司的审计业务，而就在2001年，安达信还代理着美国2300家上市公司的审计业务，占美国公司总数的17%。[1] 为天丰节能提供IPO审计服务的会计师事务所是利安达，作为全国前十的会计师事务所，因在审计过程中未勤勉尽职、提供虚假报告，于2014年2月被证监会处以120万元的罚款，没收业务收入60万元。[2] 很难想象，若不是有着巨大的利益驱使，这些证券服务机构会不顾巨额的罚款、名誉的损失作出失信的行为。事实上，作为“商人”主体的证券服务机构，追逐利益是其本性，只是作为证券市场的“守门人”，这种逐利性被社会要求控制在合理的范围内。但是当客户提出以合作、捆绑接受服务机构的其他服务或者向服务机构人员提供在本公司担任高管职务等优惠条件时，很难有服务机构能抵挡如此大的诱惑，况且在我国重处罚单位而轻责罚个人的体制之下，服务机构的从业人员粉饰业绩、虚假陈述的成本在利益彰显之下也是微不足道的。

（2）行业恶性竞争。每个行业都存在恶性竞争问题，我国目前对此的法律规制仅有《中华人民共和国反不正当竞争法》（以下简称《反不正当竞争法》）。但该法存在以下三个缺陷：第一，没有诉前禁令的规定；第二，处罚力度过轻；第三，行政处罚形同虚设。作为证券服务机构，行业的恶性竞争更加难以禁止，原因如下：首先，证券服务行业的恶性竞争主要是在低价

[1] 360百科. 安达信会计师事务所［OL］. http://baike.so.com/doc/6327044.html，2017-12-30.

[2] 中国证券监督管理委员会. 中国证监会行政处罚决定书（利安达会计师事务所、黄程、温京辉等4名责任人）［EB/OL］. http://www.csrc.gov.cn/pub/zjhpublic/G00306212/201404/t20140414_246929.htm，2017-12-30.

竞争这一块，我国《证券法》第172条对服务费用的规定范围过于狭窄（仅针对从事证券服务业务的投资咨询机构和资信评级机构）、内容过于空泛，实际收费还是根据各自的谈判技巧来决定。[1] 因此，以低价来获取客户资源并未触犯法律的规定，只能说是违反了职业道德。其次，中注协网发布的全国百家会计师事务所数据统计显示，四大会计师事务所的业务收入占到全国百家收入的1/3，也就是说剩余的会计师事务所以及百强以外的小所要争夺很少的资源。最后，我国的证券服务机构普遍存在规模小、资金实力弱、专业化水平不高等缺点，面对如此激烈的竞争，只有通过竞相压价的方式才能分得一杯羹。如果能够与客户"合作"赢得其信赖，有固定的客户资源，这些小型服务机构就不会再因"生计"问题而发愁，但这种所谓的"合作"其实是对投资者的一种联合欺诈行为。

（3）声誉竞争式微。现代证券市场上的一个怪相就是，自由竞争的市场并未催生证券服务机构在声誉上的竞争，也就是说，某一服务机构在业界声誉的好坏与其业绩并无直接联系。造成这一现象的原因有两个方面：一是监管机构的处罚并不涉及声誉这一块。具体来说就是，监管机构对于某一证券服务机构的处罚方式可以是罚款，也可以是在一定时间内禁止从事某项业务，只有在违法违规行为相当严重的情况下才会撤销其从事某一业务的资格。由此产生的结果是，解禁之后的证券服务机构仍然可以进入证券市场提供服务，例如，利安达会计师事务所2014年2月才因虚假记载被处以120万元的罚款，银润投资的独立董事对于利安达继续担任公司的审计机构发表了肯定意见，并且在北京市科学技术委员会、北京市财政局、北京市国家税务局、北京市地方税务局联合"组织开展参与2014年度北京市高新技术企业认定中介机构"的备案评选工作中，利安达成功入选，成为"北京市2014年度高新技术企业认定中介机构名单"中的供应商。[2] 二是融资方并不看重服务机构的声誉好坏，而是其为自身带来的利益多少。更为严重的是，曾经被处罚的服务机构有更大的可能被融资方选中，因为独立性弱的机构才能更

---

[1] 《证券法》第172条规定"从事证券服务业务的投资咨询机构和资信评级机构，应当按照国务院有关主管部门规定的标准或者收费办法收取服务费用"。

[2] 利安达. 利安达会计师事务所［Z/OL］. http：//www.reanda.com/newsContent.php？id = 6850，2017-12-30.

好地按照融资方的需求提供相应的服务。当市场竞争变成声誉受损的竞争时，服务机构便不再关心声誉的好坏，而是以利益为导向，逐渐偏离独立的航线。

三、对我国证券服务机构的行为法律规制的完善建议

我国对于证券服务机构的行为规制体现于法律条文之中主要是禁止性规范，而这些禁止性行为的具体范围不明确，主体缺乏对行为的预期。对于主体责任这一块的规定，虽然包含了民事、行政和刑事责任，但总体来说较为简化，不利于投资者保护。因此，只是对证券服务机构行为的禁止、责任的加重并不能解决中介机构失信的困境，只有从平衡证券服务机构与投资者利益这一落脚点出发，才是解决问题的长久之计。

（一）细化行为准则

对于证券服务机构的行为规制主要由各行业的业务规范及业务指引所规定，其共同要求为勤勉尽责，不得有虚假记载、误导性陈述以及重大遗漏，而证券服务机构及其从业人员是否履行了上述义务的判定标准，法律、行政法规、部门规章并未给出明确的界定。因此在实践中，监管部门往往通过书面材料来判定证券机构的主观过错，例如，通过检查律师事务所尽职调查报告是否完整，会计师事务所工作日志是否记录了整个业务过程等来判定服务机构是否勤勉尽责。但我国始终属于成文法国家，依照行业经验以及惯常做法来判断服务机构的行为是否违法、违规实有不妥。

首先，就虚假记载而言，判定某服务机构及其人员的行为是否属于虚假记载的标准是，该记载与客观事实是否相符。以会计师事务所为例，某公司的实际资产为负130万元，而会计师事务所审计资产的结论是正资产250万元，此时，证监会便可认定该会计师事务所的行为属于虚假记载。但在整个调查过程中，监管部门忽视了很重要的一个问题，那就是会计师事务所出具意见的基础来源于两个前提，一是被审计的公司提供真实、完整的信息，二是会计师事务所勤勉尽责地以其专业知识对公司资产进行分析。如果第一个前提本来就不具备，但监管部门却给出了同样的结论，不免有些牵强。实务之中，被审计的公司为了能得到服务机构出具的无保留意见书以及对公司业绩的较高评价，往往会通过两种途径来达到目的，要么就是通过利益引诱服

务机构出具虚假报告，要么就是隐瞒真实情况。如果在服务机构确实不知情也不可通过专业知识察觉这一虚假信息的情况下，要求服务机构承担法律责任是不公平的。

其次，对于误导性陈述，我国目前的法律规定并未给出一个明确的定义。证券服务机构为了给投资者提供真实、准确、完整的市场信息，会依据自身的专业知识提供一些市场分析、预测以及建议意见等，从而减少投资者的信息搜寻成本。然而这种所谓的专业化意见往往带有很强的主观色彩，可能只是从业人员的个人观点，在理解上双方也会发生分歧。[1] 如果仅仅以投资者信赖该陈述而遭受投资损失来判断该分析、预测等是否属于误导性陈述，则会大大降低市场分析人员的积极性。

最后，关于重大遗漏主要是针对信息披露而言的。但何为重大，判定标准为何？以监管机构的判断为主还是应当以公司的具体情况为主？某一信息是否被遗漏，时间节点应当以事件发生时还是结果出现时为准？这些都需要法律进一步加以细化规范。

（二）重构责任体系

前述已经提到，证券服务机构的法律责任涵盖了刑事、行政、民事三个方面，对于刑事责任，本书不做讨论，仅就证券服务机构的行政及民事责任提出相应的完善意见。对于证券服务机构的欺诈行为，国务院发布的《关于审理证券市场因虚假陈述引发的民事赔偿案件的若干规定》进行了细化规范，将行政处罚作为民事赔偿的前置程序，并且将诉讼主体扩大到一切投资者，从表面上来看似乎强化了投资者保护，但仔细分析其实不然。

第一，从证监会的行政处罚决定公告来看，对于证券欺诈行为的行政处罚主要重单位轻个人，而我国证券服务机构的特点是规模小、注册资本少，若对服务机构处以过重的罚款，那么对于投资者提出的民事赔偿，服务机构将无力承担。第二，证券服务机构的欺诈行为是由从业人员实施的，机构获得的非法利润不会进入公司而直接由这些人员或者操纵者瓜分，对于这些人

[1] 赣国资委“1228”公告是否具有误导性，国资委和投资者双方持有不同意见。赣国资委认为公告内容在赣州稀土不注入昌九生化问题上态度是明确的、前后一致的，而股民则认为该公告行文不规范，态度不明确，对中小投资者具有误导性。

员的处罚过轻，无异于降低了其实施证券欺诈行为的成本，不易抑制该行为的发生。

有鉴于此，我国关于行政处罚、民事赔偿的规定可以作出适当的衔接性调整，即在行政处罚上，应当平衡单位和个人的责任轻重，甚至可以加大个人的责任，使真正的受益者接受应有的处罚。另外，单位缴纳的行政罚款不应当全部上缴国库，而应当按适当比例提存一部分作为民事赔偿的备用金，从而使真正的受害者——投资人能在诉讼后得到应有的赔偿。

（三）强化行业协会自律规范

前文已经提到，如果证券服务机构的整个行业内部都充斥着恶性竞争，不仅有损服务机构的独立性，也不利于整个服务行业的有序发展。对于恶意竞争的规制，各类型机构的业务规范中都仅以“从事证券法律业务，应当尊重同行，同业互助，不得进行不正当竞争或互相贬损”一句概括性的语言进行规制，实际操作性差。因此，各个行业协会有必要针对各自行业的特点规定适当的防范恶性竞争的自律性规章。笔者认为，有三个方法可以对现有的恶性竞争市场进行规制：其一，鼓励小规模的服务机构进行整合，扩大资金实力，从而能与大型服务机构相抗衡；其二，根据服务机构的规模大小、接受委托的业务种类及复杂程度制定细化的费用标准，统一市场收费，对于新三板挂牌公司以及刚成立的中小微企业给予适当的费用优惠，避免这些企业为了节省费用而只顾寻找低价服务机构，不重视服务质量；其三，对于服务机构的选择采用招投标方式或者建立一个服务机构的备选数据库，根据每一家公司的要求选择相匹配的证券服务机构。具体来说，就是根据地区经济的发展水平来确定需要进行招投标的业务标准，这个标准可以以公司规模的大小，也可以依据该公司的业务范围是否属于国家重点产业来确定。在这个标准之上的，对服务机构的聘用应向社会公开招标或者通过数据库进行筛选；在标准之下的，则可以选择是否进行招标，从而规范整个市场的竞争。

证券服务机构作为证券市场重要的中介机构，是市场监管的第一道防线，是证券市场的“守门人”，也是投资者应当信赖的信息提供者。如果这一中介机构因为各种原因不再处于中立的地位，协助发行人及上市公司损害投资人的利益，可以说这种损害比发行人、上市公司直接带来的损害更为严重。因此证券服务机构合法、有效的运行关系着整个资本市场的健康发展。

我国证券市场经历了快速发展的辉煌阶段，证券法律制度相对于资本市场成熟的美国而言有过之而无不及，但由国外移植而来的“证券法律制度”并不能直接适用于我国的现实状况，法律与现实的脱轨造就了混乱的市场格局。因此应该切合实际地审视我国证券市场的现状，并制定出符合国情的证券法律制度。

第三章　证券投资基金的法律规制

第一节　证券投资基金的分类解读

一、证券投资基金概述

（一）证券投资基金的概念

证券投资基金实质上是一种管理特定资产的方式，其目的在于以多数人形成的聚合的力量分散风险、共享利益。❶ 具体而言，证券投资基金是指以通过发行单位基金的方式形成资金的聚合，由基金托管人托管，由基金管理人通过投资股票、债券等金融工具的手段进行资金资产的管理和运用。

关于证券投资基金的概念，学界还存在以下诸多观点。

投资方式说。这种学说认为所谓证券投资基金是一种由专业管理者对于社会众多投资者出资进行管理而收益成果由投资者享有的投资方式。通常认为基于管理者的专业化水平，其相对于社会游资的持有者更能科学、合理、安全、有利地运用资金，获得收益。❷

资本集合说。该学说认为证券投资基金实质上是一种出资的集合体。基金是由专业机构设置的，向特定对象或者是不特定公众募集的，委托给专业管理人用于特定目的的资产管理，以达到分散风险、合理规划、享有受益之预期的资金聚合。❸

❶ 王苏生. 证券投资基金管理人的责任［M］. 北京：北京大学出版社，2001：4.

❷ 许占涛. 投资基金论［M］. 北京：经济科学出版社，1998：14.

❸ 刘俊海. 投资基金立法中的若干争议问题研究［J］. 杭州师范学院学报，2002（2）.

投资工具说。该学说认为证券投资基金具有集社会闲散资金，由专业化投资机构进行投资，所得收益由原资金持有者按某种方式共享的一种投资工具形式。❶

投资组织说。该学说认为证券投资基金是一种应特定投资目的产生的，通过处分社会公众（特定或者不特定对象）对于基金份额的认领所形成的聚合资产而形成的一种“投资组织”。这种投资组织通常由专业机构投资者负责运行，资金交由基金托管人托管，投资收益由基金份额认领人按照所认购的比例承担风险、分享收益。我国《证券投资基金法（草案）》一次审议稿曾采用这种说法，但是第二稿中作出了变更。

财团法人说。持有这种观点的学者认为，虽然我国目前没有财团法人制度，也正因如此难以给证券投资基金进行准确定性。现行制度下探讨证券投资基金的法律性质，只能说其是一种资产的载体而非独立的法律主体或者说法律实体。作为一种载体，证券投资基金具有资产池的特点。但是，应当认识到，证券投资基金的本质是一种财产的聚集，而这种聚集在组织形式上是具备专门的管理机构的，能够形成独立的意志，从理论上和技术上讲都存在被赋予法人资格的必要性。此外，赋予证券投资基金法人资格，便于更为清晰、精准地定性基金投资者（基金份额持有人）的财产权利，其以投资基金份额参与收益分配，以投入资本金额承担有限财产责任的特点与基金的法人人格在基本属性方面具有一致性。❷ 在法理解释的操作上，这类学者建议，在现行民法关于法人概念的内涵未做扩充之前，应当通过特别法的规定，赋予证券投资基金“类法人性质”。❸

（二）再议证券投资基金性质

“投资方式说”和“投资工具说”的学术观点并未揭示投资基金的本质，它所阐明的证券投资基金治理关系并不能够准确地解释证券投资基金法律关系中各方当事人的权利、义务与责任，对于基金财产的独立性以及证券投资基金投资者的权益保护也未涉及。

---

❶ 孔敏. 投资基金实用知识［M］. 北京：北京气象出版社，1994：1.

❷ 陈丽萍. 证券投资基金的法律性质［J］. 中国法学，2004（3）.

❸ 吴弘. 基金的法律性质辨析［J］. 投资基金法修订上海课题组资料汇编二，2009（2）.

至于“资本集合说”，该学说在某种程度上体现了证券投资基金的价值和特征。其一，证券投资基金从本质上说是一种基于特定目的而成立的具有独立运行能力的资金关系；其二，资本集合说表征了证券投资基金基于共同目的或者价值追求而聚合资金的特征，可以延伸出社会投资者权益保护的内涵。[1] 但是从逻辑上来讲，对证券投资基金定义为一种资金关系陷入了同语反复的诟病。

目前多数学者主张契约型基金应当被赋予法律主体的地位，享有独立的法人人格。而契约型基金以其独立财产主持运行，与基金管理者、基金份额持有人的个人资产相分离，其运行中所产生的一切债权债务由基金独立承担责任，其具有独立的民事权利能力和行为能力，独立承担民事责任，应当被认为是一个具有独立人格的法律实体。[2] 部分学者进而认为，证券投资基金应当属于财团法人。应当注意，财团法人虽然是以财产聚合为基础而设立的法人形式，但是其与证券投资基金的内涵和外延存在较大差异。首先，财团法人通常是无组成人员的组织形态，而证券投资基金中的设立人、资金份额持有人和基金本身具有无法分割的关系；且从功能上讲，财团法人属于公益法人，其目的在于公益事业而非私益的获取。

契约型基金并不具有完整的主体性质。从意志上讲，契约型基金基于其信托的基础关系要求其必须遵从信托人的意志，其民事行为能力并非完全独立；从逻辑上来讲，证券投资基金作为证券投资信托契约法律关系的权利客体，赋予其权利主体的法律地位与信托关系本身存在法律关系上的矛盾。综合考量，实践中，赋予证券投资基金类主体化特性，是符合证券投资基金投资者保护和证券业、基金业发展双重任务的合理选择。

二、证券投资基金的类型

（一）公募基金与私募基金

证券投资基金按照募集的方式进行分类，可以划分为公募基金和私募基金。公募基金是在政府主管部门的批准下，向不特定的投资者公开发行受益

---

[1] 赵振华．证券投资基金法律制度研究［M］．北京：中国法制出版社，2005：14.

[2] 郭锋．证券投资基金法导论（第一版）［M］．北京：法律出版社，2008：6.

凭证的证券投资基金，在基金的运行过程中必须遵守一系列强制性的投资约束规范。私募基金主要是通过非公开的方式募集的基金，募集对象通常是少数且特定的。私募基金基金份额的销售与赎回通常是由基金份额持有人与基金管理人之间通过私下协议完成的，所以私募基金又被称为向特定对象募集的基金。

公募基金和私募基金的主要区别在于以下几个方面：

（1）募集的对象不同。公募基金是面向社会不特定的公众投资者募集，而私募基金的对象是包括机构投资者和个人投资者在内的少数特定个体。

（2）募集的方式不同。公募基金的发行方式通常是公开发售受益凭券，即面向所有投资者公开其发布招募书。而私募基金则是通过非公开发售的方式，即面向特定投资者发布投资意向书的形式进行募集。这也是区分二者的最根本标志。

（3）信息披露的要求不同。通常来说，公募基金基于其面向社会普通公众投资者的特性，国家法规政策对其信息披露有着更为严格的要求，需要将投资目标、投资组合等具体信息全面披露。而私募基金，由于其受众相对特定，且规模较少，具体基金的投资募集计划更多地体现“个别定制”的特点，这也决定了私募基金的运作相对而言保密性更强，对于信息披露的标准也相对较低。

（4）投资限制不同。公募基金基于其公众性特点，为了尽可能地保护广大中小投资者的利益，在投资的品种、比例以及具体资金类型的设计方面有着严格的限制。而私募基金则以更为灵活的个性化协议方式呈现，在投资的方式、投资比例以及仓位等方面更多地尊重当事人之间的意思自治，但需受《证券法》中关于操纵市场等一系列强制性规范的约束。

（5）业绩激励机制不同。公募基金的报酬主要来源于基金管理费，通常与业绩关联性不强。而私募基金恰恰相反，一般不收取基金管理费，其报酬取决于基金运行的盈亏状态。

（二）开放式基金与封闭式基金

根据基金单位的变现方式或者说买卖方式的不同，证券投资基金可以划分为开放式基金与封闭式基金。开放式基金在发行时并未固定化基金总额，单位基金可以由投资者随时申购或赎回。而封闭式基金在其发行前需事先确定发行规模，在封闭期内基金的总数额不变，基金份额的交易与转让需在基金上市后通过证券市场进行。

开放式基金与封闭式基金主要存在以下几个方面的不同：

（1）基金资本额是否确定不同。开放式基金的发行规模是不固定的，基金份额持有人可以随时增加或者减少其持有的单位基金量。而封闭式基金的规模在发行之前已经确定，在其封闭期限内发行总数额不能改变，基金份额持有人转让其基金份额应当通过证券市场而不能随意抽回其投资。

（2）基金的投资方式不同。开放式基金基于其基金份额随时增减的特点，基金管理人不能将全部基金资产用于投资，在对投资品种的考量中也应当注意到用于长线投资部分的比例，必须保留一定比例的随时可变现财产以应对随时给付的情形。而封闭式基金的基金规模相对稳定，基金管理人对投资方式、比例与品种的限制相对较少，既可以进行长线投资，也可以将基金资产用于短线投资。

（3）基金受益凭证的买卖方式不同。开放式基金通常在其发行程序完成后开设内部交易平台，用以满足投资者随时回赎的要求。而封闭式基金的投资者必须通过公开的证券市场转让其份额。

（三）契约型基金、公司型基金与合伙型基金

按照基金的组织形式进行分类，通常可以划分为契约型基金和公司型基金。在证券投资市场中，事实上还存在一种合伙型基金的模式（例如，私募股权基金通常是以合伙的形式出现）。

契约型基金是指以证券投资信托契约为基础的基金形式，通常由基金投资者、基金管理人和基金托管人三方组成。其中，基金投资者是委托人也是受益人，基金管理人和基金托管人是共同受托人，二者按照投资者的意志分别负责资金财产的运作和保管核算。公司型基金是指以股份有限公司作为载体的基金形式。通常是由基金投资者作为股东出资设立一个基金公司，由基金公司将基金财产委托给基金管理人和基金托管人运作。基金投资者作为公司股东，可以通过公司章程和股东大会传达投资意志。此外，基金公司并非按照传统公司形式设立完善的组织机构，一般只设立股东大会和董事会，而不设立监事会和相关经理职位。董事会对股东负责，它对于基金资产负有增值保值、维护资产安全的义务，对外代表公司负责基金管理人的监督和适当

基金托管人的选任。

契约型基金和公司型基金的主要区别在于以下几个方面：

（1）组织形式不同。契约型基金是以证券投资信托合同为基础的组织结构，其本身并不具有独立法人地位。其中投资者为信托合同的委托人，证券投资管理人和基金托管人为信托合同的共同受托人。而公司型基金本身是法人组织，基金的具体运行要遵照公司章程进行。

（2）投资者地位不同。契约型基金的投资者当然是证券投资信托合同的一方当事人，对于合同另一方当事人（证券投资基金管理人和基金托管人作为共同当事人）仅具有合同上的约束力。而公司型基金的投资者是基金公司的股东，股东的意志可以在召开股东大会时聚集实现，因此投资者对于基金运作有更多的知情权与掌控力。

（3）融资方式不同。契约型基金通常采用发售受益凭证的方式融资，而公司型基金的融资方式相对多元化，可以采用发行股票、债券或者是通过银行贷款融资的方式实现资金的扩充。

合伙型基金在我国的发展尚处于初级阶段，主要是通过有限合伙的形式来实现。在具体基金关系中，投资者通常是有限合伙人，以投入资本金额为限承担责任；基金管理人是普通合伙人，负责基金的具体运作，通常只投入少量的资金，对于整个有限合伙基金财产承担无限连带责任。相对于其他基金形式，有限合伙型基金的优势在于避免了可能存在的企业双重征税问题。合伙企业本身不属于纳税实体，其经营所得收益直接归入合伙人的个人所得部分，由投资者缴纳个人所得税。

三、我国立法对于证券投资基金类型化的路径选择

我国证券投资基金立法对于证券投资基金的性质争议并未给予明确的回应，只是概括性地描述了证券投资基金法律关系的构成。《中华人民共和国证券投资基金法》（以下简称《证券投资基金法》）第 2 条规定："在中华人民共和国境内，公开或者非公开募集资金设立证券投资基金，由基金管理人管理，基金托管人托管，为基金份额持有人的利益，进行证券投资活动，适用本法……"从技术上考量，模糊定义的立法方式可以快速、高效地应对经济活动中的基金法律关系可能产生的纠纷和问题，但是这种回避式立法，并没有从根本上厘清基金法律关系中的逻辑问题，在实践中对于证券投资基

金的内涵和外延也无法准确地甄别，特别是对于证券投资基金运行中不断出现的新问题无法合理解答和规制。

（一）现行立法对于公司型证券投资基金的态度

2004 年正式施行 2015 年修订的《证券投资基金法》仅对契约型基金作出了规定，随着基金业的迅猛发展，该制度模式构建的弊端已渐显现。这种仅依靠信托合同构建的基金管理人、基金托管人和基金份额持有人之间的法律关系，虽然能够清晰地划分出各方参与主体的权责范围，但是在三者的相互激励、制衡方面却存在缺陷，特别是对于基金份额持有人的保护制度难以落实。

《证券投资基金法（2011 年修改草案稿）》曾尝试将公司型基金纳入立法，试图丰富我国证券投资基金的类别范围，以缓解长期依靠契约型基金运行所造成的制度诟病。然而最终颁布的《证券投资基金法》中，仅在附则部分以“公司”形式作出了极其粗糙的回应，给予公司型基金的立法留有一丝空间。[1]

（二）公司型基金是未来证券投资基金业发展中不可规避的问题

1. 市场对于不同类基金主体的切实需求

近年来频发的“老鼠仓”事件是当前基金业发展中面临的典型问题。在契约型基金法律关系中，基金的发行、托管和利润分配皆是以基金管理人为基础而设立，对于投资者的保护和基金管理人的监管大多依靠监管部门和司法手段进行，而监管和司法部门的监督多为事后监管，对于基金份额持有人而言，其保护力度远远不够。事实情况是，实践中基金持有人大会鲜有召开，大多持有小份额的投资者对于基金治理缺乏积极性，加之基金份额持有人本身的高度分散性，基金持有人大会难以发挥实质性作用。

我国的契约型基金关系立法，基金托管人与基金管理人是信托关系的共同受托人，由基金管理人选任基金托管人，基金托管人负责对基金管理人进行监督。但事实上，基金管理人对于基金托管人的选任关系使得基金托管人

---

[1] 《证券投资基金法》第 153 条规定，“公开或者非公开募集资金，以进行证券投资活动为目的设立的公司或者合伙企业，资产由基金管理人或者普通合伙人管理的，其证券投资活动适用本法”。

根本不具有独立的监管地位。另一方面，契约型基金中，基金管理人对于投资者的信赖义务在实践中也缺乏相应的激励机制。事实上，基于契约型基金中管理权、受益权及所有权相分离的结构，基金管理人极有可能为了自身利益最大化而违背其对于基金份额持有人的信赖义务。

相对而言，公司型基金结构在强化基金的治理、保护投资者利益方面更具有优势，主要有以下几个方面的原因：首先，公司型基金的产权界定相对清晰。公司型基金的投资人是公司股东，基金管理人与基金公司利益相互隔离。其次，公司型基金具有更为有效的监督机制。相对于契约型基金的基金持有人大会，公司型基金结构下构建的股东大会在公司法的规制下更具有可操作性，公司董事会由股东大会选举产生，负责选任基金管理人并评估其运行能力与运行情况，基金管理人只是作为公司型基金的受聘主体，契约型基金中基金管理人极其强势的地位在公司型基金中得到了部分修正。[1] 由此，在公司型基金中，只有具有较高业务水平和良好营业记录的管理机构才可能被基金公司选任，这也在一定程度上促使在基金管理人、基金托管人市场中形成竞争机制，倒逼市场的良性运行。

2. 尝试建立公司型证券投资基金

公司型基金相对于一般公司而言具有特殊性。开放式基金在基金设立初期获得原始资本后，还存在持续增发新股以应对不断的基金份额申购的情况，基金的运行伴随着股东的常态性变化和基金份额的不规律增减（申购和回赎），其资本的变动较一般公司有较大浮动。而这与我国公司立法中的“资本三原则”（资本确定、资本维持、资本不变原则）存在较大差异。但是应当注意到，“资本三原则”旨在平衡公司有限责任对于股东的权益过度倾斜而侧重保护债权人利益，而公司型基金基于其公司形态的表征和资本运作的特殊性，与普通公司在债权人利益保护方面存在完全不同的侧重点，例如，各国对于公司型基金的立法都设置了禁止融资融券或者限制借贷比率的要求，从一定程度上讲，公司型基金对于债权人利益侵害的风险较一般公司要小得多。

我国现行的公司税收政策实行对公司及其股东征收双重税收的标准。这

---

[1] 张安中. 美国投资基金的独立董事制度及对我国的启示［J］. 金融纵横，2007（21）.

很有可能导致未来在积极引入公司型基金的时候，公司面临的税收压力致使其在面对契约型基金模式时难以发挥应有的竞争力。因此，未来在引入公司型基金时，应当考虑到从税收角度赋予公司型基金政策性优惠，区别对待普通公司和公司型基金，以彰显公司型基金应有的优势，赋予市场自主决定其适合的基金形态的权利。

公司型基金相对于契约型基金在投资者保护方面具有天然的制度优势，但正因如此，应当认识到，在引入公司型基金之后，作为基金发起人的基金管理公司未必首选设立公司型基金。在契约型基金的运行中，基金管理公司相对来说拥有更多的主动权与决策权，而在公司型基金中，由董事会决定和监督基金管理人的选任和基金运行的重大问题。因此，在引入公司型基金的道路上，不能仅仅依靠市场的自发推动，而需要立法给予政策性扶持和监管层面的积极推动，以建构一个多元化的、自由的证券投资基金市场。

第二节　证券投资信托法律关系

一、证券投资信托的定义

（一）证券投资基金之辨

在学理分类上，证券投资信托亦称证券投资信托契约型基金[1]，是与证券投资公司型基金并列于证券投资基金这一属概念之下的一种概念。它最早产生于19世纪的英国，当时，率先完成第一次工业革命的英国国内形成大量的原始资本积累，而彼时的美国、欧洲地区还在为大规模基础建设大量举债，许多投资者考虑到缺乏投资经验盲目投资可能潜在的巨大风险，将资金委托给自己信任的人（公司）用于财产增值，受托个人或者信托公司得以汇集大量的资金进行大规模证券投资，此亦为最初的证券投资信托。

但是要给证券投资信托具体下一个定义，在当今世界各国、各地区的学

[1] 证券投资信托基金是指，投资者依照信托法原理与基金管理人和基金托管人共同签订基金合同而设立的基金。参见刘俊海. 现代证券法［M］. 北京：法律出版社，2011：421.

术界都是一个争议极大的问题。在美国的立法中，证券投资信托是指投资公司的形式；英国和我国香港地区的立法中，证券投资信托被认为是一种“集合投资计划”；在日本，证券投资信托被定义为一种对有价证券进行投资运营的委托者指定型投资信托。

我国2015年修订的《证券投资基金法》[1] 并未直接给出证券投资信托的定义，而通过一种描述性的方式归纳了证券投资基金的主要特征。而实质上，从立法文义来看，我国的证券投资基金就是证券投资信托，因为立法规定，“该法未规定的，适用《中华人民共和国信托法》《中华人民共和国证券法》和其他法律法规的规定”，结合立法对于基金管理人、基金托管人和投资人关系的架构可以看出，我国的证券投资基金调整范围基本限定在证券投资信托关系，这也是国内主流学者目前的观点。

至于证券投资信托的定义，刘俊海教授认为，“所谓证券投资基金，是指由多数投资者缴纳出资所组成的，由投资者委托他人按照投资组合原理投资于证券，投资收益按投资者份额共享，投资风险由投资者共担的资本集合体”[2]。郭峰教授对于证券投资信托基金认定为，“投资者按照基金合同的约定认购基金份额形成基金财产，基金财产交由基金管理人和基金托管人按照信托原理运作的一种证券投资基金”[3]。

（二）证券投资信托的主要特点

我国的证券投资信托作为一种资本集合体，采用契约形式构架，主要具有以下几个方面的特点：

（1）社会间游资的集合。证券投资信托基金是通过面向特定的或者不特定的社会公众，通过发售基金份额募集形成。社会资本具有逐利性，证券投资信托基金是大量缺乏投资专业知识的资金持有人寻求资金增值的方式之一，这也同时促使了社会游资流向具有更高利润和更迫切资金需要的社会产

---

[1] 《证券投资基金法》第2条规定，“在中华人民共和国境内，公开或者非公开募集资金设立证券投资基金（以下简称基金），由基金管理人管理，基金托管人托管，为基金份额持有人的利益，进行证券投资活动，适用本法；本法未规定的，适用《中华人民共和国信托法》《中华人民共和国证券法》和其他有关法律、行政法规的规定”。

[2] 刘俊海. 现代证券法［M］. 北京：法律出版社，2011：420.

[3] 郭峰，陈夏. 证券投资基金法导论（第一版）［M］. 北京：法律出版社，2008：66.

业，最终引导社会财富的增加和社会经济的稳定。

（2）专业化管理。正是因为证券投资信托基金持有人的专业化投资知识匮乏，面对变幻的经济形势和复杂的金融交易工具，更迫切需要懂得经营之道的具有专业技能的投资机构对资金进行合理化管理。投资机构的专业化资金管理可以使证券投资信托基金实现优质资源组合、分散投资风险的功能。

（3）信托资产的独立性与投资者的有限责任。在证券投资信托基金中，信托财产的运用和保管分属基金管理人和基金托管人负责，并且独立于基金管理人、基金托管人的固有财产。同时，在基金运行过程中存在的一切风险，除基金管理人和基金托管人未履行应尽义务之情形外，以投资人认购的基金份额为限承担责任。我国《证券投资基金法》第5条规定，“基金财产的债务由基金财产本身承担，基金份额持有人以其出资为限对基金财产的债务承担责任。但基金合同依照本法另有约定的，从其约定”。

（4）私益信托、自益信托。我国的证券投资信托关系中，投资人购买基金份额，而后成为基金份额持有人，将基金份额设立信托，交由基金管理人以基金资产增值为目的进行投资和管理，基金托管人负责资金资产的安全与运行监督，这一系列的合同行为由投资人发起，最终是为了投资人自身的财产利益而运行，基金运作所得增值部分归份额持有人所有，投资信托的受益人一直都是投资人本身。从这个角度来看，我国的证券投资信托关系是一种完全的商事自益信托。

二、证券投资信托法律关系

信托制度本是英美法系的产物，它基于一种双重所有权的架构——信托受托人享有普通法上的所有权而信托受益人享有衡平法上的所有权，在移植至大陆法系的法律体系中着实遇到了困难。不同于普通的委托代理关系，信托强调的是所有权的转移和基于一种更紧密信赖关系的管理行为。在证券投资信托的立法中，大陆法系国家企图通过一种合同关系来解释和应用信托关系。

（一）德国的“二元模式”

德国在其1956年的《投资公司法》中对契约型投资信托基金进行了规范。立法将证券投资信托关系用两个契约来建构，一层是投资公司和投资人之间的信托合同关系，由投资公司负责信托财产的运营；一层是投资公司和保管银行之间的保管合同关系，由保管银行负责信托财产的安全与完整。同时为了加强保管银行作为托管人对管理人的监督能力，法律赋予了保管银行监督权和对于投资公司违法行为的诉讼权和撤销权。[1] 德国立法中的信托契约是一种自益信托，即信托投资者既是委托人，又是受益人。但是这样一种立法模式不能很好地解释基于保管合同的保管银行对于投资公司如此广泛的监督权力的来源，并且，在这样一种二元契约关系中，投资人和保管银行是不直接发生法律关系的，这显然无法完整地表述证券投资信托法律关系中的三方结构，同时对于投资人可能存在的利益风险也无法给予完整有效的保护。

（二）日本的“一元模式”

日本的1951年《证券投资信托法》用一个信托契约规范证券投资信托中的三方权利义务关系，集基金投资人、管理人和保管人三位一体，并且明确了基金投资人与管理人、基金管理人与保管人之间的信托关系。在日本模式中，基金管理人是委托人，基金托管人是受托人，而基金投资人是受益人。基金管理人在发行证券受益凭证之后，证券投资信托基金即形成，之后，由管理人以委托人的身份与保管银行签订证券投资信托契约（契约中约定投资人，即证券持有人为受益人）。问题在于，这样一种看似简化的立法模式将一个并非资金财产真正来源处的基金管理人作为信托人的考量，似乎使得证券投资信托关系更加不明朗，基金管理人被赋予信托人的法律地位欠缺法律依据，甚至似乎与基金管理人的实际行为内容也不甚相符。同样地，本应该积极行使管理、运用资产的受托人在这样一种关系架构中由托管银行来担任，而事实上，托管银行的权利内容绝大多数是一种消极权利，这极不利于投资人信托利益的保护，也违背了信托制度的初衷。况且，在这样一种法律关系中，一旦产生纠纷，投资人极有可能因缺乏对信托管理人的权利主张依据而陷入相当不利的境地。

[1] 周玉华. 投资信托基金法律应用［M］. 北京：人民法院出版社，2000：237.

（三）我国证券投资信托法律关系的模式选择

在我国的证券投资信托法律关系中，基金投资者被认为是委托人兼受益人，因为我国的证券投资信托被确立为一种商事自益信托，而基金管理人和基金托管人被认为是共同受托人，其中基金管理人主要负责资金财产的管理和运用，而基金托管人主要负责资金财产的安全性和承担部分对于基金管理人的监管工作。这也就意味着，我国的证券投资信托基金关系中的受托人职责由基金管理人和托管人共同行使。实质上，基金资产的管理人和托管人的义务内容存在大量的重合，包括对于基金财产的妥善保管和严格坚守基金持有人的最大利益原则，在原始信托中，信托财产的运用和保管在受托人的义务中是不可分割的。我国这种证券投资信托基金法律关系设计可以合理地解释信托原理，也凸显了三方关系中各自的权利和义务，是一种较为妥当的制度设计方法。

三、证券投资信托关系中的当事人及其权利义务

（一）基金管理人

1. 基金管理人的基本要求

基金管理人是证券投资信托基金的募集人，也是证券投资信托基金法律关系中的受托人，其主要职责是管理和运用信托基金资产。根据《证券投资基金法》的规定，基金管理人可以是公司，也可以是合伙组织，并且对于公募基金，立法采取了核准主义的态度。

我国《证券投资基金法》第 13 条对于基金管理公司的资格条件作出了规范，“设立管理公开募集基金的基金管理公司，应当具备下列条件，并经国务院证券监督管理机构批准：（一）有符合本法和《中华人民共和国公司法》规定的章程；（二）注册资本不低于一亿元人民币，且必须为实缴货币资本；（三）主要股东应当具有经营金融业务或者管理金融机构的良好业绩、良好的财务状况和社会信誉，资产规模达到国务院规定的标准，最近三年没有违法记录；（四）取得基金从业资格的人员达到法定人数；（五）董事、监事、高级管理人员具备相应的任职条件；（六）有符合要求的营业场所、安全防范设施和与基金管理业务有关的其他设施；（七）有良好的内部治理

结构、完善的内部稽核监控制度、风险控制制度；（八）法律、行政法规规定的和经国务院批准的国务院证券监督管理机构规定的其他条件”。

2. 基金管理人的诚实信用、谨慎勤勉义务

《证券投资基金法》第9条对于基金管理人提出了诚实信用、谨慎勤勉的要求，从最根本的信托关系来看，通常信托人基于对受托人的高度信赖，自愿地让渡自己的一部分权利，亦即让渡了自己对于基金财产的掌控力而只保留了收益权，此时受托人就拥有了高度的信托财产支配能力。信托人将自己推至一个相对于受托人而言较为弱势的地位，在这样一种关系下，信托人的利益获得是存在风险的，特别是受托人在运行信托财产时，当自身利益和信托人利益相冲突时，信托人利益最大化原则能否被持续贯彻，关系到信托人的信赖利益是否会付诸东流。

所以在英美法系中，衡平法中基于对信托人与受托人之间利益权衡的考量，对证券投资中的基金管理人设定了大量的信赖义务。并且英美法系学说普遍认为受信人相对于信托人而言，其信赖关系中最重要的就是忠实义务。这决定了在信托的过程中，当存在于受信人之上的信托关系存在多个时，受信人必须善意地处理每一个可能存在冲突的信托财产。受信人的首要义务就是排除一切影响因素，最大限度地为信托人的利益服务。《布莱克法律辞典》对信赖义务（Fiduciary Duty）作了如下定义：“信赖义务是一种为他人利益而行事的义务，同时要将个人的利益放在他人的利益之后。它是法律所实施的最高义务标准。信托的受托人对为所有受益人的利益管理信托的财产负有信赖义务。”❶

我国立法对于管理人义务并未使用英美法系中的信赖义务，而是将基金管理人义务细化为诚实信用和谨慎勤勉义务。

（1）诚实信用

证券投资信托以高度的信任关系为基础，基金投资人对于管理人的品质品格和专业投资能力都秉承高度的信任和依赖，而此时对于管理人而言，强调其在以自己名义自由管理和处分投资人让渡之财产时的应尽义务，对于信托过程中可能存在的管理人基于其信息、能力、支配地位优势为自己或者其

❶ Campbell H. Black's Law Dictionary［M］. 6th ed. St. Paul，MN：West Publishing Co.，1990.

他相互关联人员谋取利益而损及投资人的风险，保证管理人时刻以一种“不欺骗”“信守条约”的态度维护信托关系的存续。坚守诚实信用原则，要求信托管理人在自身利益与基金投资人利益相互冲突之时，或者第三人利益与其相冲突之时，始终秉承信托契约中的“一切以投资人利益为出发点”的要求。我国《证券投资基金法》第 18 条对此也作出了规定，“公开募集基金的基金管理人的董事、监事、高级管理人员和其他从业人员，不得担任基金托管人或者基金管理人的任何职务，不得从事损害基金财产和基金份额持有人利益的证券交易及其他活动”。

（2）谨慎勤勉义务

所谓谨慎勤勉义务是指，信托管理人在运用信托财产之时，不仅要做到一切为了投资人利益，对于自己的处理行为还应尽相当的注意和保持高度的审慎态度。鉴于基金管理人在信托关系中所具有的各种优势，赋予其相对于一般大众较为严格的谨慎标准，应当认为是合理的。《证券投资基金法》第 71 条强调管理人运用信托基金进行资产组合投资方式和投资比例，应当遵守《证券投资基金法》和国务院监督管理机构的规定在基金合同中约定。第 72 条具体明确了证券投资基金的投资对象，应当用于上市交易的股票、债券和国务院证券监督管理机构规定的其他证券及其衍生品种。第 73 条对于证券投资行为作出了规定，“基金财产不得用于下列投资或者活动：（一）承销证券；（二）违法规定向他人贷款或者提供担保；（三）从事承担无限责任的投资；（四）买卖其他基金份额，但是国务院证券监督管理机构另有规定的除外；（五）向基金管理人、基金托管人出资；（六）从事内幕交易、操纵证券交易价格及其他不正当的证券交易活动；（七）法律、行政法规和国务院证券监督管理机构规定禁止的其他活动”。

（3）我国证券投资基金法中的证券投资人义务细则

《证券投资基金法》第 19 条规定，公开募集基金的基金管理人应当履行下列职责：

①依法募集资金，办理基金份额的发售和登记事宜。

我国的证券投资基金可以采用直销和代销两种方式发售募集。

②办理基金备案手续。

《证券投资基金法》第 57 条对于基金募集的事项发生实质性变化时、第 59 条对于基金募集期限届满符合募集标准的、第 60 条对于基金合同的生效要件、第64条对于已上市交易的基金份额出现一些法定情况的、第70条对于基金份额净值的计价出现法定程度的错误时，均规定基金管理人的登记备案要求。

③对所管理的不同基金财产分别管理、分别记账，进行证券投资。

现实情况是，基金管理人可能同时运行多个基金，保证各个基金之间的独立性是维护投资人信托利益的必然要求。

④按照基金合同的约定确定基金收益分配方案，及时向基金份额持有人分配收益。

⑤进行基金会计核算并编制基金财务会计报告。

基金会计核算和财务报告的编制是保障基金份额持有人和托管人知情权的前提。

⑥编制中期和年度基金报告。

⑦计算并公告基金资产净值，确定基金份额申购、赎回价格。

这里的资产净值指的是投资基金资产总值减去在基金资产运行过程中发生的费用等所剩余的价值。

⑧办理与基金财产管理业务活动有关的信息披露事项。

⑨按照规定召集基金份额持有人大会。

⑩保存基金财产管理业务活动的记录、账册、报表和其他相关资料。

⑪以基金管理人名义，代表基金份额持有人利益行使诉讼权利或者实施其他法律行为。

⑫国务院证券监督管理机构规定的其他职责。

同时，《证券投资基金法》第20条对于基金管理人员之不得行为也作出了明确规范："公开募集基金的基金管理人及其董事、监事、高级管理人员和其他从业人员不得有下列行为：（一）将其固有财产或者他人财产混同于基金财产从事证券投资；（二）不公平地对待其管理的不同基金财产；（三）利用基金财产或者职务之便为基金份额持有人以外的人牟取利益；（四）向基金份额持有人违规承诺收益或者承担损失；（五）侵占、挪用基金财产；（六）泄露因职务便利获取的未公开信息、利用该信息从事或者明示、暗示他人从事相关的交易活动；（七）玩忽职守，不按照规定履行职责；（八）法律、行政法规和国务院证券监督管理机构规定禁止的其他行为。"

3. 目前我国基金管理人运行困境——合理激励机制的缺乏

代理成本和道德风险一直是证券投资信托基金管理人治理的关键所在，鉴于基金管理人和基金投资人之间存在的大量信息不对称情况，极有可能导致证券投资人在选择合适的管理人时存在偏差，而根据市场上“劣币驱逐良币”的观点，某些诚信水平低、专业技能较弱的管理机构可能会挤占原本发展不健全的证券投资基金管理人市场，进而破坏市场秩序，使我国的证券投资信托制度无法很好地建立运行。

而一旦证券投资人在选任基金管理人环节出现偏差，所造成的连锁反应恶果可能是致命的。事实上，在不良投资效果出现前，投资人对于管理人的管理、运用能力是很难做出客观估量的，通常大众投资人是根据投资结果反推基金管理人的尽职程度和专业化管理水平。

在我国现阶段的证券投资基金普遍采用固定费率制度的情况下，当基金管理人的收益和风险超出合理比例时，极易引发道德风险。举一个简单的例子，现证券投资基金资产可用于投资两个对象，即 A 和 B，而投资于 A 的回报概率会远远高于投资于 B 的回报概率，当然通常风险和收益是成正比的，此时投资于 B 可能获得的最高收益会远高于 A。风险偏好者通常会选择 B 这种高风险、高回报的投资产品；但是对于风险规避者而言，显然选择产品 A 更合适。此时，如果投资基金采用固定费率，虽然一旦投资于 B 产品并且取得投资收益，基金管理人会获得相当一大笔管理费，但也正因投资产品 B 的巨大风险，基金管理人基于自身利益“落袋为安”的考量，很有可能放弃投资于产品 B 的策略，此时投资人可能会因此而失去很多潜在的高收益机会。此外，现实中可能存在基金管理人因自身利益需要刻意忽视基金利损的情况，比如基金在获得大量盈利的同时极有可能造成基金持有人大面积赎回，一旦赎回大量增加而申购减少，基金规模就会下降，而终将损及基金管理人的利益，导致基金管理人最终选择不再遵循最大限度地维护基金投资人利益原则的情况出现。再者，在我国目前的股票市场上，基金公司是有能力通过大量协商一致的行动影响股票价格的，这也在无形中增加了因缺乏有效激励机制而增加基金管理人的道德风险的可能性。

当然引入绩效可能存在新的道德风险，因为不适当的激励方式同样可能会左右基金管理人的投资决策，而将投资人利益抛至脑后。但是任何一种制度都有利弊两面，权衡之下，适当的激励制度可能更适合现阶段的中国证券投资基金市场，因为引入适量的竞争机制对良好市场秩序的培育是必要的，有激励才有竞争，才可能形成公平、理性的市场环境。

基金管理人的激励机制在学理上通常存在三种方式，即声誉激励、基金管理费用的激励和股权激励机制。声誉激励从本质上看也应属于经济问题范畴。激励机制的建成非在朝夕。就现阶段而言，在基金业市场管理相对混乱的状况下，基金管理人的资格、能力良莠不齐，市场自身很难对基金管理人的经营状态作出相对客观的商业评价，而声誉激励机制实质上是市场中各项制度综合效应的体现，良好运行的费用激励和股权激励机制最终会触发声誉激励机制的形成。

现阶段基金管理人作为发起人所持的基金份额比较低，而且时间相对较短，其发起人地位无法对基金资产管理提供足够的激励机制。应强调保持基金管理人持有基金的最低比例，同时改进我国基金管理人费用的单一比例固定费率模式，提倡将基金管理费率与基金业绩挂钩，努力寻求基金管理人与证券投资者之间的利益共享机制，只有确立这样一种利益绑定机制，才有可能实现真正的制度激励，最终保障投资者的利益。

（二）基金托管人

1. 基金托管人的市场准入

《证券投资基金法》第 32 条规定，“基金托管人由依法设立的商业银行或者其他金融机构担任。商业银行担任基金托管人的，由国务院证券监督管理机构会同国务院银行业监督管理机构核准；其他金融机构担任基金托管人的，由国务院证券监督管理机构核准”。规定由商业银行担任基金托管人，主要基于以下两个方面因素的考量：首先，我国的基金业市场发展还很不成熟，商业银行以其相对稳定的市场为证券投资人提供了一种信用保障；其次，商业银行在资金财产保管方面具有天然的优势，而市场上其他存款类金融机构发展尚待完善，商业银行在对资金的控制和操作（如清算、划拨）等方面更为便捷和可靠。

2. 基金托管人的职责

我国《证券投资基金法》第 36 条规定，“基金托管人应当履行下列职责：（一）安全保管基金财产；（二）按照规定开设基金财产的资金账户和证券账户；（三）对所托管的不同基金财产分别设置账户，确保基金财产的完整与独立；（四）保存基金托管业务活动的记录、账册、报表和其他相关资料；（五）按照基金合同的约定，根据基金管理人的投资指令，及时办理清算、交割事宜；（六）办理与基金托管业务活动有关的信息披露事项；（七）对基金财务会计报告、中期和年度基金报告出具意见；（八）复核、审查基金管理人计算的基金资产净值和基金份额申购、赎回价格；（九）按照规定召集基金份额持有人大会；（十）按照规定监督基金管理人的投资运作；（十一）国务院证券监督管理机构规定的其他职责”。

《证券投资基金法》第37条规定，“基金托管人发现基金管理人的投资指令违反法律、行政法规和其他有关规定，或者违反基金合同约定的，应当拒绝执行，立即通知基金管理人，并及时向国务院证券监督管理机构报告。基金托管人发现基金管理人依据交易程序已经生效的投资指令违反法律、行政法规和其他有关规定，或者违反基金合同约定的，应当立即通知基金管理人，并及时向国务院证券监督管理机构报告”。

第三节　我国开放式证券投资基金信息披露制度的法律完善

一、证券投资基金信息披露的法理基础

“证券市场上最广泛、最深刻的违法问题均与信息披露制度的广度、深度、及时性和可比性有直接的关系。”[1] 因此，信息披露是证券市场的核心制度，建立活跃有效的证券市场有赖于市场主体充分、及时、准确的信息披露。我国证券投资基金信息披露制度的法理基础在于以下两方面：首先，有效市场理论（Efficient Markets Hypothesis）。该理论是由美国学者尤金·法玛在其博士论文《股票市场价格行为》中作出完整定义：在证券市场上的证券

[1] 高西庆. 证券市场强制性信息披露制度的理论根据［J］. 证券市场导报，1996（10）：4-17.

价格能完全反映出与价格有关的信息，每一证券价格与投资者的投资价值相等，即为有效的证券市场。[1] 成为有效市场必须满足以下条件：一方面，证券市场主体的充分、及时、准确的信息披露，且这些信息能完全被投资者获得，用于作出投资决策。另一方面，证券市场价格能完全反映该项资产的所有可获得的信息，即“有效信息”。有效市场理论是一种对证券市场完美状态的假说，关键在于信息披露的及时有效和理性投资者。该理论虽为一种假说，但是为各国建立有效的证券市场提供了理论指导意义。其次，信息不对称而产生的“逆向选择”（Adverse Selection）理论。该理论是由2001年诺贝尔经济学奖获得者——伯克利加州大学经济系的乔治·阿克洛夫（George Akerlof）提出的。他在其著名论文《柠檬市场：质量不确定性与市场机制》中以汽车市场为例论证了由于信息不对称而产生的与“劣币驱逐良币”极其相似的汽车市场上次品车逐渐驱逐好车而占据市场的现象。[2] 在证券市场上同样存在类似的情形：由于证券投资者所掌握的证券投资的相关信息没有上市公司的完整、全面，因此投资者只能根据以往经验来推知上市公司的平均经营情况而决定自己的投资方向。在价格机制的作用下，经营业绩优于平均业绩的公司会因为证券价格低于自身需要、无法满足融资需求而退出证券市场；那些实际经营业绩没有达到平均业绩的上市公司会因为证券价格高于预期、满足融资需要而留在证券市场上。

按照运作方式的不同，证券投资基金分为开放式证券投资基金和封闭式证券投资基金。开放式证券投资基金，是指基金份额总额不固定，基金持有人可以按照基金合同的约定在固定的时间和场所申购或者赎回的基金；封闭式证券投资基金，是指基金份额总额固定，在基金合同约定的期限内，基金份额持有人不得赎回的基金。[3] 我国证券投资基金绝大多数是契约型投资基金[4]，且以

---

[1] Fama E. F. The Behavior of Stock-Market Prices [J]. The Journal of Business, 1965, 38 (1): 34-105. 转引自：吴晓灵. 投资基金法的理论与实践：兼论投资基金法的修订与完善 [M]. 上海：上海三联书店，2011：15.

[2] 乔治·阿克洛夫. “柠檬”市场：质量的不确定性和市场机制 [J]. 经济导刊，2001 (6)：1-0.

[3] 参见《证券投资基金法》第45条。

[4] 按照组织形态的不同，投资基金可以分为公司型、契约型和合伙型投资基金。所谓契约型投资基金，是指“根据信托契约，发行受益凭证从投资者处募集资金组成的投资基金，基金管理人和托管人均遵照信托契约进行管理活动，基金收益也按照信托契约进行分配”。参见吴晓灵. 投资基金法的理论与实践：兼论投资基金法的修订与完善 [M]. 上海：上海三联书店，2011：15.

开放式证券投资基金占主导。在契约型投资基金法律关系中存在基金份额持有人与基金管理人、基金托管人之间的委托代理关系，以及在基金管理公司和基金托管公司内部治理结构中的公司与公司管理层之间的委托代理关系和基金法律关系中的其他委托代理关系等。在委托代理关系中存在天然的委托人与受托人之间对信息掌握程度有差别的事实。因此，基于以上理论分析，证券投资基金作为我国证券市场上的重要角色，为保护基金持有人的利益和建立公平有效的投资基金市场，完善开放式证券投资基金信息披露是最重要的环节。

二、我国开放式证券投资基金信息披露存在的问题及其产生的后果

（一）我国开放式证券投资基金信息披露制度的不完善

开放式证券投资基金信息披露，是指在基金法律关系中的各个主体，对基金从筹备到设立、运转、结束的整个过程进行的相关信息的披露，以最大限度地保护基金份额持有人的利益。[1] 我国《证券投资基金法》对证券投资基金信息披露的主体、时间、内容和禁止行为都进行了列举性的规定。[2] 任何证券信息的披露都应当遵循真实、准确、及时、完整和公平的原则。在证券投资基金法律关系中承担信息披露义务的主体在披露的过程中存在的主要问题包括以下几种：

1. 基金管理人的信息披露

基金管理人对基金资产进行投资运作和管理，在我国证券投资基金法律关系中处于核心地位。因此，为保护基金份额持有人的合法权益，基金管理人的信息披露义务是整个证券投资基金信息披露义务的主要部分。但目前我国开放式证券投资基金管理人信息披露还存在很多不足，表现为以下几个方面：①基金信息披露的内容多而烦琐、重点不突出。例如，我国规定的《基

[1] 胡杰. 开放式证券投资基金信息披露法律制度研究［D/OL］. 重庆：西南政法大学，2009：5［2018-01-20］. http：//cdmd. cnki. com. cn/Article/CDMD-10652-2009121655. htm.

[2] 参见《证券投资基金法》第 75、76、77、78 条。

金招募说明书》中必须披露的内容达到24个项目❶，基金管理公司按照这一标准而公开的《基金招募说明书》的内容在字数上几乎都是上万字，已经公开的《南方稳健成长证券投资基金的招募说明书》总共约为36000字，其中对于投资者最关注的基金投资方向、政策和投资风险的提示位于招募说明书的中间部分，占整个基金招募说明书8.3%的篇幅。❷ 如此大而繁杂的内容对于不具备专业知识的基金投资者来说很难抓住重点，不利于投资者作出适时的投资决定，同时在很大程度上影响了有关机构的监管效率。②基金信息披露的不及时性。我国《证券投资基金信息披露管理办法》中有关基金信息披露第四章规定的相关时间都较长❸，很难使基金持有人及时了解基金运作的现状。在信息报告制作的过程中，由于证券市场的瞬息万变，当制作好的基金年度报告、半年度报告和临时信息到达基金投资者手中的时候，已经由基金管理人手中的“现在进行时”变为基金份额持有人手中的“过去时”。因此，我国目前规定的基金管理人的信息披露有一定的不及时性。③在证券投资基金法律关系中，对基金管理人信息披露监督机制的不足。证券投资基金法律关系中对基金管理人的监督者主要包括内部监督机关（独立董事、监事会、督察长）和外部监督主体（基金托管人和基金份额持有人）。但是一方面，由于我国基金管理公司内部治理结构存在的缺陷，使得部分职能机构的职责并未达到很好的效果，自然在监督基金管理人信息披露义务方面也存在一定的不足之处；另一方面，基金份额持有人客观上存在的分散性和基金托管人的“只托不管”的实

---

❶ 我国《证券投资基金信息披露内容与格式准则》第5号《招募说明书的内容与格式》中规定的招募说明书的内容包括：序言、释义、基金管理人、基金托管人、相关服务机构、基金的募集、基金合同的生效、基金份额的交易、基金份额的申购与赎回、基金的投资、基金的业绩、基金的财产、基金资产的估值、基金的收益与分配、基金的费用与税收、基金的会计与审计、基金的信息披露、风险揭示、基金的终止与清算、基金合同的内容摘要、基金托管协议的内容摘要、其他应披露事项、招募说明书的存放及查阅方式、备查文件。

❷ 田英伟．试论证券投资基金信息披露法律制度之完善——以开放式证券投资基金信息披露为中心［D］．上海：华东政法大学，2007：30［2018-01-20］．http：//www.doc88.com/p-0979365032768.html.

❸ 参见《证券投资基金信息披露管理办法》［2004年7月 中国证监会令第19号］第18条第一款：“基金管理人应当在每年结束之日起九十日内，编制完成基金年度报告，并将年度报告正文登载于网站上，将年度报告摘要登载在指定报刊上。”第19条：“基金管理人应当在上半年结束之日起六十日内，编制完成基金半年度报告，并将半年度报告正文登载在网站上，将半年度报告摘要登载在指定报刊上。”第20条：“基金管理人应当在每个季度结束之日起十五个工作日内，编制完成基金季度报告，并将季度报告登载在指定报刊和网站上。”

际情况，在对基金管理人的监督方面也作用甚微。

2. 基金托管人的信息披露

基金托管人，是指根据基金合同的约定对基金资产进行保管并对基金管理人投资运作基金的行为进行监督的机构，主要由商业银行或者其他金融机构来担任。在证券投资基金法律关系中，由于基金托管人主要执行的是基金管理人对基金资产的投资运作的指示，且作为托管人的金融机构的业务重心并不在于基金的托管业务，因此，在基金信息披露义务方面存在的不足表现为：第一，基金托管人的“只拖不管”，使得在监督基金管理人的投资运作过程中的信息披露义务并无实质效果；第二，法律对基金管理人的信息披露义务规定原则化，没有明确信息披露的事项，缺乏操作性。

3. 其他信息披露义务人的披露义务

在证券投资基金法律关系中的其他信息披露义务人主要包括：基金份额持有人和基金运作过程中的会计师事务所、律师事务所等中介组织机构。由于这些信息披露义务人的信息披露义务并未在相关的法律中明确提出，因此，在履行信息披露职责的时候存在一定的模糊性，在承担信息披露责任的时候缺乏一定的操作性和执法力度。

（二）信息披露制度缺陷导致的后果

信息披露在整个证券市场上产生的作用不可估量，越是充分、及时、有效的信息披露，对构建有效证券市场的作用就越大，同时对基金投资者的投资权益的保护也更大。但是由于我国目前信息披露的不完善，给证券市场带来很多后果：首先，牵一发而动全身，信息不完善可导致整个基金运作的效率不高。信息披露不仅关涉基金信息本身的公布，还关系到基金投资者的投资权益、国家监管者的监管政策的作出和市场调节作用的发挥。在证券投资基金运作过程中，如果信息披露这一环节未能有效实施，那么基金管理人相关机构的运作效率就会比较低，基金托管人就难以及时获得有效信息，基金份额持有人的最大化收益就得不到保障。其次，信息披露不完善导致的后果细化可表现为由于基金法律关系中关联交易信息披露的不完善导致的“老鼠仓”事件和“基金黑幕”事件的频繁发生。此外，基金管理人信息披露的不到位还会影响到基金托管人基金托管事务的执行；基金管理人和基金托管人的信息披露不到位，难以使投资者作出正确的投资决策。

三、我国公募证券投资基金信息披露制度的法律完善

对证券投资基金信息披露制度的完善有利于投资者作出恰当的投资判断，同时有利于监管者作出合理的监管决策。针对我国目前证券投资基金市场信息披露的现状，完善证券投资基金市场的信息披露主要包括以下几个方面：

（一）基金管理人信息披露制度的完善

（1）信息披露载体所呈现的内容应该明确以向投资者传递有效信息为原则。证券信息披露的宗旨在于让投资者掌握充分有效的基金管理运作的信息，以建立公平有效的证券投资基金市场。因此，所披露的信息首先应该保证投资者接收的是对投资决策的有效信息。就我国目前的招募说明书而言，可以将披露的内容进行分层次分类：重要信息、一般信息和自愿披露的信息。[1] 其中重要信息和一般信息为强制披露的信息，对于那些可能对基金投资者的投资决策和投资收益产生重大影响的信息可以用强调、标明的方式提示投资者。如此，向投资者传递的都是有效信息，既可以突出重点，以投资者的角度来看也不会显得太冗长和烦琐。

（2）完善公司内部治理结构，明确各机构的信息披露的义务。我国目前基金管理公司的内部治理结构中对基金管理人起到监督作用的机构主要包括：独立董事、监事会和督察长。独立董事是基金管理公司的必设机构，除具有一定的决策权外，对基金管理公司的基金运作过程中的违法违规行为有监督作用，监事会在基金管理公司中的主要收益来自公司发给的工资，在很大程度上对基金管理公司的基金运作和信息披露义务的履行缺乏一定的积极性；而督察员制度是国家在基金管理公司中设置的专门为保护基金持有人的利益而对基金管理公司基金运作的合法合规情况进行检查和监督的机构[2]，

---

[1] 胡杰. 开放式证券投资基金信息披露法律制度研究［D/OL］. 重庆：西南政法大学，2009：29. http://cdmd.cnki.com.cn/Article/CDMD-10652-2009121655.htm，2018-01-20.

[2] 参见《证券投资基金管理公司督察长管理规定》［证监会，2006 年 85 号］第 2 条："督察长是监督检查基金和公司运作的合法合规情况及公司内部风险控制情况的高级管理人员。督察长履行职责，应当以保护基金份额持有人利益为根本出发点，公平对待全体投资人，在公司、股东的利益与基金份额持有人利益发生冲突时，优先保障基金份额持有人的利益。"

但是由于督察长的产生是由总经理提名、董事会来任命的，这在很大程度上决定了督察长履行职责的受限性。因此，完善基金管理公司信息披露义务，前提是要加强基金管理公司内部监督作用的发挥：首先，要明确基金公司内部各个监督机构的职责，完善公司治理结构，避免监督资源的浪费和监督机构的虚设，有助于强化基金信息披露的效率。其次，强化各机构的监督责任机制，对于因监督不到位而造成的对基金份额持有人重大利益损失的，可对监督机构追究责任。

（3）加强基金托管人和基金份额持有人对基金管理人信息披露义务的监督。证券投资基金法律关系中，基金托管人对基金管理人运作基金资产的行为存在法定的监督权限❶，基金份额持有人对基金管理人的监督则是基金法律关系中必然存在的。基金管理人充分的信息披露也有利于基金托管人对基金管理人的监督和对其指令的执行。首先，明确基金托管人对基金管理人的监督事项，其中包括有关基金投资运作的相关信息披露事项，并完善托管人监督不到位的责任机制以增强其监督的积极性。其次，在基金份额持有人中设立日常机构，不仅负责组织基金份额持有人会议的召开和重大事项的决定，而且强化其对基金管理人信息披露义务的监督。

（二）基金托管人信息披露制度的完善

我国《证券投资基金法》第36条——基金托管人职责中的第（六）项明确规定基金托管人须办理与基金托管业务活动有关的信息披露事项，说明基金托管人在托管基金资产过程的相关信息应该披露。这不仅有利于基金托管人对基金资产的管理，也有利于对基金管理人的监督。

1. 明确托管人披露的基金事项，避免模糊性

我国《证券投资基金法》中只规定了基金托管人需要“办理与基金托管业务活动有关的信息披露事项”的职责，并未明确列举基金托管人具体披露的基金事项是什么。这一方面导致基金托管人在履行该项义务时抱有侥幸心理，为了减少信息披露的成本，在不违反相关法规的情况下，对于那些可以披露也可以不披露但是对基金份额持有人利益产生影响的信息，基金托管

---

❶ 参见《证券投资基金法》第36条第（十）项规定，基金托管人“按照规定监督基金管理人的投资运作”。

人极有可能选择不披露。因此，本着为保障基金份额持有人最大利益的原则，明确基金托管人的信息披露义务，一方面可以使得基金份额持有人掌握除基金管理人披露的信息之外的更充分的信息，另一方面在明确的法律规定下有利于监管机构实施监管。

2. 强化基金份额持有人会议的日常机构对基金托管人信息披露的监督

由于考虑到在基金运作过程中基金持有人客观上存在分散性，修订的《证券投资基金法》修改和增加了基金份额持有人大会可以设立日常机构[1]，以更好地保障基金份额持有人会议的召开和权利的行使。证券投资基金法律关系中，基金持有人对基金管理人和基金托管人的监督是必然的，实践中更多的是关注对基金管理人的监督。加强基金持有人会议对基金托管人的监督有利于督促基金托管人对托管及基金相关事项信息披露的及时性，以保障基金持有人对基金运作情况的全面了解。可在基金持有人会议的日常机构中设立专门负责监督基金托管人的部门，以加强监督的效率。

（三）基金份额持有人会议和其他基金信息披露义务人的信息披露

证券投资基金法律关系中的信息披露主要在于基金管理人和基金托管人的信息披露义务的履行，同时基金份额持有人和其他信息披露义务人的职责完善将更有利于整个证券投资基金运作的透明化和公开化。

首先，基金份额持有人会议的召集人应该披露基金份额持有人会议的召集程序；基金持有人日常机构应该及时披露基金持有人会议的相关决定以及对基金管理人和基金托管人的监督情况，以方便那些未参加会议的基金份额持有人了解基金运作的现状。

其次，为基金管理人、基金托管人所披露的基金信息提供审计报告、财务报告和法律意见书的专业机构是证券投资基金法律关系中的“其他信息披露义务人”。会计师事务所对基金财务信息进行审计，对相关错误事项和不

[1] 参见《证券投资基金法》第48条：“按照基金合同约定，基金份额持有人大会可以设立日常机构，行使下列职权：（一）召集基金份额持有人大会；（二）提请更换基金管理人、基金托管人；（三）监督基金管理人的投资运作、基金托管人的托管活动；（四）提请调整基金管理人、基金托管人的报酬标准；（五）基金合同约定的其他职权。前款规定的日常机构，由基金份额持有人大会选举产生的人员组成；其议事规则，由基金合同约定。”

真实数据进行披露和监督；律师事务所根据公开的信息披露事项出具基金运作的法律意见书，对基金运作的违法违规行为进行监督和披露。[1] 这些机构除了对基金管理人和基金信息披露义务人的监督义务，自身还承担着对基金运作过程中的信息披露义务。如果“其他信息披露义务人”在基金信息披露的过程中与基金管理人或者基金托管人串通一气，披露虚假的审计报表或者出具不真实的法律意见书，影响基金投资者的合法权益，其违法信息披露行为将会被追究行政或法律责任。

（四）完善基金信息披露的其他措施

1. 加强行业协会自律监管的作用

对证券投资基金信息披露制度的完善，不仅在于基金法律关系中各个主体充分的信息披露和相互监督机制的完善，还在于国家监管机构的强制监管和行业自律监管作用的加强。行业协会具有一定的监督处罚功能，其内部的自律自省在很大程度上比政府的监管更加有效。[2] 因此，处理好政府监管和自律监管的关系，建立二者之间的互动体系，发挥证券投资基金行业协会对基金信息披露各个主体监督的作用，可以提高监管的效率。

2. 加强对基金投资者的教育

我国基金投资者客观上存在分散性，个人投资者在基金份额持有人中的比例较小，基金份额持有人在对基金管理人和基金托管人的基金运作信息披露事项的监督过程中存在一定的“搭便车”心理，导致基金持有人对基金信息披露监督的不健全。因此，加强对基金投资者的教育有利于丰富基金投资者的专业知识，同时也能加强基金投资者对基金信息披露的监督。可以由基金份额持有人的日常机构通过网络发布有关的专业知识，以便利投资者的学习。投资者提高自身的投资专业知识，可以强化其对基金管理人和基金托管人所披露信息的理解力，加强对信息披露的监督。

---

[1] 申晨. 我国证券投资基金信息披露制度研究［D/OL］. 合肥：安徽大学，2010：11. http://cdmd.cn ki.com.cn/Article/CDMD-103 57-2010145801.htm, 2018-01-20.

[2] 甫玉龙，黄凤兰. 行业协会权能的法律规范探讨［J］. 中国行政管理，2006（3）：63-65.

第四章　证券监管行为的法律规制

第一节　证券监督管理机构的法律认识

一、证券监督管理概述

证券市场随着证券商品的供给、交易产生和发展起来，本质上与一般商品市场别无二致，但证券商品的特殊性决定了证券市场与一般商品市场之间的极大差异。证券市场与一般商品市场最根本的差异在于证券商品如股票、公司债券和其他金融衍生商品的价格对信息的高度依赖及信息滥用可能对市场秩序和投资者利益造成巨大的侵害。在普通商品市场，为维护市场秩序和保护消费者，国家建立起由民法、行政法、刑法等部门法构成的规范体系实施市场监管，那么对国家宏观经济和市场资源优化配置具有重大意义的证券市场，更应予以重视，加强规范。因此，为维护证券市场的正常秩序、充分发挥证券市场服务实体经济、保护投资者利益的功能，有必要建立完善高效的证券监管体制，实现监管目标。

证券监督管理机构是市场监管主体，在整个监管体制中占据核心地位。机构设置是否合理、权力配置是否完备、监管理念是否先进，与被监管对象和具有监管功能的其他主体之间的关系是否协调等是证券监管机构能否真正发挥监管作用的重要因素。

二、证券监督管理体制与监管机构

证券监管是证券监督管理部门根据证券法律法规对证券发行和交易实施

监督管理，以确保证券市场有序运行的活动。[1] 这一概念勾勒了证券监管制度的大致轮廓。即证券监管是特定主体为实现特定目的而实施的特定行为，应当从主体、行为、依据、目的、对象等多个角度切入证券监督管理制度内部，以全面理解和完整把握证券监管制度。

证券监督管理机构是证券监管行为的实施主体，包括有权对证券市场实施监督管理的政府机关、机构和社会团体等组织。就特定国家或地区而言，证券监管机构的设置与权力配置可能因监管理念、体制或传统而存在差异。此外，在不同的监管体制下，监管权力的来源也不尽相同，或来源于一国或地区的行政权力，或来自行政机关的授权，或源于在证券市场上提供证券商品和从事证券交易的市场参与者之间的权利让渡。在典型的政府主导型的市场监管体制下，监管主体的权力直接源于国家立法、执法或司法权的分解。例如，在实行由政府主导的集中型监管体制的美国，联邦证券交易委员会（the U. S. Securities and Exchange Commission，SEC）中的 5 名委员全部由总统认命，直接向国会负责，“是具有完全准立法和准司法职能的独立机构”[2]。即 SEC 所行使的监管权力不限于国家的行政权力，还包括部分立法权和司法权。但在典型的自律型市场监管体制下，监管权并非直接或完全来源于国家，市场主体之间的协议或权利让渡往往成为监管权力的来源，如这类协议可能表现为协会的章程。英国是实行自律监管的典型，英国没有全国性的机构专门行使证券监管权。为了避免过多地干预市场的自主运行，政府的职责主要在于提供必不可少的基础立法，监管职责主要委诸行业性自律组织，如证券交易所或证券商协会等。

一国现行的证券监管体制与其证券市场的发展历史、发育程度及文化传统和政治体制有着密切的关系。美国政府主导型监管体制的确立过程正反映了国家对市场形成之初层出不穷的内幕交易、证券欺诈、市场操纵等丑闻和市场毁灭性崩溃的惨痛记忆的回应；英国的自律型监管体制则是亚当·斯密的自由放任主义经济思想和根深蒂固的有限政府政治理念在市场制度建设中的深厚积淀。

政府主导型的监管模式与自律监管模式都有其合理之处，从实践效果

---

[1] 符启林. 证券法［M］. 北京：法律出版社，2007：417.

[2] 李朝晖. 证券市场法律监管比较研究［M］. 北京：人民出版社，2000：2.

看，也是基本成功的。然而，随着证券市场的迅猛发展、证券商品种类推陈出新、证券交易手段日新月异，无论是政府主导型的监管体制，还是市场自律型的监管体制都逐步暴露出种种不尽如人意之处。一方面，政府主导型的监管体制因过分依赖权力在市场监管中的作用而忽视了证券交易所和券商协会等自律性组织在市场监管中的基础性作用，从而可能因一线监管缺位而导致监管失灵。在一定程度上可认为，2001 年和 2002 年安然、世通公司通过虚构利润实施证券欺诈的丑闻是美国政府主导型的市场监管体制弊端长期积累的集中爆发。其中，安然自 1997 年以来虚报利润达 6 亿美元，并隐瞒了 24 亿美元到期债务的事实，世通公司自 1995 年以来以股权收购方式大肆扩张，公司财务丑闻涉及金额达 90 多亿美元。如此恶劣的欺诈行为竟能在如此长的时期内存在和反复发生，正反映了美国政府主导型的证券监管体制下单凭权力监管所面临的独木难支的窘境。另一方面，自律型监管体制也并非完美无缺，其主要弊端在于：①自律监管的重点在于运行监管，维护组织成员自身利益的倾向明显，投资者保护不足，管理者难以保证超然公正的管理；②缺乏强有力的监管手段；③缺乏全国性的监管机构，可能导致监管混乱。

为充分汲取两种监管体制的优势以完善自身，目前政府主导型和自律监管型体制之间出现了取长补短、相互融合的趋势。表现为那些原来依赖政府主导型监管体制的国家日益重视自律监管的作用，通过吸收自律性监管组织的参与以延伸监管的市场触角。同时，原来主要依靠自律型管理的国家也逐步通过立法和建立统一的监管机构来加强证券市场的政府监督和立法监管。

不同的监管体制反映了权力与权利在市场监管中的不同地位和作用，决定了不同类型的监管机构在监管体制中的作用与权力配置。

中国目前的证券监管体制同样反映了中国证券市场的发展历程，契合了中国传统文化中权力本位的社会治理路径，从某种意义上说，这是必然的历史选择。中国的证券市场不是市场自我发育的结果，而是政治顶层设计的产物，这决定了中国的证券监管体制不可避免地被打上了权力的烙印。从历史来看，中国所建立的证券市场在很大程度上是为国企实施股份制改造服务的融资市场，而在英美国家，市场在发育的最初阶段即突出地表现为投资市场。在中国这种以政治、权力为主导的证券市场上，自然难以寻觅权利的踪影，自律监管在权力一统天下的局面下也不可能充分发育起来。即使在距证券市场建立已经 20 多年后的今天，仍不能断言中国证券市场监管体制已开始从政府主导型向自律型或综合型监管体制转变。在现行监管体制下，尽管在形式上已经建立起证券交易所和证券业协会等自律性组织，但鉴于中国社团性组织所普遍表现出来的泛行政化倾向，也很难说在中国证券市场固有的强大的权力监管模式下，已经出现了哪怕在最微小的程度上能与之抗衡的权力监管主体。

随着证券市场板块结构日趋完善和股票发行从核准制向注册制改革的推进完成，当上市资格和上市公司的壳资源不再成为众人哄抢的对象时，当机构投资者不断壮大起来后，当权利意识在证券市场被唤醒后，这种局面也许会慢慢改变。

三、监管理念与证券监督管理机构的设置

根本说来，证券监管是权力、权利行使的过程，表现为市场监督和管理两类行为。行为是在特定思维支配下的有意识的活动。当这种思维达到某种理性和系统化的程度时，便成了隐匿于行为背后并支配行为的理念。理念源于经验和认识，但理性化了的认识，可被用作指导人的行为的原则。理念并非一成不变，它将随着思维的加深和认识的不断深刻而发展升华。

证券监管同样是在理念和原则指导下的行为。证券监管理念指证券监管机关在实施监督、管理行为时所秉承的指导思想或原则。[1] 证券监管理念随着对监管行为的目的、价值、功能等认识的逐渐深刻而不断修正。证券监管的监督行为表现为有监督权的主体对证券的发行、交易行为和其他有关行为的督查和检查。监督的目的在于通过正确实施证券法律为证券商品的发行与交易搭建高效有序的平台。除监督职权外，证券监管主体还需实施组织、协调和服务等行为。这些行为的目的与其说是保障法律的正确实行，倒不如说是为证券的发行主体和交易主体提供某种公共服务。以股票的发行为例，在股票核准发行制度下，当公司需要通过发行股票融资时，审核机关需要对公司所提交的上市申请等文件展开实质性审查。公司股票能否上市的决定权完全控制在监管机构手中，即权力对权利的界定。而在股票注册发行制度下，监管机构对公司提交的文件无义务，当然也无权力进行实质审查，在形式审查合格时，监管机构没有权力阻止公司的股票发行。因此在注册发行制度

[1] 周友苏. 新证券法论［M］. 北京：法律出版社，2007：572.

下，体现了权力对权利的尊重和权力为权利服务的理念。对于希望上市的公司而言，监管机构通过行使必要的管理权，协助公司实现了上市融资的意愿。

我国证券市场的监管理念长期以来被严重扭曲，并因此导致市场监管机构设置错位，监管权力配置失衡。主要表现为：①重监督、轻管理。证券监管制度具有监督与管理这两个密不可分的功能，二者对于证券市场的高效安全运行同等重要。不可否认，在市场发展的初级阶段，当市场规则尚未明确清晰、秩序还未形成，当安全仍是市场监管的首要目标时，在机构设置与权力配置上适度向监督功能倾斜并无不当。但是，当市场发育到一定程度后，随着市场运行和安全保障的规则基本确立和市场诚信基本形成，当市场自由和创新成为监管主要追求的目标时，如果仍然固守监督优先的监管理念，则与市场的长远发展背道而驰。一般而言，强调监督是因为市场存在过多的违法行为，因而安全成了市场监管主要的价值追求。但过于严苛的监督必然意味着市场主体将被迫遵守更多的规则，将导致诚实的发行人和交易人因遵守更多的规范而支付高昂的守法成本。证券管理与证券监督应当有不同的价值追求。监督的目的在于预防和制止违法行为，管理的功能则在于一方面为市场搭建高效低成本的交易框架，另一方面为参与证券发行和交易的主体提供为交易所必需的公共服务。长期以来，中国证券市场的监管实践恰恰表明了监管机构重监督、轻管理的监管理念。②重融资、轻投资。中国证券市场在设立之初，囿于当时的国情，被赋予了太多的期望，背负了过于沉重的历史责任。在将融资作为市场监管的核心目标时，普通投资者的利益保护自然要屈服于实现这一目标的各种努力。为了实现融资的目的，几乎所有制度性权力都被牢牢地掌控在监管机构手中，在严格的审批制发行制度下，公司对自身的股票能否发行全无话语权。监管机构不仅控制了股票的发行，还把持了股票上市的门槛。问题在于，监管机构在控制着这一切优质资源的同时，却对充斥市场的欺诈、虚假陈述、内幕交易、操纵市场等各种违法行为视而不见，为保护投资者必不可少的法制建设长期付之阙如。时至今日，投资者仍然无法通过民事诉讼请求赔偿因内幕交易或市场操纵等证券违法行为所遭受的财产损失。虽然在 2003 年颁布了《关于受理证券市场因虚假陈述引发的民事侵权纠纷案件有关问题的通知》，但其中却规定投资者因虚假陈述提起民事诉讼需要以行政性程序或刑事程序为前置程序，这种规定实质上颠倒了民事权利保护与公益保护之间的关系。③重权力、轻市场。我国证券市场监管在体制构建上表现出“从多头到统一、从分散到集中”的发展路径。这一路径总体上体现了市场从区块划分、行业划分到全国统一市场建立和证券发行权从部门、行业分别把持到由证监会统一行使的演变。这种变化推动了全国统一监管体系的形成，意义重大。统一监管模式有利于加大对市场的监管力度，提高监管效率，这也反映了我国证券市场监管的思路已经摆脱了计划经济时代的各种条条框框的束缚。然而，证监会对市场监管权力看似合理的独家“垄断”所带来的严重后果却是压抑了市场力量的生长。证券市场本质上仍是一个商品市场，市场是权利的家园，权力介入市场必须遵循两个基本的原则，一是必要性原则，二是适度性原则。权力介入市场之所以成为必要是因为权力能为市场提供作为公共产品的市场运行所需的基础性规则，也因为市场需要借助权力制止和惩罚市场中存在的破坏力量，以维护交易秩序和安全。但权力对市场的干预不能超过必要的限度。权力可以确定交易的规则，但权力必须远离交易；权力可以惩罚破坏市场的行为，但权力自身不能参与市场；权力可以成为市场纠纷的调解者，但权力不能成为纠纷的当事人。一言以蔽之，权力应当在市场中保持中立。在我国证券市场 20 多年的发展过程中，权力恰恰过度卷入许多本应由市场自我调节、管理和自律的领域，其后果只能是市场自我发育的严重萎缩。

这些被扭曲的监管理念实质上反映了对市场一线监管与政府宏观监管界限划分上的模糊认识，并因此导致监管主体设置混乱，权力配置失衡，典型表现为：①监管权力过分集中于国务院证券监督管理机构；②自律性监管机构未充分发育；③地方政府监管几乎成为摆设；④场外交易监管主体缺失。

屈指算来，我国证券市场已走过了 20 多年的风风雨雨。虽一路坎坷，却仍顽强地生存并壮大了起来。我国证券市场当前正在发生着巨大而深刻的变化，经此蝶变，未来的市场与 20 年前和当前的市场将云泥相殊。

为此，应当大力完善证券监管机构设置和监管权力配置。在根据市场变化调整监管理念的基础上，理顺中央与地方监管职权划分的关系、政府监管与自律监管的关系、建立和完善场外交易监管体制和构建不同监管机构之间的协调与合作机制。首先，应当正确认识我国证券市场目前所处的历史阶段，摒弃陈旧的监管理念，树立顺应现阶段及未来证券市场发展方向的监督理念。经过 20 多年的发展，我国证券市场已基本完成了为国企改制提供融资平台的历史使命，步入了从融资市场向投资市场转变和从封闭性市场向开放性市场转变的新的历史阶段。为激发国内投资者的投资热情、提升投资信心和吸引国际资本市场的优质资本，应逐步淡化市场监管的权力色彩，增强监管的权利色彩，树立以投资者保护为核心、以管理服务为重点的监管理念。为实现这一转变，监管机构的设置和监管权力的配置应当有利于推动监管体制从政府主导型向政府监管与自律监管相结合的综合监管体制转变。在当前过渡时期，仍可适度坚持以政府监管为主、市场自律监管为辅的现行体制。但随着证券市场市场化程度的提高和市场主体自律监管能力的加强，应逐渐过渡到以自律监管为主、政府监管为辅的综合型监管体制。在政府监管机构的权利配置上，可保留与政府监管机构的宏观监管功能相适应的监督权力和自律监管机构不愿或不能行使的管理权力。除此之外的监管权力可逐步分解并配置给自律性监管机构。其次，在全国性政府监管机构与地方性政府监管机构的关系上，应坚持在中央监管机构的统一领导下，充分发挥地方性监管机构的能动性和创造性。随着我国多层次资本市场的建立，地方性监管机构在整个监管体制中的作用将会越来越大。随着各地代办股权转让系统的陆续建立运行，地方性监管机构也需要更多的监管权力履行一线监管的职责。最后，加快培育市场自律性监管主体。在现有证券交易所和证券业协会的基础上，鼓励上市公司、券商和在地方性股权转让系统交易的公司成立行业协会或其他行业性组织。资本市场是一个博弈的场所，不仅有权力和权利的博弈，也有权利和权利的博弈。自律性监管实质上是一种自我监管和相互监管，在相当高的程度上依赖于市场不同主体之间博弈力量的平衡。同时，基于证券业协会的性质和地位，可考虑以证券业协会作为完善自律性监管体制的核心和纽带，使其不仅在自律性监管体制内占据核心地位，也充当自律性监管机构与政府监管机构的纽带和沟通渠道。

第二节　证券业协会的定性与功能

一、证券业协会概述

证券业协会是指依法设立的旨在对证券业进行自律性管理的具有法人资

格的非政府组织。❶ 证券业协会是各国证券行业普遍设立的行业行政组织，但称谓各异。美国称证券商协会，英国称证券业理事会，我国台湾地区称证券业同业公会。在世界主要国家的证券监管体制中，证券业协会作为行业性自律组织在国家证券监管体制中都扮演着重要的角色。

根据我国《证券法》第一章第8条、第九章的规定，证券业协会是在证券业实行行业自律管理的社团法人。

二、证券业协会的法律性质

证券业协会是证券业的行业性协会，属非营利性社团法人，其法律属性体现在以下几个方面：

1. 证券业协会是自治性协会

证券业协会不属于政府机关，不具有政治属性。其自治性表现为：①独立证券业协会在法律上是独立的法人，不从属于任何其他国家机关、社会团体或企业法人；②自主证券业协会可不受他人干涉与自身有关的所有内、外部事务。

2. 证券业协会是社团法人

证券业协会是证券行业的从业人员或证券公司、券商等在平等基础上通过协议，按照法律规定的条件和程序成立的社团法人，具有独立的法人格，具有权利能力和行为能力。

3. 证券业协会是非营利法人

成立证券业协会的目的不在于通过经营活动为自身获取经济上的利益，但这并不表示其不能拥有财产，只是它不能把财产分配给协会的成员。

4. 证券业协会是行业性自律组织

自律性组织指由协会会员通过订立章程对协会会员进行自我管理、自我约束的团体。各国证券法一般都要求证券经营机构必须加入证券业协会。

三、证券业协会的功能剖析

尽管证券业协会的称谓在各国有所不同，但有一点是共同的，那就是它

---

❶ 范健. 证券法［M］. 北京：法律出版社，2007：401.

们都在一国证券监管体制中起着重要的作用。不同之处在于，在不同的证券监管体制下，证券业协会的地位和功能存在较大的区别。在自律型监管体制下，证券业协会在整个监管体制中居于核心地位。例如，成立于1978年的英国证券业理事会在英国的证券监管体系中即占据着核心地位[1]，承担着制定、解释和执行有关证券交易的各项规章制度的重任。相较而言，在政府主导型监管体制中，证券业协会一般仅起着辅助监管的作用。例如，美国的全美证券商协会是美国场外交易市场的主要管理机构，主要功能在于实施会员管理和交易管理。

我国的证券业协会成立较晚，其雏形可追溯到1988年在上海市人民银行指导下，由当时八家证券交易柜台联合组织的“周六碰头会”。1991年，中国证券业协会作为我国第一个具有独立法人资格的全国性证券行业自律组织依法注册成立。虽然在我国的《证券法》中将证券业协会规定为“证券业的自律组织”，但不能因此将我国的证券业协会与英美国家和其他欧洲国家的同类组织等量齐观。甚至可以说，我国的证券业协会与这些国家的类似组织在事实上具有质的差异。导致这一差异的原因有二：①市场发育程度有别，例如，在作为自律型监管体制典型的英国，股票交易早在17世纪时就开始了。但因政府在经济管理上一直奉行放任自由主义政策，故英国证券市场历史悠久的自律监管传统得以形成，证券市场监管的职责主要由行业性组织承担。因此，英国、美国等国家的证券业协会是在市场自我发育过程中自然产生的。而我国的证券业协会尽管从文字表述来看被定位为自律性监管机构，事实上却相去甚远。这一点从中国证券业协会产生的背景即可一窥端倪。我国证券业协会成立于1991年8月28日，而上海证券交易所从1990年12月19日开始营业，两者相隔仅几个月的时间。这与英美等国情况不同，在那里是先有市场，市场发育到一定程度后，协会方自然形成。此外，当初成立中国证券业协会是由中国人民银行批准的，而人民银行作为政策性银行，实质上行使着行政权。因此，我国的证券业协会从一开始就是在政府扶植下产生，而非市场中自发形成的。②我国的证券业协会虽然在法律上是独立的法人，但事实上与政府监管机构之间存在依附关系。正如在1991年我国证券业协会成立时，其章程中的第一项职能就被规定为：“担任证券业主

[1] 李朝晖. 证券市场法律监管比较研究［M］. 北京：人民出版社，2000：16.

管机关的助手。”[1] 因此，我国的证券业协会并不真正具有组织上的独立性，只能算半官方组织。

基于我国的证券业协会的官方背景和目前我国行业性协会的管理特点，不能期待我国的证券业协会像其他国家的证券业行业组织那样真正承担起自律性监管的功能。尽管如此，我国的证券业协会在现行监管体制下，仍具有若干功能。根据《证券法》第 176 条和《中国证券业协会章程》，证券业协会具有以下功能：①制定行业规则；②内部监督，即证券业协会对会员的管理和监督，主要为日常管理、资格认证和持续管理等；③对违规行为进行处罚；④解决争端；⑤建立证券公司代办股份转让系统；⑥开展诚信体系建设；⑦投资者教育。

第三节　证券信息披露制度探讨

一、证券信息披露概述

证券信息披露制度，或称证券信息公开制度[2]，是证券法中的核心制度，是证券法公开、公平、公正原则的要求，是保障证券投资者知情权、提振投资者信心、保护投资者合法权益、维护证券市场正常秩序、实现证券市场经济社会功能的有效机制。证券市场信息公开因为其重要性而被美国著名学者 Louis D. Brandeis 推崇为“医治社会和企业弊病的良药，犹如太阳，是最佳的消毒剂；犹如电灯，是最好的警察”[3]。在中国证券市场不断扩大对外开放、实现从融资市场向投资市场的历史转变和推进股票发行注册制改革的时代背景下，信息披露制度对中国资本市场长远健康发展的重要意义日益凸显。

证券信息披露制度伴随着财产证券化、权利交易规模化而产生，并在证

---

[1] 周友苏. 新证券法论［M］. 北京：法律出版社，2007：587.

[2] 谭立. 证券信息披露法理论研究［M］. 北京：中国检察出版社，2009：6.

[3] Brandeis L. D. Other People's Money—and how the Bankers Use it［J］. Washington，DC：National Home Library Foundation，1933.

券市场层出不穷的欺诈、丑闻和危机阴影的笼罩下和对理想中有效市场的孜孜追求中发展和完善起来。❶ 自1720年英国南海公司事件算起，证券信息披露制度已经走过了近300年的历史，并由一项发源于英伦小岛的默默无闻的地区性实践逐渐发展成为广泛适用于从最发达的美国证券市场到新兴的东亚证券市场的国际性法律制度，从最初的会计信息披露，到随后的招股说明书披露至如今普遍实行的强制披露，证券信息披露制度已经渗入从证券发行到上市交易的每个环节，覆盖了与投资者权益保护有关的几乎所有重大信息，正如路易斯·劳斯（Louis Loss）教授所言，"在联邦法律中有一种不断出现的理念，开始是信息披露，接着还是信息披露，后来是越来越多的信息披露"❷。

（一）证券信息披露制度的概念解读

证券信息是理解证券信息披露制度这一概念的核心语义成分。证券信息披露制度所调整的法律关系和规范的行为莫不与此密切相关。在证券信息披露制度语境下确定证券信息的确切含义，须在明晰证券与信息这两个相关概念的基础上综合理解。

证券通常可从物的角度，也可从权利的角度理解，但从商品和行为角度去解读将更有助于洞察证券与信息之间的逻辑关系。马克思在谈到股票时说："它们已成为商品，而这些商品的价格有独特的运动和决定方法。它们的市场价格和它们的名义价值有不同的决定方法。"❸ 商品是以交换为目的的产品，交换经由买入和卖出这两个最基本的行为实现。作为商品的证券尽管没有使用价值和流通价值，但具有交换价值，证券的权利人通过买入与卖出证券之间的差价可能获得利益或蒙受损失。在一级市场上认购新股是买入，赎回基金份额是卖出，认购公司债券是买入，即使长期持有上市公司的股票也仍是为了在将来能以更高的价格卖出。在这一点上，证券与普通商品并无

❶ 有效市场理论由美国学者法玛于1965年在《股市价格行为》一文中提出。核心观点为："如果在一个证券市场中，证券价格完全反映了所有可获得、利用的信息，这样的市场就是有效市场。" Fama E. F. The Behavior of Stock-market Prices [J]. The Journal of Business, 1965, 38 (1): 34-105.

❷ Loss, L. Fundamentals of Securities Regulation [M]. Boston: Little, Brown and Co., 1983: 7.

❸ 林毅夫，李永军，路磊. 中国金融体制改革的回顾和展望 [R]. 北京：北京大学中国经济研究中心，2000.

实质差异。但作为商品的证券与普通商品的买卖这二者之间却在价格的形成机制和买卖行为的决策依据方面表现出根本性差异。普通商品的交换基本遵循价格围绕价值上下波动的一般经济规律，其价值由该商品所凝聚的一般无差别的人类劳动确定，价格因而相对易确定。证券商品也有价格和价值，并且在某些时候也表现出价格围绕价值波动的特点。但证券商品的价值不同于普通商品的价值。作为物的证券本身没有价值或其价值几可忽略，作为商品的证券的价值也并非与其所对应的企业的所有者权益份额相等。"股票价值本质上是代表现实资本盈利能力带来的预期收益，股票价值与它们所代表的现实资本的价值无关，那些证券只是幻想的，它们的价格的涨落和它们有权代表的现实资本的价值变动完全无关。"❶ 由于证券的价值决定于证券所代表的实物资本的预期收益能力，而预期收益又取决于诸多显性或隐性的不确定变量，因而确定证券的价值实非易事。证券的价格甚至较其价值更难确定，即便在证券价值相对确定的情况下，证券价格也可能因为投资者情绪变化、突发性事件、技术故障等大量不可捉摸和无法预测的原因发生大幅波动。

所有这些变量和原因在理论上都被抽象为信息，即关于证券的知识。证券商品的特殊性归根结底是由于信息在证券价格确定和投资决策方面的性质和地位决定的。信息不仅对形成证券商品价格有着巨大影响，而且往往对投资者的行为产生决定性作用。"证券市场本质上就是一个信息市场，信息披露是其良性运行的基础和灵魂。"❷ 从经济学的角度而言，证券信息指与确定证券的价值和价格以及与投资者的决策有关的所有可能获得的知识。尽管详尽无遗地获得与证券价格和证券投资决策有关的信息一直以来是人们追求的目标，但即使对于掌握着深奥的经济学理论和复杂数学工具的经济学来说，也注定是无法企及的梦想。与经济学相比较，证券法所关注的信息的范围要狭窄得多。在与证券价格和投资决策有关的所有信息中，只有那些与证券价格确定、价格变动和投资决策有重大影响的信息才被纳入证券法的规范范围。

信息不仅在于获得，更在于公开。"信息本身便是力量，没有信息，公

---

❶ 赵春学，黄建军. 论虚拟资本和现实资本的基本关系［J］. 当代财经，2000（8）：14-18.

❷ 谭立. 证券信息披露法理论研究［M］. 北京：中国检察出版社，2009：1.

众便不知所措。”❶ 披露是信息公开的有效方式，英国信息披露立法的奠基人葛莱史东（Gladstone）曾说：“一切要做的就是披露，显露出来的欺诈没有杀伤力。”❷ 在通常意义上，披露指以一定的方式将不为人知的事实公之于众。证券法上的披露是具有法律意义的行为，披露的主体、方式、对象、程序和时限等均须遵守法律的严格规定。

基于以上分析，笔者为证券信息披露制度作出如下定义：证券信息披露制度指由负有披露义务的主体依据证券法的规定将与证券价格和投资者决策有关的所有重要事实予以公开的法律制度。

（二）证券信息披露制度的理论概述

证券市场本质上不过是一个商品的交易市场，其与普通商品市场最大的差别在于信息对于商品价格与市场参与者的买卖行为的影响程度。在任何商品市场，信息都是一个对商品价格和交易行为产生重要影响的因素，但为什么信息对证券市场的影响如此强大，以至于需要在法律上建立起专门的披露制度以调整围绕信息公开所产生的法律关系呢？这是证券信息披露制度的基础理论必须回答的首要问题。围绕这一问题的解答，先后产生了几个相对成熟的理论。

（一）有效市场理论

有效市场理论是在随机行走理论基础上发展起来的以市场效率为价值取向的基础理论。随机行走理论在对股价波动进行统计学观察的基础上发现股价的运动没有规律可循，因此认为股票市场是一个无序运行的非理性市场。有效市场理论进而发现了股价随机波动与股价全面反映证券信息传播状态相吻合的现象，并在此基础上认为，应当从整体上来观察证券市场对信息的反映情况。芝加哥大学教授法码（Eugene F. Fama）在《股市价格行为》中提出：“如果在一个证券市场中，证券价格完全反映了所有可获得（或）利用

---

❶ 周友苏. 新证券法论［M］. 北京：法律出版社 2007（4）：357.

❷ 谭立. 证券信息披露法理论研究［M］. 北京：中国检察出版社，2009（6）：7.

的信息，这样的市场就是有效市场。”❶ 有效市场理论建立的假设前提为：完全理性的投资者在自由竞争的市场上，无须任何成本即可获得所有有用的信息并据以作出理性的投资决定。在假定这一前提成立的情形下，信息对证券市场的影响将可以忽略，这样的市场便成为一个高度透明的完全有效的市场，真实的市场价格将毫无障碍地引导金融资本流向其最适合的产业和部门，从而实现资源的优化配置。

有效市场理论根据效率的高低将证券市场划分为由弱到强的三种形态，分别为弱式有效市场、半强式有效市场和强式有效市场，并认为应当在弱式有效市场和半强式有效市场实行强制信息披露以避免或消除信息对证券市场的不当影响。

（二）公共产品理论

公共产品理论认为证券信息为公共产品，其理论预设是信息对证券市场的正常运行不可或缺。公共产品理论认为，在缺乏利益激励机制的情形下，由于信息保密成本巨大而额外消费成本极低，将降低证券信息生产者收集和加工信息的积极性并导致证券市场信息供给不足。投资者也因不能获得足够的信息而无法判断证券的价值和作出投资决定，并最终选择退出市场。公共产品理论主张，通过强制性信息披露，可保障市场获得维系运行所需要的必要信息。

（三）信息瑕疵理论

信息瑕疵理论对强制性信息披露的合理性论证建立在信息的必要性与信息瑕疵之间的矛盾上。一方面，充足的高质信息对证券市场的良好运作必不可少，另一方面，市场自发提供的信息存在供给不足和各种瑕疵。这些瑕疵表现为信息不对称，包括证券的供应者和投资者之间的信息不对称、大投资者和小投资者之间的信息不对称、机构投资者和普通投资者之间的信息不对称等；也表现为信息不充分，即投资者无法以合理成本从市场获得赖以作出投资决策的足够信息；还表现为信息不准确、披露不适当和信息干扰等。信

❶ Fama E. F. The Behavior of Stock-market Prices [J]. The Journal of Business, 1965, 38 (1): 34-105.

息瑕疵理论认为，这种信息需求与信息质量之间的矛盾能通过强制性信息披露制度予以调和。

这些理论论证了在非有效市场实施强制性信息披露的必要性和合理性。我国证券市场在未来相当长的时期内，仍将处于弱式有效市场或从弱式有效市场向半强式有效市场过渡的阶段。在这一过程中，我国证券市场将长期面临的主要问题还是证券信息供给不充分、信息质量不高、信息披露不适当等弊端，因此强制性信息披露仍将是我国证券市场信息监管的重要方式。

（三）证券信息披露的原则

1. 信息披露的实质性原则

公开、公平、公正原则是证券法的基本原则，证券信息披露制度是对公开原则的具体贯彻，同时也是对公平公正原则的促进。为此，应当在证券信息披露制度中遵守“真实性、完整性、准确性和及时性”原则。在四个原则中，真实性原则和准确性原则是对证券信息的质的要求，完整性原则是对信息的量的要求。及时性原则是对信息的时效的要求。通过敦促披露义务主体在法律规定的时间内为投资者提供高质足量的证券信息，将实现证券信息披露维护投资者利益的制度功能。真实、完整、准确和及时原则是对所披露的证券信息的实质性要求。

2. 信息披露的形式性原则

除信息的质量外，证券法对信息的形式也作出了明确的原则性要求，包括规范性原则、易解性原则和易得性原则。

（1）规范性原则是各国在证券信息披露领域普遍适用的原则。规范性原则要求披露义务主体必须按照法定的内容和格式将与证券价格和投资者投资决策有关的重要信息公开。规范性原则通过确保不同披露义务主体所披露的信息在外观上的统一性，以实现同类披露文件之间在内容的范围和披露行为的方式上具有可比性，从而提高监管机关的监管效率和市场秩序的构建。

（2）易解性原则。证券信息披露的目的不仅在于公开，更在于传递能被投资者真正理解的信息。[1] 出于各种隐秘的动机，信息披露义务人也可能在

[1] 齐斌. 证券市场信息披露法律监管［M］. 北京：法律出版社，2000：122.

披露义务与信息保密之间寻求平衡。为了履行披露义务，披露义务人需按法律的规定将应当披露的信息予以公开，但如果在披露文件中过多地使用晦涩的、不易为投资者尤其是普通投资者理解的复杂语句或深奥的专业术语，披露这种被重重包装的信息不仅无法真正实现信息披露制度的目的，甚至可能对投资者产生误导。因此，在信息披露文件中应当尽可能使用能为普通投资者所理解的清晰易懂的语言。

（3）易得性原则。证券信息披露制度所指向的权利主体为投资者。如何保证千千万万的普通投资者尽可能便捷和低成本地获取证券信息也是信息披露制度所应关注的问题。传统的信息公开途径为大众媒体，如电视报纸等、备置于法律规定的制定场所和向投资者送达。从投资者权益保护来看，如将这三种方式结合采用，将更能便利普通投资者获取所披露的证券信息。在网络时代，通过网络媒体披露信息将极大地提高信息获取的易得性。这也是信息披露方式在将来最为重要的发展方向。

二、证券信息披露制度的运行

证券信息披露制度的运行是一个规范证券信息披露行为的动态的制度实施过程。在不同的阶段，信息披露行为与不同的主体、内容、程序和对象等制度要素紧密地结合在一起。以证券上市为时间点划分，证券信息披露行为可划分为上市前的信息披露和上市后的信息披露，具体分为以下几个步骤：

（一）证券发行信息的预披露

证券发行信息预披露制度，指发行人申请首次公开发行证券（Initial Public Offering，IPO）的，在提交申请文件后，应当按照国务院证券监督管理机构的规定预先披露有关申请文件。[1] 证券信息预披露制度是我国立法上的一大创新，在功能上类似于国外其他证券市场上的信息披露辅助机制，但在法律属性上与这些辅助机制并不尽相同。证券信息预披露制度的功能在于通过将社会监督力量提前引入证券发行阶段的信息披露中提高传统证券信息披露监管的效率。

信息预披露制度的确立与我国证券发行披露的核准主义有密切关系。根

[1] 《证券法》第21条。

据《证券法》第10条，我国证券发行披露采取实质核准主义，由证券监管部门对拟发行的证券商品的内在品质把关，以保证进入证券市场的证券商品的质量。因此，与实行发行披露申报制的国家或地区相比，我国监管机构承担着更为艰巨的监管职责。为了弥补监管机构信息获取能力的不足，有必要吸收社会力量加入对信息披露的监管过程。证券信息预披露制度反映了对信息披露更为严格的监管态度，并在一定程度上加重了证券发行人的成本，但在我国证券市场仍为弱式有效市场的背景下，这种强化监管的思路并无不当。在证券信息预披露制度的实施中，有必要平衡各种知情权与发行人成本负担之间的矛盾。一方面，需保障公众在证券发行前核准阶段获得必要的信息以作出投资预测决策的权利，另一方面，也不宜过分加重发行人的披露负担。因此，立法上应当将要求发行人预披露的信息限定为与公司财务和经营有关的基本信息。

（二）证券信息的发行披露

证券发行信息披露，又称为初始信息披露，指证券发行人及其他信息公开义务人根据法律的规定，将与证券发行有关的信息以法定程序和方式予以公开的一种证券法律制度。❶ 按证券种类不同，发行信息披露分为股票发行信息披露与公司债权发行信息披露；按发行主体不同，可分为首次公开发行股票上市的信息披露与上市公司公开发行证券的信息披露。发行信息披露的方式有公布和公开两种。公布是将应披露的文件在证监会指定的报刊刊登；公开是将应披露的文件置备于发行人及其债权营销机构的营业地和证监会，供投资者查阅。现行规范信息发行披露的规范性文件主要有：2006年发布的《公开发行证券的公司信息披露内容与格式准则第1号——招股说明书》；2006年发布的《公开发行证券的公司信息披露内容与格式准则第11号——上市公司公开发行证券募集说明书》。发行信息披露文件主要有招股说明书和募集说明书。

1. 招股说明书

招股说明书是发行人发行股票时，依法向社会公众披露的专门表达募集

❶ 陈洁. 证券法［M］. 北京：社会科学文献出版社，2006：123.

股份的意思并载明有关信息的最基本的必备书面文件。从法律属性而言，招股说明书是要约邀请而非要约。[1] 当发行人获准发行股票后，应首先公布招股说明书，由投资者认购股份和支付款项，后由发行人根据认购情况分派股票。因此，在股票发行过程中的各种行为性质依次为：要约邀请、要约、承诺。

招股说明书在报经证监会核准之后才产生法律效力，在核准之前，招股说明书处于效力待定状态。发行人只能公布经核准的招股说明书，并且在被证监会核准之前，发行人不得公开发行证券的有关信息，更不得事先认购股份。

招股说明书摘要是简要介绍招股说明书的主要内容以增强信息传达能力的法定披露文件，目的仅在于向公众提供与本次发行有关的简要情况。招股说明书摘要属于引导性阅读文件，不具有法律约束力。《招股说明书准则》第三章对招股说明书摘要的内容和格式作了详细的规定，包括应具备的详细内容、必备记载文字、文本长度和披露程序等。

2. 募集说明书

募集说明书是上市公司发行证券时须依法披露的主要文件，不仅适用于上市公司增募新股，也适用于上市公司发行债券。募集说明书是配股说明书、增发招股说明意向书、增发招股说明书、可转换公司债券募集说明书、分离交易的可转换公司债券募集说明书及摘要的统称。目前规范募集说明书披露的主要文件为证监会于2006年发布的《公开发行证券的公司信息披露内容与格式准则第11号——上市公司公开发行证券募集说明书》。特殊行业的发行人编制募集说明书及其摘要，还需遵守证监会关于该行业信息披露的特别规定。

（三）证券信息的上市披露

证券发行申请获批后，获准上市的公司必须在其证券上市之前制作上市公告书。上市公告书是公司股票上市前信息披露的重要文件，其内容与格式须按中国证监会发布的《公开发行证券的公司信息披露内容与格式准则第7

[1] 《合同法》第15条。

号——股票上市公告书》的规定编写。

（四）证券信息的持续披露

持续信息披露又称继续公开，指证券在交易所上市交易后，上市公司和其他法律规定的信息披露义务人将影响证券价格的重大信息，按照法律规定的方式予以持续公开的法律制度。持续信息披露包括定期披露和临时披露两种方式，主要以定期报告和重大事件临时报告为信息披露的载体，定期报告包括年度报告、半年度报告、季度报告。我国《证券法》规定了年度报告和半年度报告，但没有规定季度报告。

定期披露的主要方式是公布定期报告，定期报告是上市公司公布其财务状况和经营状况的文件。

年度报告的内容和形式主要规定在《证券法》第66条。半年度报告又称中期报告，指公司于上半年度结束后一定时间内提交并公开的反映公司在该会计年度内前6个月的财务经营状况的文件。中期报告的内容和形式与年度报告大致相似，其目的在于通过公告年度报告公布后公司财务经营状况的最新变化，将上市公司的最新信息披露出来。

（五）证券信息的临时披露

证券信息的临时披露是指在上市公司发生了可能影响其证券的市场价格和影响投资者决策的重大事件时，上市公司应当立即向证券主管机关提交并向社会公开说明事件实际情况的制度。临时报告是临时信息披露的主要文件。临时报告的主要功能在于弥补定期披露下的信息披露滞后问题，以满足信息披露的及时性原则的要求。

《证券法》第67条较为系统地规定了证券信息临时披露制度，明确了临时披露的两个标准：一是重大标准；二是及时标准。重大标准是是否必须进行临时披露的实质标准，及时标准是临时披露的形式标准。证券信息临时披露的重点和难点在于如何界定“重大事件”。一方面，上市公司所发生的事件是否构成重大事件，不可一概而论，需根据上市公司的个别情况综合判断；另一方面，临时信息披露对于上市公司而言，确是一把“双刃剑”，需要在投资者知情权保护与上市公司商业秘密保护之间取得平衡。从实践来看，各国证券立法主要从“证券价格变化”和“投资者决策影响”这两个因素来界定某一事件是否构成重大事件。不同之处在于有的立法采用单一标准，有的立法采用双重标准，在采用双重标准的立法例中，有的规定需叠加适用，有的规定只要选择适用即可。其中，美国对重大事件采用较为宽泛的双重标准，即同时将“投资者决策影响”与“证券价格变化”作为判断标准，但二者之间是选择适用关系。只要符合二者之一即构成重大事件，即产生临时信息披露的义务。日本证券法采用“投资者决策”的单一标准。根据《证券法》第67条的规定，我国采用的是“价格变化”的单一标准，该条通过列举与归纳的立法技术将具有典型意义的11类重大事件明确为上市公司必须进行临时信息披露的情形，并通过兜底条款赋予国务院证券监督管理机构对重大事件的确定权力。

我国证券法规定了上市公司有应当立即将有关重大事件的情况报告并予以公告和说明的义务，但对“立即”没有进行立法上的明确。考虑到临时信息披露的主要制度目的在于保护投资者在不可预料的突发事件面前的知情权，有必要对“立即”作出较为严格的解释，以尽可能地缩短信息处于非公开状态的时间。

（六）预测性信息披露

我国现行证券法信息披露制度所规范的主要是与证券价格有关的信息中的“硬信息”的披露。所谓“硬信息”，是指对公司的经营活动已经发生的或正在发生的客观事实的描述性陈述。[1] 除了这类描述性信息，与公司证券价格和投资者投资决策有关的信息还包括对公司的经营盈利、发展规划和某些重大事件的预测性和前瞻性信息，这些“软信息”在某些情况下也有披露的必要。软信息与硬信息最显著的区别在于主观判读和判断在信息形成过程中的地位和作用。硬信息是对公司过去情况的客观性描述，因此较容易确定这类信息的真实性，而软信息在相当程度上取决于公司或有关主体对于公司未来事项的主观预测估计，其真实性和可靠性往往难以把握。“如果说信息披露所创造的公司形象就是一个影子，那么软信息告诉人们的却可能是一种夸大的无生命的甚至有时是扭曲的形象。”[2] 软信息的这种不确定性或或然性

---

[1] 周有苏. 新证券法论［M］. 北京：法律出版社，2007：397.

[2] 齐斌. 证券市场信息披露法律监管［M］. 北京：法律出版社，2000：177.

正是其长期游离于传统强制性信息披露制度的主要原因。在目前我国硬信息披露已经基本与国际实践接轨的情况下，有必要通过某种方式将一定范围内的软信息纳入现行信息披露体制或者构建专门的软信息披露制度。

从我国现有的关于软信息披露的零星立法来看，有可能被披露的软信息主要包括与发展规划和盈利预测有关的信息。[1] 发展规划与盈利预测被当作软信息对待是由规划实施中的不确定性和风险性，以及公司经营中可能出现的不可预计的经营风险或非经营性风险和会计数据的滞后性决定的。这两类信息由于无法满足强制性信息披露对信息真实性的要求而不能被纳入强制性披露体制。但关于公司发展规划和盈利预测的信息对于投资者的决策又非常重要。在没有强制性披露要求的情况下，公司出于报喜不报忧的动机，将理性地选择披露对公司的股价提升和吸引投资者有利的消息而隐瞒相反的消息。因此，让软信息完全脱离信息披露制度的监管并不利于保护投资者的利益。对公司作出软信息披露的强制性要求并不可取，原因在于：一方面，要求公司对不完全确定的信息承担可能的披露不实的责任可能造成对公司的不公平，另一方面，也与强制性信息披露中对信息真实性的法律要求不符。因此，各国多通过自愿性信息披露制度实现对软信息的监管，这种模式的关键在于能够提供某种激励机制和免责机制引导公司将好的和不好的软信息都披露出来，而不仅仅是选择性披露。

（七）信息披露豁免

尽管已经有各种理论为实行强制性信息披露的正当性提供了充分的论证，并为证券市场提供证券商品的上市公司获得了便利融资的对价，但不容否认，强制性信息披露实质上是迫使作为证券商品提供者的上市公司在冒着泄露自身商业机密的情况下，负担着交易所需的绝大部分信息成本。在这种情形下，有必要建立某种制度对相关程序予以简化，从而在减轻公司的信息成本和保护公司的商业机密与投资者知情权保护之间实现利益平衡。美国立法上的证券发行登记豁免制度在这方面进行了有益的尝试。

证券登记豁免制度指“ 国证券监管机关为了平衡保护投资者与便利筹

[1] 这些立法有：《股票发行与交易管理暂行条例》《上海证券交易所股票上市规则》《深圳证券交易所股票上市规则》《上市公司证券发行管理办法》《首次公开发行股票并上市管理办法》等。

资者之间的利益冲突，对于安全度可以保证的证券的减轻或免于审核的法律制度”[1]。

三、证券信息违法披露的民事责任

在强制性信息披露模式下，按照法律规定的标准、程序和时限将与证券价格和投资者决策有关的信息予以披露是披露义务人的法定义务。披露义务人往往出于利己的动机或由于疏忽构成故意或过失违反信息披露的义务。违反行为通常表现为四种形态：虚假陈述、重大遗漏、误导性陈述和不正当披露。这些行为分别违反了信息披露所要求的真实性、完整性、准确性和针对信息披露的程序与形式的要求。除了这四种典型行为外，其他许多违反信息披露义务的行为如欺诈、内幕交易、操纵市场和欺诈客户等也往往与不当披露信息或滥用信息行为有关，但这些行为的主体多数表现为信息披露义务人以外的其他主体，因而可被归入衍生性信息披露违法行为。鉴于信息披露制度主要规范信息披露义务人的披露行为和披露义务人与投资者之间的权利义务关系，因此此处仅讨论披露义务人直接违反披露义务的行为及可能承担的责任。

违反信息披露义务将导致民事责任、行政责任甚至刑事责任。就投资者利益保护而言，由信息披露义务人以赔偿或其他民事责任形式承担违法披露行为的责任将是对因义务人违规披露而遭受损害的投资者最佳的救济。“证券民事责任处于整个证券法律责任体系的核心地位，也是证券法律责任体系完善的重点所在。”[2]

（一）信息披露民事责任的理论基础

投资者与发行人和其他披露义务人之间不存在纵向监管关系，而是基于信息提供与利用形成的平等的民事主体间的权利—义务关系，义务人违法披露证券信息实质上是对自身民事义务的违反，民事义务根据其来源不同主要表现为合同法上的义务和侵权法上的义务。因而，在未就证券信息违法披露所导致的责任专门立法的情况下，披露义务人对投资者承担责任的义务基础

[1] 周晓刚. 美国证券发行注册豁免制度研究［J］. 证券市场导报，2001（4）.

[2] 侯水平. 证券法学［M］. 武汉大学出版社，2009：334.

仍可根据不同情形从合同法或侵权法的规定获得。

1. 合同法基础

合同关系是证券发行、证券交易和证券服务中的基本民事法律关系，主要包括证券保荐合同关系、证券承销合同关系、证券交易委托合同关系、证券认购合同关系和证券服务合同关系等。就信息披露制度而言，合同法适用于证券一级市场中的证券发行人与证券认购人之间的证券认购合同并无理论上的障碍。但在二级市场上，因为发行人并没有直接参与到证券交易法律关系中，投资者以违反合同为由要求发行人承担违法披露行为的民事责任并不现实。

投资者依据合同法可能获得的方式主要有两种方式，包括解除合同并返还财产和请求损害赔偿，这两种方式既可单独适用，也可结合适用。

发行人信息披露构成虚假陈述、重大遗漏、误导性陈述的，当事人可根据合同法上关于意思表示瑕疵的规定解除合同或根据缔约过失理论请求赔偿。证券法确定信息披露的标准目的在于为投资者是否认购公司发行的证券提供决策基础。招股说明书的主要功能在于为投资者提供判断公司股票价值、确定股票价格的有关信息，这是投资者发出认购要约和签署认购合同的事实基础。在发行人以欺诈的故意违法披露证券信息时，投资者与发行人之间的合同基础被动摇，投资人所做出的认购股票的意思表示因不可归责于自身的原因出现瑕疵。这时如果强制要求投资人继续履行认购合同，将形成对投资人的极大不公平。因此投资人应当有权解除合同，并要求赔偿损失。发行人因疏忽大意未能按照证券法要求的标准披露信息时，实质上违反了合同订立过程中的谨慎义务，同样导致投资者认购意思的重大瑕疵，投资人也应当有权解除合同，从先前的认购行为中解脱出来。投资人无意识违反信息披露规范的，因发行人主观上过错较轻，投资者可要求解除合同，但不能请求损害赔偿。

投资人解除合同的，投资人与发行人互负返还义务，即发行人应当“按照发行价并加算银行同期存在利息”返还当事人。投资人有损失的，发行人还应当赔偿损失。

2. 侵权法基础

在合同法之外，投资者还可以根据侵权法向发行人要求损害赔偿，相对于合同法对因信息违法披露遭受损失的投资者的保护理论依据更为充分，范围更为全面。首先，尽管合同法理论可从意思表示瑕疵、缔约过失和合同条件保证等角度将发行人与投资者在一级市场的债权认购行为解释为合同中的要约邀请和要约——承诺关系，并为受害的投资者提供解除合同和请求赔偿的救济，但合同法理论无法为与发行人没有直接合同关系的二级市场的投资者提供救济。其次，如果将发行人的披露义务解释为其依据证券法承担的法定义务，而非根据认购合同承担的合同义务的话，那么即使在一级市场上，投资者依据合同法理论寻求救济在法理上也会存在障碍。最后，在发行人因违反证券法的形式和程序要求不当披露信息时，从合同法理论解释投资者的请求权基础并不恰当，但从侵权法角度解释则更为顺理成章。因此，侵权法不仅能为一级市场的认购债权的投资者，而且能为二级市场中因发行人的欺诈和过失不实陈述行为遭受损害的投资者提供更为全面的保护。

（二）违反信息披露民事责任的构成

尽管合同法的理论能帮助我们更为全面地理解违法债券信息披露所引起的民事责任，但信息披露民事责任从性质上说仍然是侵权责任。一般意义上的侵权责任构成要件主要包括主观过错、违法行为、损害后果和行为与后果之间的因果关系。但信息披露的侵权责任构成要件还应包括特殊的侵权主体，因为侵权主体是将信息披露侵权责任与一般侵权责任区别开来的主要要件。

1. 主体

信息披露民事责任的主体指因未按证券法的要求履行信息披露义务而应当承担民事责任的公司和有关个人，其外延需根据信息披露行为所处的阶段和其在信息披露中所处的地位不同确定。

一般而言，信息披露民事责任主体的主观方面需要存在故意或过失，但在某些特殊情况下对特定主体适用无过错责任。就信息披露义务人而言，只要其在招股说明书中存在虚假记载、误导性陈述或重大遗漏，使投资者在证券交易中遭受损失即可，而与发行人是否有主观过错无关。

2. 侵权行为

责任人的侵权行为是指在证券的发行和交易中所实施的与信息披露有关

的虚假陈述、误导性陈述和重大遗漏行为，统称为不实陈述。

3. 损害事实

损害事实的存在是信息披露民事责任的重要构成要件，无损害事实存在，就不能成立民事责任。信息披露民事责任中的损害限于在证券发行和交易中因披露义务人不实陈述所导致的个人或群体性财产损害。

4. 因果关系

损害事实与侵权行为之间的因果关系是所有侵权责任的必要构成要件。信息披露民事责任上的因果关系指违反披露信息行为与投资者所遭受的财产损失之间的引起与被引起关系。在信息披露民事责任中，因果关系的判断相当复杂，投资者往往面临取证困难。因果关系的认定是信息披露民事责任认定的主要难点。

（三）虚假陈述的民事责任与民事诉讼

虚假陈述是证券信息违法披露最典型的表现形式，也是对投资者利益保护和市场秩序危害最大的行为。虚假陈述与证券市场的大量违法行为有着千丝万缕的关系，是证券欺诈的核心与根源，也是证券信息披露监管的重点领域。完善因虚假陈述引起的民事责任制度对于保护投资者的知情权和避免投资者受到虚假陈述的恶意伤害意义重大。

就虚假陈述作出明确定义非常困难，但可以肯定，我国证券市场上的若干行为实质上已经构成虚假陈述。我国证券法中管制虚假陈述的依据主要有2002年颁行的《禁止证券欺诈行为暂行办法》，其中将虚假陈述的行为类型概括为不实陈述、严重误导诱导程序、重大遗漏以及任何形式的虚假陈述。最高人民法院2003年颁布的《关于受理证券市场因虚假陈述引发的民事侵权纠纷案件有关问题的通知》第17条将虚假陈述的行为类型界定为虚假记载、误导性陈述或重大遗漏和不当披露的行为。尽管学界对是否应将不当披露行为纳入虚假陈述的范围仍有争议，但虚假记载、误导性陈述和重大遗漏属于虚假陈述的范畴已成通说。

对虚假陈述实施法律管制一方面是因为以虚假方式披露的证券信息从根本上违反了证券法的公开、公平、公正原则，也违反了信息披露的真实性原则和准确性原则；另一方面虚假陈述也表明了信息披露义务主体在披露行为上存在主观上的恶意或重大疏忽。

1. 虚假陈述的重大性标准

信息披露义务人和其他有关人员因虚假陈述承担民事责任的依据在于他们所披露的虚假信息对投资判断证券价格和作出投资决定具有重大影响。事实上，要确定一则信息是否对证券价格和证券投资行为构成重大信息实不容易。实践中确定何为重大信息时，一般采用价格标准和投资者决策标准。确定重大性标准时需在平衡披露义务人的信息成本和投资者权益保护之间谋求平衡点。

2. 虚假陈述的主体

我国证券法中确定了对虚假陈述承担责任的主体范围，根据《公司法》《证券法》和有关文件的规定，可能因虚假陈述承担民事责任的人为：发行人、发行人高管、保荐人、承销的证券公司、发行人或上市公司的控股股东和实际控制人等。

3. 抗辩事由

抗辩事由又称免责事由，是指发行人或其他主体可根据法律规定就已经发生的虚假陈述事实主张自己无须承担责任的事实。我国现行证券法没有规定发行人的抗辩事由，即只要在信息披露文件中存在虚假陈述，在满足其他构成要件的前提下，发行人必须对投资者的损害后果承担赔偿责任；对于发行人的董事、监事、高级管理人和重要职员，如果不能证明自己对信息公开文件中的虚假陈述没有过错，就应当与发行人承担连带责任；证券承销商、会计师、律师和其他辅助证券发行的专业人员可通过证明不知悉发行文件中的虚假陈述的存在以及已尽到相当注意义务和确信发行披露文件中的主要内容无虚假记载和隐匿来进行抗辩。

4. 虚假陈述民事诉讼的特别规定

因虚假陈述受到损害的投资者可向人民法院提起诉讼，维护自身权利。根据《证券法》和最高人民法院《关于审理证券市场因虚假陈述引发的民事赔偿案件的若干规定》的内容，因虚假陈述引起的诉讼是指证券市场投资人以信息披露义务人违反法律规定，实施虚假陈述并导致其遭受财产损失为由，向人民法院提起的损害赔偿诉讼。

（1）原告与被告

原告指在证券市场认购和交易的、因证券信息披露文件中的虚假陈述而遭受损失的自然人、法人和其他组织。被告指违反证券信息披露义务、实施虚假陈述的发行人和上市公司，以及其他对信息披露文件中的信息的真实性、准确性和完整性负有保证责任的法人和自然人。

（2）程序与诉讼方式

《关于审理证券市场因虚假陈述引发的民事赔偿案件的若干规定》中规定投资者提起虚假陈述赔偿诉讼需以有关行政程序或司法程序为前置程序的要求。这项规定长期以来备受争议，有学者认为，“对证券民事违法行为的认定不应以证监会的行政处罚和法院的刑事审判为前提，是否违法应当由法院独立判定，否则就可能剥夺受害人获得司法救济的权利”[1]。因虚假陈述受损害的原告既可以单独起诉，也可以共同诉讼的方式起诉，但不能以集团诉讼的方式提起诉讼。

（3）诉讼时效

在因虚假陈述提起的民事诉讼中，因存在法定前置程序，导致这类诉讼中诉讼时效的计算在一定程度上依赖于行政行为或司法行为的确定。最高人民法院《关于受理证券市场因虚假陈述引发的民事侵权纠纷案件有关问题的通知》第 3 条规定，虚假陈述民事赔偿案件的诉讼时效为 2 年，从证券会及其派出机构对虚假陈述行为做出处罚决定之日起算。这一规定在法理上存在问题，因为普通诉讼时效起算日应当以受害者知道或应当知道其权利受到损害之日起，但在虚假陈述程序诉讼中，却以行政或司法行为替代了知道或应当知道的判断标准。

第四节　金融业混业经营监管问题研究

随着金融市场的不断创新，混业经营以其独特的优势逐渐成为国际金融业发展的主导趋势。在此潮流引领下，混业经营也必将是我国金融业的发展趋势。然而，近年频发的国际金融危机表明，在我国金融体系尚未发育完全

[1] 华强. 投资者保护做得好，资本市场就发展得好［N］. 证券时报，2002-6-24.

和混业经营经验欠厚实的现实条件下，混业经营的监管难题将可能是我国金融业迈向混业经营面临的巨大挑战。因此，探索如何在有效防范金融风险的前提下审慎、有序和安全地推行我国金融业经营模式的转变，对于我国金融业的持续健康发展具有重大意义。

一、金融业混业经营概述

（一）金融业混业经营概念

金融业是一种以金融机构为中心，以货币和金融工具为营业对象的产业，包括银行、证券、保险、信托四个子行业。理论上，金融业的经营体制可划分为分业经营和混业经营。

分业经营指金融业的各个子行业相互隔离、独立经营，核心业务界限分明。与分业经营不同，混业经营指银行业、证券业、保险业、信托业等金融业各子行业间相互交融、彼此联合的经营体制。混业经营涉及形式和程度两个方面，通常包含三层含义：①各子行业的经营机构之间相互代理金融产品，互无产权关系，即相对初级层面上的混业。②金融业务的混合与交叉，即一个金融法人可同时开展包括银行、证券、保险和信托在内的多种金融业务。德国的全能银行是混业经营的典型代表，一个法人持有多种金融业执照并经营多种业务。③金融控股权的混合，“多个法人，多种业务”，即由一个金融控股企业通过设立多个子公司的方式，以集团公司的名义经营各种金融业务。美国为这一模式的典型代表。

（二）混业经营与分业经营比较

两种经营体制各有利弊，对比如下：

分业经营的支持者认为，分业经营有利于降低经营风险，维护金融业的安全与稳定，避免混业经营可能引发的利益冲突和导致投资者利益受损。

混业经营的支持者认为，混业经营扩大了经营范围，有利于实现规模经济；混业经营拓展了金融创新的空间，增强了金融服务能力，从而提高了资源配置效率和金融机构的竞争力。而分业经营使得各个子行业各自局限于自己固有的业务，实行分业经营体制无疑是一种损害效率的“画地为牢”的桎梏。

（三）混业经营是大势所趋

混业经营模式兴起于19世纪的西方银行业。彼时，为了满足工业化对金融产品的需求，美、德、英、日诸国都推行银行混业经营制。20世纪30年代，一场波及全球的金融危机使得许多国家改变了混业经营体制，分业经营成为主流模式。20世纪80年代后，金融业竞争日趋激烈，对金融业的管制亦有所松动。金融业的技术化、信息化推动金融企业进行重大金融创新，以提高自身竞争力。混业经营模式的规模效应、金融风险分散功能及节约交易成本的优势日益凸显。混业经营引发的金融创新使研发出来的金融产品兼具多个行业的特质，模糊了各金融子行业的界限与差别，促进了各类金融业务的交融与渗透。从1986年起，英国恢复混业经营体制，随后日本也重新推行混业经营。美国于1999年出台《金融服务现代化法案》，规定金融控股公司可以兼营银行、投资、保险等多项业务，标志着银行、证券、保险分业经营格局的终结。美国也自此走上了混业经营之路。2000年年初，美国国会通过了《金融服务现代化法（实施细则）》，全面推行混业经营体制。

二、我国金融业混业经营模式选择

（一）我国金融业经营模式现状

我国自20世纪70年代末实行改革开放以来，金融业经营模式大体上经历了三个发展阶段：初级混业经营阶段、严格分业经营阶段以及分业监管下的分业、混业经营并存阶段。目前，我国银行业、保险业和证券业分别在中国银监会、保监会和证监会的监管下从事法律规定业务范围以内的经营。从理论上说，除法律允许范围内的交叉经营外，混业经营被一般性地禁止。但实践中，这种严格的混业禁止事实上正日趋松动。例如，央行在1999年8月曾出台法规，允许符合条件的券商和基金公司进入银行间同业拆借市场；同年10月，证监会和保监会决定同意保险资金进入股票市场。同时，我国《商业银行法》《保险法》《证券法》都对金融机构在中国境内的分业经营发展作出了相关规定。为适应日趋发展的混业经营趋势，各国有商业银行开始积极探索在现有法律框架下开展混业经营的途径与模式，如通过在海外成立、收购或以合资的方式设立非银行子公司。1996年，中国建设银行和摩根史丹利合资成立“中国国际金融有限公司”，中国建设银行拥有40%的股份，在境外从事投资银行业务；1998年，中国工商银行与香港东亚银行共同控股成立“工商东亚金融控股公司”（ICEA），开展我国香港地区和内地的投资银行业务。中国人民银行行长周小川在《第一个五年计划的建议》中提出“稳步推进金融业综合经营试点”的目标。2005年，我国正式提出要稳步推进金融业混业经营的试点，并且在金融业立法方面进行了一些修改，这无疑为进行混业经营试点预留了法律空间。2006年，多家商业银行设立了基金公司、保险公司参股银行，跨行业的金融产品也日新月异。我国金融业正在由严格的分业经营时代发展演变为分业经营体制之下的“分合并存”时代。

（二）我国金融业走向混业经营的必然性

如前所述，20世纪90年代以来，全球范围内推行金融业混业经营的趋势方兴未艾。混业经营的国际潮流及全球金融一体化进程的推进决定了我国金融业必将走上混业经营的道路。我国金融业走向混业经营的必然性除了顺应国际金融业发展的一般趋势外，还与我国自身经济发展的特点息息相关，主要表现在以下几个方面：

1. 我国经济发展的内在需求

由于推行分业经营体制，我国金融机构长期以来经营效率较低。例如，多数商业银行的业务范围及盈利空间仅限于资产负债业务，无法为客户提供整套、综合性金融业务，这也提高了银行的经营成本；同时，保险业投资渠道狭窄，巨量保险资金不得不沉睡在银行或被用于购买国债等固定收益产品；而证券业由于分业经营限制，缺少银行和保险公司等优质战略性机构投资者。信托业也因分业经营限制无法参与诸多盈利业务，仅靠信托理财等传统业务形式难以立足于竞争日趋激烈的金融市场。

显而易见，分业经营模式已经成为我国金融业发展的绊脚石。新媒体时代和网络科技的迅猛发展为金融机构的创新能力提供了难得的时代背景和技术支持，实行混业经营模式的时机日渐成熟。混业经营带来的规模经济效应和风险分散功能将大大提高金融机构的竞争力，这也将是金融机构追求利润最大化的理性选择。

2. 深化金融改革和提升国际竞争力的需要

实行混业经营不仅是国际潮流和大势所趋，也是我国深化金融改革和提升我国金融业国际竞争力的迫切需要。

随着我国金融业与全球金融体系融合程度的不断提高，为实现中国经济走出去的战略设想，我国金融机构将适时推出全球化金融产品。在金融业深化改革的背景下，金融市场将不断发育成熟，监管水平亦将逐步提高。允许设立金融控股公司，推动金融业向混业经营模式转变将成为我国金融业未来发展的必然选择。从国际环境看，随着国际金融市场的一体化以及互联网技术的发展，各金融机构将相互进入对方的经营领域，为社会提供更广泛和更高水平的金融服务。在此国际大背景下，我国的分业经营格局将面临越来越大的竞争压力。因此，积极推进混业经营，释放金融机构内在的创新冲动，对我国金融业来说既是改革金融产业的需要，也是应对国际金融业竞争的需要。

二、国外金融业混业经营的监管体系比较

从整体上说，国际金融业当前正处于从分业经营模式到混业经营模式演变的转型期。为此，多数国家与地区正在积极探索适合本国国情的金融监管模式。英国和美国这两个国家的金融监管体制及其变迁显著地表现出这一趋势，两国的经验对我国金融业混业经营发展具有极大的借鉴意义。

（一）美国的金融监管体系

1. 美国多层面金融监管体制

美国金融监管体系大致形成于20世界30年代经济危机期间及其后一段历史时期。1933年《格拉斯—斯蒂格尔法》在商业银行与投资银行之间设立的业务隔离墙初步确立了分业经营格局。70年代末以来，金融自由化改革推动金融业不断创新，金融业务相互融合和渗透的趋势加剧。美国于90年代出台的《金融服务现代化法案》消除了银行、证券、保险业在业务上的限制性隔离，允许金融控股公司通过设立子公司的形式开展多种业务。与金融市场这一变化相适应，金融监管的对象逐渐由机构监管转向业务和产品监管。美联储的伞形监管者角色由此确立。即美联储作为伞形监管人，负责综合监管金融控股公司的整体运作情况，而控股公司的子公司则根据其业务分类由各具体职能部门监管。

伞形监管最大的特点就是“双线多元监管”。其中，“双线”指金融监管权被同时配置给联邦与各州政府；“多元”指各领域的监管职责由多个监管机构分别承担。同时，这种监管体制强调在不同监管机构间实现信息共享，即要求伞形监管者和功能监管者之间相互协调、共同配合，表现在以下三个方面：①各监管机构之间有责任相互提供必要的监管信息并有效地利用既有的信息；②当各监管机构行使自身领域内的监管职权时，如该职权的行使可能涉及其他监管机构的事务时，应当事先做好沟通协商；③各监管机构还应当遵守相关领域的法律法规、建立冲突解决机制，妥善处理潜在的监管冲突。

但是伞形监管体制也表现出若干弊端。首先，各监管机构之间的监管理念和所适用的监管规则存在差异，可能造成监管标准不一，导致对金融创新产品监管缺位，滋生经营机构通过监管获利的冲动；其次，监管机构数量太多，易造成机构重叠，致使监管成本过高，降低监管效率。

2. 次贷危机与美国金融监管体制改革

2007 年爆发的美国次贷危机和 2008 年席卷全球的金融海啸，深刻暴露出美国的伞形监管体制固有的种种弊端，推动了美国对自身的监管体制进行反思，并由此开始全新的金融监管体制法律改革。2009 年，美国政府颁布了《金融监管改革——新基础：重建金融改革》，这一改革方案是美国开始全面改革金融管理体制的第一步。当时的美国总统奥巴马于 2010 年 7 月签署生效的《华尔街改革和消费者保护法》标志着美国金融监管改革立法初步完成。

该轮金融改革法案的主要内容包括：①设立新的金融稳定监督委员会，由其承担监测和处理威胁国家金融稳定的系统性风险的职责，以期弥补监管空白、促进各监管机构间的政策协调及部门之间的合作。②赋予美联储更大的监管权。根据新法案，美联储的监管范围扩大到可能对金融稳定构成潜在威胁的所有金融机构，并可对大型金融公司实行强化持续性监管，实施更严格的监管标准监管金融机构的设立。③设立消费者金融保护局这一新的监管机构，通过赋予其决策权和部分执行权，以实现对提供信用卡、质押贷款等消费者金融产品及服务的金融机构实施监管。④强调对金融机构的全面监管。对金融衍生品的场外交易实行全方位监管，除要求绝大部分金融衍生品必须在公开交易场所交易外，禁止银行间、银行与客户间发生金融衍生品交易，监管范围包括交易行为和出售产品的企业。⑤强化对信用评级机构的监管。

（二）英国金融监管体系

1. 混业经营、统一监管制度体系

英国金融市场自“金融大爆炸”之后，一直由多元化金融集团所把持。在金融集团内部，各类金融业务相互渗透，业务界限日趋模糊甚至消失。为适应金融机构集团化、综合化和全能化的发展需要，英国于1997年在证券投资委员会的基础上，通过合并银行监管权和投资服务监管权，新设立了金融服务局（Financial Service Authority，FSA）。根据2001年12月生效的《2000年金融服务与市场法》，英国金融服务局取代原有的9家独立的监管机构，成为英国金融市场的统一监管者，行使对整个金融市场实施监管的权力。

英国所确立的这种单一监管体制是一种高度统一的监管模式，有利于形成跨产品、跨机构、跨市场的协调监管。其优势在于：①节约监管成本。统一监管可以节省重叠设置监管机构和重复监管执法的成本。②优化监管资源配置。统一监管可以实现监管资源在监管机构内部的高效配置，有助于监管信息资源的充分共享，并妥善协调各种监管意见和建议，使监管更有效。③强了对金融创新的适应性。统一的监管体制可以快速适应混业经营日新月异的新业务，有效地避免监管真空。但统一监管体制也表现出了监管权力过大易导致权力滥用和官僚主义倾向的缺点。

2. 次贷危机与英国监管体制改革

2007年由美国次贷危机引发的全球金融危机也对英国造成极大的冲击。为有效地应对金融危机，英国政府开始了一系列金融监管改革。英国议会于2009年2月通过的《2009年银行法》即为加强行业监管、维护银行市场稳定的主要举措。其主要内容为特别决议机制（Special Resolution Regime，SRR），即通过建立金融稳定委员会，扩大英格兰银行维护市场稳定的权力，完善金融服务赔偿计划，以实现维护金融稳定的目标。2009年7月英国公布的《改革金融市场白皮书》中提出的多个方案均旨在加强政府监管能力，以

更好地应对金融风险可能带来的冲击，其主要内容包括：①在坚持统一监管的前提下，扩大金融服务局监管规则制定权；②成立金融稳定理事会（Council for Financial Stability，CFS），取代原先的常委会，对金融风险进行分析和检查；③强调审慎性监管，控制系统性风险；④强调保护金融消费者利益，提高金融消费品的透明度，确保消费者能够获得所需的金融服务。

（三）两种监管模式比较

美国和英国的混业经营及监管方式各具特色，这是两国根据自身国情和制度环境选择的结果，这两种模式都是经营体制和监管体制协调统一的产物。二者的主要区别如下：

1. 两种模式所体现的效率不同

英国成立了统一的金融监管机构英国金融服务监管局（Financial Service Authority，FSA），行使对银行、投资公司、保险公司的审批和审慎监管权力，同时对金融市场、清算和结算体系也负有监管职责。这种机构设置和权力配置在一定程度上是监管效率的有力保障。而美国实行的多层面监管体制对监管机构之间的有效协调提出了严格的要求，其监管效率和监管效果在相当程度上取决于不同监管机构之间的信息共享。

2. 两种模式对内部控制的要求程度有异

英国成功向“全能化银行”模式过渡的关键在于英国金融机构长期以来严格奉行的自律传统所带来的有效内部控制，这也是构建统一监管体系所需要的良好基础。而长期以来，美国金融机构的内控规则相对较弱。有鉴于此，近年来，美国金融监管当局不断要求强化金融集团的内部控制，在特定情形下，甚至直接向金融机构派驻监管人员。

3. 两种模式的监管目标不同

英国的监管目标主要是推动各金融部门继续良好发展，以确保形成开放的金融市场体系，而美国模式的目标在于确保金融部门的稳健性。

长期以来，困扰我国金融业发展的核心问题之一在于国有产权安排下金融主体的高风险偏好导致的金融机构内部自律控制弱化乃至缺失。在此情形下，如果过度依赖金融公司的内部自控，则极有可能出现金融风险的交叉传递和蔓延，导致破坏正常金融秩序和引发新的金融危机危害后果。因此，在现有的金融环境和监管条件下，我国的金融监管应在参考美国监管模式的基础上，以确保金融部门的稳健性为首要目标。同时积极探索适合我国的监管模式，以强化监管能力和优化职权配置。

三、我国金融监管体制面临的挑战

（一）现行监管体制难以满足金融市场的发展需求

混业监管模式已是金融监管的发展趋势，而我国目前的金融监管体制仍以分业监管理念为基础，与混业监管所要求的风险监管水平仍存在较大差距。因此，我国亟须建立适应金融业未来发展的、完善的金融监管体系。

我国目前实行的分业监管体制虽在一定程度上维护了金融市场的稳定，但未来银行、证券等金融机构数量和业务的发展将在相当程度上使分业监管的不足日益凸显。分业监管使得我国各金融监管机构之间缺乏相互配合，协调能力不强，统筹监管、功能监管、风险监管的意识不够强，存在监管真空与交叉监管的弊端。现行的监管模式未能很好地界定各监管机构之间的监督权力、监管责任与风险的分配。此外，现行监管体制以合规性监管为主，风险监管不足；监管方式上以行政监管为主，经济和法律监管功能发挥不足，难以保障未来混业经营下金融业的安全有序运行和我国金融市场快速发展的需要。

（二）我国现行金融监管范围狭窄，手段单一

按照监管的目的和原则，监管机关都应当能对金融机构的所有业务范围和经营行为实行有效监管，否则便会导致监管缺位与权力真空的窘境。然而，在现行监管体制下，我国监管机构的主要监管行为发生在金融机构的成立和退出阶段，对金融机构业务执行和机构运作的监管则相对较小。监管范围过于狭窄导致难以实现高效监管。同时，从监管方式上看，监管机构主要通过行业监管部门对金融机构实行外部监管，对金融机构内部治理结构完善及内部风险控制的要求过少，监管方式单一，极大地削弱了实际监管效果。再者，分业监管不利于金融监管机构之间的协调和信息共享。尽管我国各金融机构的主营业务有其相对稳定性，但由于金融机构之间业务交叉较多，如

果各金融机构之间不能实现信息共享，将导致监管资源的极大浪费，降低监管效率。由于尚未构建信息共享平台，各金融机构之间无法实现信息共享，这严重阻碍了金融监管行为的高效实施。

（三）我国混业监管经验不足，制度建设滞后

中国金融业现行分业监管体系形成时日尚短。监管主体经验欠缺的事实毋庸置疑。经验不足导致我国的监管机构无法像英、美等发达国家一样实施有效监管，无法针对银行、证券、保险业的各类交错营业行为实施无缝监管，导致金融业实践中违法违规操作层出不穷，严重危及市场的稳定性和安全性。

另外，我国金融监管制度建设滞后。根据2003年9月确立的金融控股公司监管制度，[1] 中国银监会、证监会、保监会分别向其监管对象收集信息和数据并统一汇总、定期公布。这一制度从形式上确立了各监管机构间的信息共建共享与监管合作，但实际运作中暴露出不少问题，比如缺乏对金融控股公司市场准入、内部管理、经营范围的明确规定。同时，各行业监管机构虽然能基本控制各自监管对象的风险，但由于统计口径不一，导致统计数据失真，难以从整体上把握控股公司的经营风险，并导致重复监管和监管真空。

（四）我国金融监管法制环境亟待完善

西方发达国家金融业发展的历史表明，金融业经营与监管模式从分业向混业模式的良好演变依赖于完善的金融法制环境。我国金融法制建设长期以来以分业经营为立法背景。尽管随着银行法、保险法、证券法的陆续颁布，金融活动有了基本行为规范，但现有法律法规仍过于疏漏，针对综合性金融机构的混业经营行为的立法尤其需要根据混业经营的发展需要作出完善和修正，以适应混业经营的趋势。如果在立法上缺乏对混业经营风险的充分预估

---

[1] 金融控股公司主监管制度是指对金融控股公司内相关机构、业务的监管，按照业务性质实施分业监管，而对金融控股公司的集团公司可依据其主要业务性质，归属相应的监管机构负责。该制度为《中国银行业监督管理委员会、中国证券监督管理委员会、中国保险监督管理委员会在金融监管方面分工合作的备忘录》所确立，于2003年9月18日召开的第一次监管联席会议通过。

并确立针对性规范，则难免导致金融秩序混乱，无法切实保护普通金融消费者。

四、完善我国金融业混业经营监管体系的路径构想

分业监管是我国现行监管模式的典型特征。但随着我国金融市场的进一步开放发展，金融业务结构和金融市场结构将发生深刻的变化，银行、证券、保险之间的边界将越来越模糊，未来综合性金融集团的兴起将给金融监管带来巨大的挑战，金融监管体制也必将迎来根本性变革。

金融业的特点在于实践先于立法，传统的金融监管模式势必将无法胜任我国金融机构集团化、综合化、多元化的发展趋势。如果立法上不能未雨绸缪，金融监管体制滞后可能导致的监管缺位极有可能引发系统性金融风险。金融监管机构将被迫面对混业经营和综合经营可能带来的一些系统性风险，如金融控股公司模式下金融机构的资本充足率问题、金融机构内部风险控制机制问题、金融控股公司内部不同业务之间的“防火墙”设置的问题、不同金融机构间的风险传递问题、利益输送问题、关联交易问题以及金融机构间相互投资问题等。

因此，应当适时改革我国的金融监管模式，强化风险管理；淡化分门别类的金融监管，强化综合型的金融监管；淡化监管机构的微观监管职能，强化其宏观监管职能。如此，方能与国际先进的金融监管制度接轨，而这正是完善我国金融监管体制的着力点。

（一）健全金融监管立法体系，为混业经营提供有力的法律保障

20 世纪 90 年代末以来陆续颁布的《银行法》《证券法》《保险法》主要针对分业经营，混业经营受到严格限制，但立法也为混业经营预留了一定的空间。从发展的角度看，根据我国金融业高速发展的现状和未来金融业继续扩大对外开放的要求，应当充分预估未来混业经营对金融风险防范的更高要求及国际金融立法的现状，适时修订现行法律法规，制定、完善金融法律法规，逐步形成科学合理的金融法律法规体系，为我国金融业混业经营与分业经营的融合提供必要的法律保障。在金融业逐步迈向混业经营的进程中，可通过立法明确金融控股公司的法律地位、经营范围和风险控制等，以有效控制和防范金融风险。

此外，完善的法律体系是规范金融主体行为和有效控制金融风险的制度保障，可通过立法对金融机构的稳健经营作出明确的要求，例如，为了防范银行业可能面临的风险，对银行的资本充足率和存款准备金率等经营指标作出强制性规定。也可针对某些高风险领域或金融产品设置市场准入条件，或对某些复杂的金融衍生工具等金融创新行为的风险进行立法规制，以避免因金融机构的高风险行为导致金融混乱。现实中，我国一些金融机构已经开始探索混业经营，而目前基于分业监管的立法体系显然无法适应混业监管的需要。因此，应当建立面向未来混业经营模式的新的立法体系来推进金融混业经营的顺利发展和维护金融行业的稳定及安全，为金融业混业经营提供有力的法律保障。

（二）强化联合监管，推动金融监管体系改革

金融全球化和我国金融业国际化要求我国不断更新监管理念、提高监管水平、完善监管措施。2008 年的全球金融危机表明，监管机构之间的合作和信息共享对于实现提高监管效率和保障金融安全意义重大。因此，应从以下三个方面着手，强化联合监管。

首先，应加强金融监管机构之间的监管合作。我国应当从建立综合监管体系这一目标出发，改革现有的分业监管体系，完善监管机构之间的合作。美国 2008 年爆发的次级债务危机的根源在于其没有建立起与金融机构综合经营相适应的监管体制，监管机构之间缺乏沟通合作。美国金融机构的服务和产品往往跨越银行、证券、保险、信托等多个行业且金融交易链条过长，但却没有任何一家监管机构能够全面掌握信息，并对整个交易链条实行全程监管，因而无法有效地控制系统风险及对潜在金融风险及时发出预警。

其次，在金融控股公司模式下，我国金融业应建立银监会、证监会和保监会等监管机构之间的统筹协调机制，制定重大问题跟踪反馈制度，定期召开联席会议、交流监管信息，加强对金融机构流动性风险、跨行业关联性风险的监测分析，特别应对银行、证券、保险三个行业之间的交叉点实施重点监督，以加强联合监管能力。

最后，应大力推动金融监管体系改革。混业经营时代的金融市场结构将更加复杂、金融业务与产品更加多元化、金融机构的数量和格局将更加庞杂，金融监管机构应据此作出相应调整，以将金融业风险置于可控范围之

内。根据我国的实际情况，建立以人民银行为核心，由银监会、证监会、保监会组成的伞状监管结构将是更为现实的优选方案。在这种监管体系下，人民银行作为总的监管者，承担起综合监管控股母公司和整个金融集团的职责。同时，作为功能监管者，银监会、证监会和保监会分别对属于其监管对象的子公司行使监管权，以此形成与混业经营相适应的、统一高效的监管机制。

（三）平衡鼓励创新和加强监管的关系

2008 年美国次级债务危机归根结底是金融创新背景下出现的监管失灵所导致的。但我国的情况较为特殊，不能因盲目吸取美国的教训而以加强监管的名义扼杀金融创新。与美国不同，我国金融市场面临的主要问题恰恰是金融创新能力不足。这也是当前导致我国金融机构竞争力不强的重要原因。因此，我国应当在辩证认识金融创新的“双刃剑”本质的前提下，深刻把握国际金融创新的经验教训及其内在的逻辑规律，结合我国金融市场所处的时代背景和对金融创新的价值判断，在金融创新和高效监管之间取得平衡。首先，我国监管机构不能因金融市场存在的固有风险和发生过金融危机而因噎废食、遏制创新，而仍应积极鼓励金融创新，在安全的前提下追求金融创新带来的效率。其次，应在科学合理和实事求是的基础上，支持金融机构在风险可控的前提下大胆创新。监管机构应不断提高监管水平和监管能力，促进金融业和金融机构健康高效地发展，充分认识金融创新的内在规律以及金融风险产生、传导、扩散机制，审慎适度地加强对金融创新产品的引导和监管，维护金融创新活力，把握创新和监管之间的平衡。同时，针对混业经营可能产生的风险和混业经营复杂多变的现实，完善监管信息共享机制以及监管部门之间的监管合作机制，探索跨市场交易监管手段，提高监管效率。

（四）构建金融机构内部防火墙和风险预警机制

国际经验表明，在金融控股集团内部建立的“防火墙”制度对防范混业经营体制下金融风险在不同类型业务之间的传递至关重要。防火墙制度有助于防止金融机构内部因关联交易导致的资金流动失控和因风险传导导致整个金融系统陷入困境，因此，首先要优化不同类型业务风险的汇报路径和监控体系，通过严格授权管理控制各类风险敞口。其次，通过建立“资讯隔离墙”禁止或限制跨部门、跨领域的信息传递，以防止信息滥用和内幕交易行为发生。此外，监管部门既需建立长远的金融安全保障机制，也需要形成快速的危机反应和处理意识，通过有效的危机救助途径，及时介入危机性事件，迅速恢复金融市场的稳定，重塑投资者信心。

目前仍需深入研究金融机构破产保护、市场流动性注入、存款保证制度等问题，从立法上为危机救助提供规范性支持保障，以提高金融监管机构的危机应对能力。金融机构也应当针对混业经营模式下的业务特点，健全内部风险管理制度，形成有效的风险预警机制，并强化企业道德诚信建设，合法合规经营，充当合格的、负责任的金融市场主体。

第五章　域外证券法制改革及我国证券法制的协同完善

第一节　美国证券法的最新发展及其思考

一、美国证券法的最新发展概述

美国证券法一般是指美国与证券市场发行及监管紧密相关的证券法律的总称。大致来说，美国的证券法律由各州蓝天法和美国联邦证券法律两大部分组成。各州蓝天法是最早的证券法律，被视为“有牙齿”的证券法，堪萨斯州早在1911年制定的蓝天法最早采用了这一称谓，说明立法者的规范对象是“通过出售蓝天中的建设地块而轻易攫取资财”的发起人。证券交易委员会（Securities and Exchange Commission，SEC）立法对各州蓝天法特别予以保留。[1] 一直到1933年大萧条以前，美国证券法都属于州法范畴。联邦证券法，即SEC管辖的法律系1933年之后以联邦《证券法》为肇始的系列法律。路易斯·劳斯（Loss）和塞利格曼（Seligman）师生认为美国证券委员会SEC管辖八部法律：1933年证券法（the Securities Act）；1934年证券交易法（the Securities Exchange Act）；《1939年公共事业控股公司法》《1939年信托契约法》《1940年投资公司法》《1940年投资顾问法》《1970年证券投资者保护法》《2002年萨班斯—奥克利斯法》。[2] 这些法律为美国证券市场的繁荣与发展奠定了基础。

[1] Loss，Seligman. 美国证券监管法基础［M］. 2007（5）：6.

[2] Loss，Seligman. 美国证券监管法基础［M］. 2007（5）：32.

所谓“最新发展”大体是指2008年“金融海啸”发生以后，尤其2010年《多德—弗兰克法》颁布以后美国证券法所做的一些变动。其思想及制度变化主要体现在最新的2009年6月《金融监管白皮书》和《2010年多德—弗兰克法》的证券法相关部分中。2009年6月《金融监管白皮书》与证券业密切相关的改革措施有：①加强美联储的职权，使其成为系统性风险监管者；②弥补监管空白，将金融衍生品和对冲基金纳入监管体系；③创立“消费金融保护局”，把各监管机构分散的消费者保护职权集中赋予该机构。

多德法案实际上由2009年《华尔街金融改革与消费者保护法》（*the Wall Street Reform and Consumer Protect Act*）和2010年《重塑美国金融稳定法案》（*The Restoring American Financial Stability Act*）两部分构成，二者合称为《多德—弗兰克华尔街金融改革和金融消费者保护法案》（*Dodd-Frank Wall Street Financial Reform and Consumer Protection Act*）。2010年《多德—弗兰克法》由16部分构成，共800多页、1000余条，对包括银行、证券、保险、对冲基金、信用评级机构、交易商、投资咨询机构、会计制度、上市公司等在内的金融体系运行规则和监管架构进行了全面的改革与修订。新监管法案只是确定改革的框架，其实施还有待相关监管当局制订进一步的细则。[1]《多德—弗兰克法案》在开头部分就明确提出了其意义和目的：“本法案旨在通过提高金融体系的透明度，促进其承担应尽的责任，进而提升美国金融体系的稳定性，终止金融机构‘大而不能倒’的状况，防止对金融机构无止境的救助而损害纳税人的利益，保护消费者免受有害的金融服务，以及其他目标。”法案的主要内容涉及八个方面：①加强对消费者权益的保护；②预防系统性金融风险；③改变金融机构“大而不能倒”的状况；④加强金融衍生产品的监管；⑤加强对信用评级机构的监管；⑥加强对对冲基金的监管。该法案被视为是美国证券法的历史性变革，是自格拉斯—斯蒂格尔法案（*Glass-Steagall Act*）（也称作《1933年银行法》）以来里程碑式的法律，可能改变美国乃至世界的金融生态。

---

[1] 董裕平，等，译. 多德—弗兰克华尔街金融改革和金融消费者保护法案［M］. 北京：中国金融出版社，2010.

二、美国证券法改革的几个主要方面及反思

以下从金融证券市场系统性风险防范、证券监管以及证券投资者保护三个方面做一阐述。

（一）金融市场系统性风险防范方面

2009年6月《金融监管白皮书》主要通过加强美联储的职权，使其成为系统性风险监管者来防范金融市场系统性风险。其措施主要包括：①除原有银行外，美联储的监管对象将包括所有可能对金融系统稳定造成威胁的大型金融企业，即“一类金融控股公司”，涵盖了银行、证券、保险等各个领域。②美联储接替SEC对投资银行及其控股公司实施监管；③创立跨行业的“金融服务监管委员会”，弥补交叉监管漏洞，促进政策协调。这些措施反映了美国整个金融法制对系统性金融风险防范的重视。我国学者李扬认为应该注意以下两个方面：①此次金融改革并非管制的回归（对金融与创新还是很宽容）。“新监管法案中诸多言及统一、加强、限制、综合、防范的条款，很容易给人‘国家干预主义的回归’的印象。但若仔细分析体会新监管法案对于现存的金融运行机制，特别是对在危机中备受责难的金融创新的态度，这样看可能更为适当：在提供一套更为完善的风险管理机制的同时，致力于最大限度地保留市场配置资源的基本机制；②是金融监管架构应适应金融体系发展的需要而不是相反。”❶ 吴志攀教授对系统性金融风险的法律反思是根本性的，希望能从根本上反省美国式证券市场法制的问题。他认为，从法律的角度看，对金融危机的分析可以概括为：“实物经济形态下的法律，不适用于虚拟经济形态。其突出表现为以下四点：其一，运用金融衍生工具而导致杠杆比例过大的投资银行不应当适用有限责任的原则；其二，投行高管与公司之间不应当适用传统的代理法律关系；其三，投行利润极高，纳税的税率也应该相应提高；其四，信用评级公司出具错误的评级报告，要承担相应的法律责任。”❷

❶ 李扬. 适应金融发展需要重塑监管框架［J］. 金融博览，2011（2）.

❷ 吴志攀. 华尔街金融危机中的法律问题［J］. 中国检察官，2009（2）.

（二）证券监管方面

关于证券监管改革方面，目前资料较多。❶ 但对美国证券监管方面进行的比较有见地的反思性文章并不多见。诺贝尔经济学奖获得者约瑟夫·E.斯蒂格利茨在《自由市场的坠落》一书中对美国的金融监管进行了非常有洞见的批评。他说，“在美国的历史上，曾有一段银行没给他人造成麻烦的时期，那就是在第二次世界大战后的25年里，那时，强大的监管发挥了强有力的作用”。而“过去25年里监管失灵的原因，主要与特殊利益集团的政治影响以及鼓吹监管无用论的思想观念两方面因素有关”。❷ 而我国学者李扬则认为，新监管法案的突出特点是终止了美国立法中继续“去监管化”的趋势，重在构建监管架构而非进行实质性管制，重在提供“更好的监管”而非“更强的监管”。❸ 罗培新教授认为应破除金融市场的“唯美主义”迷失，除了从“股东与公司的责任承担方式与虚拟经济形态严重不相适应、实体经济背景下高管与公司的代理关系与虚拟经济严重不适应、法律对金融衍生品信用评级机构和经营者的约束与规训与虚拟经济严重不适应”三个方面强调实体经济背景下出台的法规不适应“虚拟经济”的观点外，他还认为“金融监管的基础性价值”不应让位于做大“市场的目标”，应“运用政治智慧推动金融监管框架的完善”，在立法中须考虑：①金融立法须务实考虑利益集团的影响；②金融执法须降低裙带主义的影响；③彻底反思并重构不适应虚拟经济形态的金融法规。❹ 而具体到证券监管，从其成因来看，应反思美国证券法中的“反监管迷思、执法数字政绩观、监管权术之争”等问题，我国

❶ 可参见李安安. 欧美证券法的最新发展及其对我国证券法制完善之启示［J］. 证券法苑，5；彭岳. 美国证券法域外管辖的最新发展及其启示［J］. 现代法学，2011（6）；朱文忠. 多德—弗兰克法案的历史维度及启示［J］. 国际经贸探索，2011（11）；彭兴庭. 公平、稳定与自由的权衡与协调——《多德—弗兰克法案》述评［J］. 证券市场导报，2010（10）；周卫江. 美国金融监管的历史性变革——评析《多德—弗兰克法案》［J］. 金融论坛，2011（3）；李扬. 适应金融发展需要重塑监管框架. 金融博览，2011（2）.

❷［美］约瑟夫·E. 斯蒂格利茨. 自由市场的坠落［M］. 李俊青，杨玲玲，译. 北京：机械工业出版社，2017.

❸ 李扬. 适应金融发展需要重塑监管框架［J］. 金融博览 2011（2）.

❹ 罗培新. 美国金融监管的法律与政策困局之反思——兼及对我国金融监管之启示［J］. 中国法学，2009（3）.

对此应有警惕之心，注重从“信守监管”的核心价值、完善“冷冻期”规则，降低裙带关系对监管绩效的侵蚀效应、配置惩戒及监管资源，缓解执法捉襟见肘之不利态势与格局三个方面去应对。[1]

（三）证券投资者保护方面

美国此次金融证券法改革还有一大举措是成立“消费者金融保护局”（Consumer Financial Protection Agency，CFPA）以加强对金融消费者权益保护。CFPA 的宗旨是：①帮助消费者获取简洁清晰的信息，免受不公平及欺诈行为的侵害；②帮助建立面向消费者的公平、有效及创新性的金融服务市场；③提升消费者获取金融服务的能力。由此，引发我国学界对金融消费者的热烈讨论。[2] 然而，深层究之，在大陆证券制定法传统下，金融消费者概念是否可以扩张适用于证券投资者，其扩张的合理性基础是什么，如何完善对公众投资者的权益保护等均缺乏深入研究，或仍存争议，这与“金融消费者”问题热闹的研究形成鲜明对比。笔者认为，金融消费者概念扩张于证券法是存在理论上困境的。如何解决这一理论难题首先要考虑把消费者概念扩张适用于证券投资者的目的是什么。在笔者看来，其目的无非是通过适用消费者系列规则，实现对证券投资者的特殊保护。但是，实际上这是舍近求远之举。因为证券法的立法宗旨和目的均在于解决这一问题。易言之，整个证券法制度，无论是证券市场主体制度，证券行为制度还是监管权力的配置制度都要围绕保护证券投资者这一核心问题而展开，否则证券市场的融资等功能无从谈起。那么，把金融消费者概念扩张于证券法领域，从而形成一个类似于“投资性金融消费者”这样一个别扭的金融消费者的下位概念是没什么实际意义的。但是这并不意味着金融消费者概念或者“投资性金融消费者”本身无法界定。实际上，金融消费者概念界定的难点是证券投资者。而“投资性金融消费者”（证券投资者）概念本身是可以获得确定的外延，因而是可以界定的。其路径是通过转换角度，通过界定证券概念，使之获得一个确定的外延，并在此基础上来确定“投资性金融消费者”概念的内涵和外延。

[1] 罗培新．美国新自由主义金融监管路径失败的背后——以美国证券监管失利的法律与政治成因分析为视角［J］．法学评论，2011（2）．

[2] 文献众多，不一一列举。

这种通过界定客体来定义法律关系主体的模式在法学中是非常普遍的思维。由此观之，如果能对金融投资商品概念进行界定，投资者或者证券投资者这一概念具有了稳定性，则金融消费者这一概念是否扩充于证券投资者并无关紧要。但是，这一问题却推导出证券法的证券概念界定问题的极端重要性。这是新一轮证券法修改必须解决的前提性理论问题之一。详见第四部分论述。

三、对美国证券法改革的评价

（一）美国证券法改革概览

首先，关于美国证券法改革的资料不少，研究者众多，这反映了以美为师的学习倾向；其次，资料是以整个金融法领域为主，直接具体谈证券法规定的较少；再次，专业性强，涉及的证券衍生私募品、私募股权等问题较多；最后，内容太庞杂，线索太多，要在短时间内对其最新发展做个概貌式清晰的描述并不容易。为了对美国证券法改革获得清晰的印象，应注意以下三个方面：其一，须理解改革措施出台的经济大背景是 2008 年金融海啸及其给美国乃至全球实体经济带来的巨大冲击；其二，法制大背景，须把证券法的最新发展放在整个金融法制改革的大背景下来理解；其三，注意本次改革的历史维度和未来向度，须从美国整个证券法制发展历史进程，至少应回溯到 1933 年制定联邦证券法的历史背景来理解，更需着眼于此次改革对美国证券法制未来的影响。鉴于美国证券法在世界上的重要性，对这么重要的一次法制改革解读应该是多角度的，同时也是历时性的。

研习美国证券法改革，关键是以证券监管权力的调整为基本线索去省思证券市场监管的必要性以及其背后的经济原因，同时应注意金融市场问题的复杂性，注意区分其是强监管还是去监管。具体来说要把握监管的范围是什么、规制哪些监管对象、由谁进行监管等。此外，如何监管、监管机构如何谨慎有效地行使监管权力进行监管执法也是关注焦点之一。罗培新教授的相关论文实际上就是侧重从这个方面来探讨的。

（二）对美国证券法改革的总体评价

（1）美国证券法的变与不变。法律传统具有保守性和继承性，因此其大致框架仍未变动，证券发行与交易制度并无太大变化，如以注册制度和信息披露为核心的证券制度、分散的上市公司所有权结构模式并未改变，只是在监管关系层面做了一些调整，而这是为了更好地监管，而非更严格监管，更非回归管制。

（2）认识到证券法的政治性及其隐含前提。美国证券法根植于美国分散主义（fragmentation）、个人主义、自由主义（libertism）的土壤，不管如何改革，其自由主义特质难以改变也就是公司法、证券法制度与政治的关联，即其政治性。例如，有学者认为，“美国公司法并未明文禁止向法人定向增发股份，但是美国上市公司一般不会选择上述增资手段，因为美国资本市场的深处流淌着人民资本主义的精神（people's capitalism）”[1]，禁止或限制机构持股。中国在学习引进时千万不要忘记美国的证券法律制度是建立在与之相适应的民主、自由、开放的经济政治制度基础之上的，这是借鉴美国制度的一个隐含前提。与之相对应的是中国的证券法律制度也有一个隐含的前提，就是中国的制度是根植于半管制（统制）半市场化的政治经济制度基础上，具有浓厚的官商文化联结的传统。

四、美国金融证券法改革对中国证券法修改的启示

（一）证券法的立法模式

目前阶段，证券法的学习和研究应该紧紧围绕新一轮证券法的修改而展开。而其研究重点应为在吸收借鉴他国“金融服务法”立法经验的基础上，制定中国自己的《金融服务法》。如郭峰教授认为，“我国证券法改革的中长期目标是适应中国金融资本市场混业经营、统合监管和国际化的发展趋势，制定出一部《金融商品发行和交易法》，以取代现有的证券法。该法应将具有投资性的金融商品（包括证券、投资性的银行理财产品和保险产品、集合投资计划单位、期权、期货等）纳入其中统一规制，采用统一的信息披露制度、反欺诈制度和投资者保护制度”。

[1] 上村达男．美国、欧洲、中国及日本的公司法制度：以资本市场与市民社会的关系为视角［J］．证券法苑，2011（4）：418.

（二）证券概念的界定

证券概念界定具有以下三点重要意义：①“证券”概念界定是新证券立法的关键性前提。由于我国证券立法过于保守，我国证券法中“证券”概念过于陈旧及其范围的狭窄已经在实践中产生许多问题，如对金融理财产品难以纳入证券监管的范围。这一立法广受学者和实务专家的批评。证券概念的扩大已经成为当务之急；②“证券”概念界定是界定证券行为的基础；③“证券”概念界定是实现功能监管的基础。功能监管最早的立法是美国1999年《金融服务现代化法》。这部法律专门设了“功能监管”一章，废除联邦证券法对商业银行的豁免，要求商业银行将大部分的证券业务转交给单独的关联结构或者子公司进行并接受SEC的监管。功能性监管的核心是“将金融投资业、金融投资商品、金融消费者根据经济实质和金融功能进行分类”。“只要金融功能相同，就适用同一的标准与规则，对同一金融功能的金融消费者适用同一的投资者保护制度。因此，对于证券这种金融商品，不能是哪些机构发行、销售、经营，也不论是否冠以‘证券’的名称，只要符合证券的要式性、投资性、风险性等特征，就应纳入证券法统一规制，由监管机构按统一的规范和标准监管。”

郭峰教授认为应“采用列举式加具有弹性的兜底条款立法，将所有符合‘投资性合同’特征的证券性金融投资商品纳入证券法的调整范围”。从而把金融投资商品界定为“由发行人为筹资而销售或发行，投资者以获得利益或避免损失为目的，在现在或将来特定的时点，约定以金钱或具有经济价值的物作为支付取得相应的权利，其权利可予以转让、变现、赎回的投资性金融产品”；其具有如下特征：“第一，以金钱出资并有赎回金钱之可能性；第二，与资产或股价指数等相连动；第三，可期待获取较高收益，但也需承受投资风险。”❶

陈洁博士认为，“资本市场统合法用可以概括所有具有投资性金融商品的单一概念来定义金融投资商品，即为了取得利益或者避免损失及危险管理，负担本金损失或者超过本金损失乃至追加支付的可能性，约定现在或者

---

❶ 郭峰. 大金融视野下的证券监管理念和证券法修改路径［J］. 中国证券报，2012（6）.

将特定时间点上的金钱等的转移，从而具有的权利”[1]。他同时认为应对投资性金融商品实行一元化管理，而创新性的证券品种由证券监管机构认定。

这两种模式都立足于在挖掘证券概念的本质属性和功能的基础上，对证券概念的内涵和外延进行界定，并对成熟证券品种采取列举方式以明确证券的范围。笔者认为，对证券的抽象的定义在学理上是非常有价值，但是是否写入立法条文值得商榷。因为证券市场的创新度非常高，市场主体规避法律的意愿与能力也非常强悍，投资类证券产品本身是一个开放的不断发展的概念。因此比较好的立法模式还是采用“列举+兜底”模式比较可行，其优点是既能把成熟的投资证券明文列举，同时又能用限制性兜底性条款为证券法预留足够的调整空间。

（三）我国是否应确立金融消费者概念?

1. 金融消费者概念扩张于证券法领域的若干理由

消费者以及金融消费者等法律概念本身是在以现代民法与近代民法相区分的理论背景下提出来的。现代民法具有崇尚具体人格，以实质正义为理念，社会妥当性为价值取向，以所有权、契约自由、过错原则受限制等基本品性。[2] 结合商事法的自身特点，笔者认为以下几点可视为金融消费者概念扩张于证券法领域的理论基础。

（1）商主体的“智而强”人像的确立以及强弱对立在商事领域的加剧。在现代民法想象的强者与弱者尖锐的对立格局中，商事法领域无疑是一块重要的阵地。商事主体本身所具有的营利性、具备专业技术知识等特点使其在私法主体中脱颖而出，成为“智而强”者。或许莎士比亚笔下的犹太商人夏洛克的意象是其典范。经营者与消费者的对立是平等的具有浓郁伦理人色彩的私法主体向不平等的营利经济人的演化，可谓民法商法化之肇始。

（2）“理性经济人”观念在商法中的进一步演化。作为一种工具理性技术体系，民法以权利—义务关系模式，将市民之间的关系归结为一种可以计算的关系。商法中的主体人格已把民事主体“经济人”面目发挥到极致，甚

---

[1] 陈洁. 证券法的变革与走向［M］. 北京：法律出版社，2011：47.

[2] 梁慧星. 从近代民法到现代民法——二十世纪民法回顾［A］. 梁慧星. 民法学说判例与立法研究. 第2册. 北京：国家行政学院出版社，1999.

至已经被视为民法人的异化乃至于成为现代民法的焦虑。于是，“一切激情和一切活动都必然淹没在发财欲之中”；“圣徒成了一个‘经济动物’，对尘世幸福的追求代替了对天国的渴慕，手中神圣的祷文变成了庸常的钞票”。[1]

（3）“团体人”的出现进一步加剧私法主体之间地位的不平等。被法律想象为强者的商事企业作为人、财、物有机整合服务于营利目标的团体，本身具有很强的组织性和发达的经济功能，辅之以出资者的有限责任制以及以两权分离为特征的运行模式，单体公司本身具有很强的经济实力。如果再进一步演化为相互投资控股形成的公司集团之类的企业集团，更形成了企业帝国。例如，有数据表明，世界排前 100 名的经济实体中，有 49 个是跨国企业。此类团体人格已然改变近代民法以自然人为基本主体的私法主体面貌，而在商法领域就有“从个人到企业”之断言。

（4）技术对人的主宰和控制。科技已经极大地改变了人们的生活，也深深地影响着法律的观念、法律思维以及制度建构。譬如以网络为代表的科技所塑造的“虚拟人”以及以之为基础的网络虚拟社会，正在深刻地影响和重塑整个世界的政治、经济、文化和生活图景。商主体所拥有的技术性特征进一步加剧了主体之间在技术面前的不平等。例如，美国商法特别强调商主体的知识标准，即主体对交易对象应具有较丰富的知识，即使在事实上没有，在法律上也应推定有。[2]

（5）证券市场公众投资者倾斜保护的必要性。从经济层面来看，金融需求是个人消费需求的一部分并随着个人生活水平的提高、个人财富的增长而逐渐产生。当居民人均国内生产总值处于较低水平的时候，居民缺乏对金融交易的现实需求。但是随着经济的迅速增长以及个人和家庭的财富增加，人们将会对自己所持有资产组合的安全性、收益性和流动性提出更高的要求。以往以储蓄为主的单一财富结构已经不能满足居民日益增长的金融需求，“从储蓄向投资转移”的财富结构多元化也就应运而生。

证券是供投资者买卖的特殊金融商品，但存在品质识别困难。在决定证

---

[1] 谢鸿飞. 现代民法中的“人”：观念与实践［J］. 北大法学评论. 北京：法律出版社，2001（3）.

[2] 《美国统一商法典》第 2-104 条规定：“商人”指从事某类货物交易业务或因职业关系以其他方式表明其对交易所涉及的货物或作法具有专门知识或技能的人，也指雇佣因职业关系表明其具有此种专门知识或技能的代理人、经纪人或其他中介人的人。

券价格的信息获取中，证券投资者处于弱势地位。由于“经营者具有相对垄断性和金融消费对专业信息的依赖性，金融消费者在金融消费中与经营者相比而言的弱势性显得更加突出和特殊，更加需要国家出面予以倾斜保护”[1]。证券投资者在证券发行、交易等诸环节所具有的弱势地位是证券法为其提供倾斜保护的客观基础。简而言之，证券投资者具有扩张适用于消费者保护的客观必要性。

2. 金融消费者概念扩张于证券法的理论困境

（1）证券法的性质与金融消费者概念扩张的矛盾。对证券法的性质，有人认为属于私法，也有人认为属于具有很强的行政制度色彩的私法，但一般认为证券法是具有公法属性的私法。[2] 证券法律关系包括证券发行关系、证券交易、证券监管关系诸多方面。除了证券监管关系具有明显的公法色彩以外，在证券发行阶段所施行的证券首次发行（IPO）的发行审核制度具有很强的权力要素。此外，实际运行中的具有中国特色的上市国有企业背后一般具有地方政府或者其他利益集团（如军工集团）的强大影响力。这些都使证券法存在对强势主体的支配性权力进行规制的问题。因此，证券法领域的公法因素比人们所想象的要大得多。而这一特征实际上预示着证券法具有与《消费者权益保护法》等民事特别法不同的法律关系调整模式。而前文探讨的“消费者—经营者”的强弱对立观念及其相应制度设计一般局限于传统特别私法相比，其公法干预因素与证券法完全不可同日而语。对消费者或者金融消费者的探讨只能限定在传统私法领域中。如有学者依据消法原理推演的金融消费者具有八大权利——知情权、公平交易权、保密权、安全权、求偿权、自主选择权、享受服务权、监督权。此观点未必适合于金融法，放在证券法领域能否解决公众投资者保护问题仍存疑问。[3] 因为，真理向前一步可能是谬误。简而言之，应高度重视证券法领域的权力要素对公众投资者权益保护的影响。

（2）证券法与银行法、保险法的比较分析。首先，证券法与银行法、保险法具有一些相似之处：一是都属于金融法范畴；二是从表面来看，其法律

[1] 于春敏. 金融消费者的法律界定［J］. 上海财经大学学报，2010（4）.

[2] 赵万一. 证券法学［M］. 北京：中国法制出版社，2006：13.

[3] 王和明. 金融消费者的八大权利［J］. 人民法院报，2004（3）：21.

关系主体之间具有弱者与强者之间的对应关系，如发行人与认购人之间的证券法律关系、保险人与投保人之间的保险合同关系、储户与银行间的金融服务合同关系。但证券法与银行法、保险法仍存在重要的区别：第一，法律关系本质上的差异性。从最基础的法律关系或者说权利基础来看，银行法、保险法以债权为基础，而证券主要以股权为基础。而这两种权利具有重大的差别。从企业经营失败的剩余财产分配看，股权与债权的最大差异是债权具有较先的顺位。第二，法律关系主体方面不同。银行法、保险法的法律关系主体相对简单，而证券法律关系主体呈现复杂性和多样性特点。证券法法律关系主体有：上市公司、上市公司控股股东及其他实际控制人、证券公司、其他中介机构、投资者（个人投资者机构投资者）；而银行法的主体主要是银行和储户；保险法的主体主要有投保人和保险公司。第三，交易模型具有本质差异性。银行法、保险法基本上以两个主体之间的合同关系为基本形式，大体上还是符合传统民法“一对一”的交易模型。然而证券市场为保障集中快速交易，普遍采用“以多对多”的以电子撮合方式为特点的集中竞价交易模型。此外，证券发行与交易须建立专门交易场所，多方主体如登记结算机构参与到市场交易中，从而使证券交易呈现多方主体参与的特征。这种“多狼一羊”的特点与保险和银行法领域的“一狼一羊”的特点还是具有较大差别的。申言之，在证券市场，即便规制部分强势的经营者也未必能达到保护证券投资者的目的。第四，法律关系主体对市场交易的影响程度不同。证券市场是极其敏感的市场，任何一个主体对市场交易都具有举足轻重的影响力。而在银行业与保险业领域，交易主体对交易的影响力相对较小。因此，证券法与同为金融法的其他法律相比，差异性远甚于其同一性。

（3）证券投资者是否为商人的拷问及商与非商的考量。按照商行为之定义，从事证券交易属于绝对商行为，而从事绝对商行为，无论其是否为商人，事实上属于商人范畴了。绝对商行为，又称当然商行为；客观商行为，是指依照法律规定当然属于商行为的行为，这些行为不论什么人为之，亦不论其目的如何，均应认定为商行为。如日本《商法典》第501条规定，在交易所进行的交易为绝对商行为。因此，“从事投资活动的自然人已经是不折不扣的商人"[1]。

（4）金融消费者概念内涵及外延界定的困难。关于金融消费者概念，我国学者往往套用普通消费者的概念来加以界定。例如，有学者认为所谓金融消费者，"实际上是指为生活需要购买、使用金融产品或接受金融服务的个体社会成员"。但是这个简单类比的概念其实并没有解决问题，因为其对何为金融产品或者金融服务并没有作出规定，对其外延界定也没有充分考虑直接金融与间接金融等不同融资方式的差异性，因而难以令人信服。从比较法角度，也没有任何一个国家或者地区能够给出一个明确的内涵和外延界定。就我国来说，在法律层面也没有作出明晰界定，但在实践中一般将金融消费者大致界定在传统银行业务、保险业务范围内，排除了投资类金融业务。[2]所以，是将金融消费者限制在"非商"的消费领域，还是将其适度扩展到"商"的投资领域，仍旧是一个未决的难题。因此，应从交易注意义务合理配置角度进行思考，对其外延作出结果合理的大致界定，即将机构类金融产品的买入者、复杂投资产品的个人购买者排除在外。[3] 笔者认为，该观点注意到了证券投资者与其他"金融消费者"地位以及证券交易性质与其他交易性质的差别，从思维方法角度看具有较强的说服力。但其对专业的个人投资者是否应予以排除仍未作出结论，这充分说明了投资者是否纳入金融消费者范畴问题的复杂性。

3. 金融消费者保护路径是建立公众投资者权益保护机制

从上述分析可知，把证券投资者纳入金融消费者这一思维模式具有一定的困难，至少会产生商事法的基本理论之间的矛盾与冲突。这一模式的根本缺陷在于：①仅在私法领域寻求问题的解决之道，而忽视了更大范围公法领域因素对公众投资者权益保护的影响。②对于"团体—个人"对立的现代法中，团体对个人压迫因素缺乏足够重视。例如，有学者认为，公众投资者利益受到侵害，实际上与券商（机构投资人）、保荐人、上市公司大股东构成

[1] 曹兴权. 商事法律制度构建视野的转换——以金融消费者保护为例［J］. 上海财经大学学报，2011（5）.

[2] 胡婷婷. 金融消费者外延之惑求解［D］. 重庆：西南政法大学，2011.

[3] 曹兴权. 商事法律制度构建视野的转换——以金融消费者保护为例［J］. 上海财经大学学报，2011（5）.

的“铁三角”有紧密联系[1]。③忽视了对中国特殊国情的因素充分考量论证。我国现阶段的基本国情是“新兴加转轨”以及在以公有制旗号下政府权力的极大扩张（如上市国企背后的地方政府利益集团、军工集团等）。④思维之错误，在于忽视证券市场本身的特殊性，犯了简单演绎迁移之错误。因此，金融消费者保护模式未必能解决公众投资者权益保护问题。解决投资者权益保护问题，须充分注意证券法的公法属性一面及证券市场中相关市场主体的垄断性权力等要素综合加以考量，而这未必是对作为近代民法修正的消费者观念及其制度设计所能真正囊括的。从理论和立法实践的角度说，与其采纳金融消费者这一内涵和外延并不明确的概念，还不如直接采用公众投资者概念更为简洁（亦能符合上市公司公众性的要求）。简言之，除了关注私法领域强势主体的特别规制（弱者特别保护模式）以外，还须密切关注证券市场中的权力运行及其制约机制问题，实现在更宏观视野下权力制约机制和经营者义务分配机制的转换。

（1）建立证券经营者的义务分配机制。有学者认为，应从交易注意合理配置的思维出发，解决义务分配机制问题。[2] 笔者认为该观点颇有新意，殊为赞同。具体而言，应从以下三个方面入手：

第一，确立证券经营者的说明义务。金融商品具有高度的专业性和技术性，同时由于金融信息不对称的普遍存在，金融消费者的知情权往往难以得到充分的保护，不能在准确认知金融商品的性能的基础上做出理性消费选择。因此，作为金融商品设计者和推出者的金融机构必须如实向金融消费者说明金融商品的详细信息，告知其潜在风险并就金融消费者提出的问题进行详细解答。日本《金融商品销售法》第3条第1款明确规定，在销售金融商品前，金融商品销售人须说明以下事项：①如果可能直接导致本金亏损或存在亏损风险的指标发生变动，包括但不限于利率、汇率、有价证券市场价格，应当指明是何种指标；②如果金融商品的销售者或其他人的业务或财务状况发生变化，可能直接导致本金亏损或存在亏损风险的，应当指明是何

---

[1] 郎咸平. 股市“铁三角”不破中小股民利益难保［OL］. http://stock.stockstar.com/SS2011121200001096.shtml，2012-2-7.

[2] 曹兴权. 商事法律制度构建视野的转换——以金融消费者保护为例［J］. 上海财经大学学报，2011（5）.

人；③如果存在可能影响买方判断并直接导致本金亏损或存在亏损风险的政策法规，应当说明该政策法规；④如果拟销售的金融商品对消费者行使权利或解除权利有期限限制，应当予以说明。诚然，此义务也并非绝对无条件的。该法第3条第4款即规定，当购买人是法律所规定的具有相关专业知识和经验的人或购买人明确表示不必说明的，金融机构免除说明义务。[1]

第二，建立证券投资适当性制度。根据国际清算银行、国际证监会组织、国际保险监管协会2008年联合发布的《金融产品和服务零售领域的客户适当性》所给出的定义，所谓投资者适当性（Customer Suitability）是指"金融中介机构所提供的金融产品或服务与客户的财务状况、投资目标、风险承受水平、财务需求、知识和经验之间的契合程度"[2]。简言之，投资者适当性的要求就是"适合的投资者购买恰当的产品"。无论是国内的监管机构还是国外的监管机构，实行投资者适当性制度的出发点都是保护投资者的合法权益，避免在金融产品创新过程中，将金融产品提供给风险并不匹配的投资群体，导致投资者由于误解产品而发生较大的风险，影响金融市场的创新发展。我国于2008年4月由国务院颁布《证券公司监督管理条例》，在证券经纪业务和基金销售的开户环节进行对投资者的能力测评和风险测评，做了对投资者适当性管理的初步尝试。目前，我国证券市场在证券投资基金销售、证券经纪业务、创业板市场、股指期货投资等方面均实施了投资者适当性制度，但是在实践中仍存在"投资者适当性安排比较薄弱，风险分散和承受能力不强"等缺点和不足，须进一步落实和完善。[3]

第三，完善赔偿救济机制。证券违法犯罪人所图者，利也，因此须引入惩罚性赔偿机制。中小投资者所失者，利也。迟来的正义为非正义，应畅通司法赔偿救济渠道，建立赔偿基金，提高赔付效率，降低维权成本，以利于受损的公众投资者实现迅捷赔偿。主要从以下两方面入手：一是完善行政监管机制：①把注重事前监管、事中监管、事后监管互相结合。如对于"三

[1] 杨东．日本投资者保护立法理念的最新发展［A］．王利明，祝幼一．物权法与证券投资者权益保护．北京：法律出版社，2008．

[2] 刘学华．我国投资者适当性管理制度构建浅析［J］．中国证券期货，2011（9）．

[3] 郭树清．深化证券期货市场改革，促进实体经济科学发展——郭树清主席在第九届中小企业融资论坛上的讲话［OL］．http://www.csrc.gov.cn/pub/newsite/bgt/xwdd/201112/t20111201_202480.htm，2013-12-28．

高”发行，在发行环节在询价过程中，可通过强化对询价对象报价情况的市场监督、建立奖优罚劣的监管机制，淘汰报价质量较差的询价对象。②可借鉴美国的做法（将内幕交易民事罚款的10%奖励给举报者），建立公众举报奖励制度，以此来强化市场监管机制的公众参与的积极性和广泛性。③股市违法者所图的是经济利益，因此，应加强和完善经济处罚机制。二是完善诉讼救济机制：建立司法救济机制，完善股东代表诉讼和中小证券投资者集团诉讼制度，积极探索证券公益诉讼新机制，如民事公诉（由检察院提起民事公诉）等。例如，绿大地欺诈上市案，其性质恶劣堪称中国股市之最，但只是判罚金400万元，该公司原董事长何学葵、原董事兼财务总监蒋凯西被判处有期徒刑三年，缓刑四年。这种判决对违法者惩罚力度小，违法成本低，实际上对中小投资者的权益保护非常不利。

（2）建立证券市场相关主体权力性权利的制约机制。在中国特殊证券市场公众投资者利益保护问题还体现为一个政府公权力、（特殊团体）经济强权如何制约的问题。问题的产生在于公法上政治权利的缺失，也就是说，不能局限于私权本身去探寻问题解决之道。必须承认，这是一个宏大的命题。但是无论如何，不能仅在私法领域就私法主体的地位差异、其权利与权利之差异作出微调。必须考虑证券市场中的权力要素，看到权力如何在深刻地影响着这个市场的运行。具体而言，除了对证券监管机构人员进行权力制约外，还需考虑对其他人员的权力进行规制。基于证券市场相关主体某种程度的垄断地位，上市公司、证券公司、基金公司、会计师事务所等主体的高管以及其他专业人员，因信息和技术的垄断，已对证券市场的交易享有某种支配性的权力，即某种特权地位。因此，须按照权力法则（权力—责任）设置责任予以制约。例如，在证券发行定价中，基金经理拥有为新股定价的投票权，却无任何责任约束机制，显然容易以权谋私。

至于控权机制的基本思路，笔者拟以上市公司相关主体为例加以说明。由于公司管理层事实上掌控了公司的交易财产而享有事实上的权力，从而产生大小股东之间地位的差异，乃至于中小股东实质上只是过客，唯有以脚投票一种制约手段。为此可以从以下三个方面入手：一是上市公司治理的核心与关键是“控权”，即约束上市公司控股股东实际控制人及其他证券市场主体的权力；二是控权之道是借鉴公法模式，首推以权力治权力，即通过公司机关的相互制约，形成权力制约机制；三是塑造上市公司的公众性品格，建立上市公司公众性保障机制，即作为金融消费者的公众投资者以权利制约金融经营者权力的一套权力制衡机制。其要点有：①公众持股机制：即上市公司股权适度分散，绝大部分股份由社会公众持有。所有权集中的优点是可以有效地监督管理层，但潜在的风险是控制股东凭借自己掌握的控制权从公司中获得私有收益，损害中小投资者的权益。②公众治理机制：即社会公众股东通过各种方式参与上市公司治理以及参与证券发行、交易、监管等宏观证券市场治理。③公众受益机制：上市公司社会公众股东（中小投资者）参与公司红利分配，即便没有投机收益，也有投资股利回报。④公众选择机制（择优汰劣）：即形成价值投资理念，公众投资者对经营业绩良好的公司长期持股，并抛弃业绩不良公司的股票，从而促使上市公司不以上市（圈钱）为目的，而是以上市为手段，以认真勤勉改善经营管理、扩大生产为公司上市目标，最终实现股票价格与公司产品或者服务价值的一致性。

第二节　日本证券法的最新动态及其启示

一、日本证券市场的历史发展

日本的证券市场萌芽于19世纪60年代。1868年，日本政府发行的实录公债是日本证券的雏形。1878年，日本政府成立了第一家证券交易所——东京证券交易所，至1891年已发展了137家证券交易所。证券市场的日益发展壮大必定促成相关法律的制定。19世纪70年代，日本先后颁布了《股票交易条例》《证券交易所管理条例》《证券交易所法》。

20世纪初期，由于军国主义的盛行和国家垄断等因素，日本的证券市场发展速度较为缓慢。第二次世界大战刚结束，日本对证券市场进行了一次民主化改革，参照美国1933年的《证券法》和1934年的《证券交易法》，第一次出台了日本的《证券交易法》。这部法律引进了保护投资者利益的原则，内容包括证券的募集及交易、证券交易委员会的成立等。[1] 但这部法律的生命力并不长久，很快便进行了大幅度修改。证券交易委员会也由独立的部门

[1] ［日］神崎克郎. 日本战后50年的金融、证券法制［J］. 马太广，译. 法学杂志，2000（2）.

被归并到理财局，设立证券科。

在“二战”后的日本经济重建期，伴随着日本经济的高速增长，日本的证券市场也得到了前所未有的发展。日本的 TSE 股价指数从 1955 年的 374 点涨到了 1961 年的 1539 点，交易量也从 1955 年的 38 亿股增长到 1961 年的 483 亿股。日本股市的资本也快速增长，1961 年较 1955 年增长了 9 倍。经济的复苏和证券市场的发展推动了证券法律的改革。1965 年，日本对《证券交易法》进行了修改，重点是规定了对不适格证券公司的处置方式，目的在于保护投资者的安全。1971 年，日本对《证券交易法》再次修改，侧重于保护投资者的知情权，规范了公司的信息披露制度和公开买卖制度。1981 年，日本在《证券交易法》中改进了对安全操作的规定，要求在股份时价发行时、时价转换债务发行增加时进行安全操作，进而保护投资者的利益。

1996 开始，日本的金融体系拉开了大变革时代。通过借鉴英国“金融大爆炸”改革，掀起了日本版的金融大爆炸，1998 年，日本制定了《为实行金融体系改革而修改金融有关法律的法律》。以“提高金融体系活力，重塑日本国际竞争力”为宗旨，修改了大量有关金融方面的法律，其中的修改重点是证券法方面的法律。改革主要集中在两个方面：一是放松管制，即在金融分业的体制、证券业的审批方面给予一定程度的放松。二是加强监管，加强对违法现象的处理，更加强了证券业的规则，保护投资者的利益。

日本的“金融大爆炸”并没有达到预期的效果。2006 年，以“活力门”事件为契机，日本的执政党以“构筑公正透明的市场”和“实现公正透明证券市场”为目的，再次进行了大刀阔斧的改革，废止了《金融期货交易法》等四部法律，颁布了《证交法等改正法》和《证交法整备法》，出台《金融商品交易法》法取代原先的《证券交易法》，同时还修改了《银行法》《保险业法》《信托法》等相关的 89 部法律。可以说是对整个金融系统的法律作了全面的修改，建立了证券市场全新的法律体系。

二、日本证券法律体系评述

1. 统一金融立法，建立了跨领域的立法规制

在 2006 年之前，日本和中国一样，采取的是以行业分类为基础的金融立法政策，证券市场方面的立法以《证券交易法》为主，自成体系。但是，

随着市场经济的不断发展，金融领域混业经营的情况显著增加，分类监管的有效性大大降低。同时，两种分类的产品间又衍生出新的金融产品，在法律适用上出现了盲区，不利于金融消费者权益的保护。在这种情况下，日本借鉴英国金融改革的成功经验，制定《金融产品交易法》，将包括证券在内的所有金融产品的调整都放入一部法律中统一规制。相比之前的法律，改革后的证券市场法律具有以下特点：一是扩大了有价证券的范围，将信托收益证券、抵押证券等种类纳入了证券的范围，并规定有价证券的权益认定不以有无权利凭证为认定依据。二是将“集合投资计划”这一总括性的概念引入法律，部分没有规定的金融产品类型可以根据此条成为《金融产品交易法》调整的范围，极大地扩大了法律的使用范围和灵活性。三是延伸了金融衍生品的交易范围，将其从场内交易扩大至场外交易、跨境交易。扩大了金融衍生品的范围，使其既包括有价证券，又包括各类创新的金融衍生产品。四是在各类金融产品交易领域建立统一的运行规则，明确了金融商品交易从业者都必须遵守该法统一制定的关于销售、合同、投资方面的各项规定。

2. 细分内部标准，体现监管的针对性

虽然日本将各类金融商品都纳入统一的《金融商品交易法》中予以调整并制定了部分的统一适用原则，但在具体的项下，有价证券、投资顾问、金融期货等不同的金融产品有各自不同的规范要求，进行了差别化的管理，既体现了统一性，也兼顾了差异性和灵活性。

根据交易对手和交易类别，日本的《金融商品交易法》将金融商品总共分为四类，即：第一种商品交易业、第二种商品交易业、投资建议与代理业、投资运用业。证券的交易属于第一种商品交易业。对于四类金融商品的每一种都规定了不同的注册条件，实施差别化的监管。

根据投资者的专业知识、经验和资本实力，《金融产品交易法》把投资者也分为四类：一是专业投资者，包括国家、中央银行、各金融机构、拥有十亿日元以上有价证券的法人或自然人；二是可变更的专业投资者，包括上市公司、拥有五亿日元以上有价证券的法人或自然人；三是可变更的一般投资者，包括拥有三亿日元以上资本金且投资资产在三亿以上的法人和自然人；其他的为一般投资者。其中，可变更的专业投资者在满足一定条件时可转变为一般投资者，可变更的一般投资者在达到一定条件时可变更为专业投资者。对待不同种类的投资者，法律的要求不尽一致。例如，金融交易从业者在向一般投资者销售金融商品时，必须履行书面交付义务，充分提示风险，不得有不当劝诱等行为；而对于专业投资者，从业人员则不受上述行为规则约束。❶

作为金融市场主体的金融交易的从业人员，法律也对其行为作出了详细的规定，要求金融交易的从业人员不得为了最终订立合同而对金融投资者采取与其智力、知识不符的劝诱，导致其在非自己真实意思下订立合同。金融交易的从业人员在与金融投资者订立合同时，必须对金融产品的风险做出充分的提示，否则，金融投资者在权益遭受损害时，有权要求金融交易从业人员给予赔偿。

3. 提高证券市场的透明度

日本《金融商品交易法》的重要理念之一就是减少行政的规制，让市场发挥更大的作用。而市场功能的充分发挥，必须依赖于市场的公正与透明，因此，证券市场的信息公开制度相当重要。日本在其《金融商品交易法》中对证券市场的信息披露制度给予了充分的关注和完善。一是调高了信息披露的频率。原先的《证券交易法》要求上市公司信息披露的时间为每半年一次，而新的《金融商品交易法》规定为每季度一次，缩短了信息披露的间隔，便于金融投资者更及时地掌握上市公司的信息。二是制定了内部治理报告制度。日本学习美国《萨班斯法案》，要求上市公司每年必须对其公司治理和内部控制的有效性作出说明，并经过会计师事务所的审计。此外，为了确保该说明的有效性，还要求经营者必须作出承诺，保证对其所说明公司的治理和内部控制有效性是真实的，否则将承担相应的法律后果。三是增加了要约收购的信息披露义务。《金融商品交易法》规定，提出收购的公司必须在收购报告书中规定若干法律要求的内容，而被拟定收购的公司也必须就收购发表《意见说明报告书》，这样不仅提出收购的公司能够更了解被拟定收购的公司，其他投资者也能更充分地了解拟被收购公司的意愿。四是修改了对大股东持股事项的规定。受 2005 年爆发的“活力门”事件的影响，日本进行反思，对大股东大量持股的报告制度进行了修改，缩短了每次报告之间

❶ 席秉琼，张春晖，郑路. 日本的《金融商品交易法》及其借鉴意义［J］. 中国信用卡，2010（4）.

的间隔，大股东需要履行更严格的信息披露义务。

4. 加大对证券违法行为的处罚力度

日本的《金融商品交易法》对各类证券违法行为进行了严格的规制，特别是细化了内幕交易、交易推荐等的界定和加大了对以上行为的处罚。《金融商品交易法》将内幕交易规制的主体界定为公司关系人、要约收购关系人及信息受领人。加大了对虚假陈述、操纵市场等违法行为的处罚力度，其处罚金额比照旧法均提高了一倍，而且刑事罪也较以前更加严厉。2013 年，日本再次对《金融商品交易法》进行了修改，其中涉及内幕交易的主要有以下内容：一是将信息传递和交易的推荐纳入内幕交易的范围，作为可以处罚的对象；二是修改处罚金的计算方法，加大了对内幕交易的处罚力度；三是扩大了要约收购关系人的使用范围，将拟收购的公司及其董事等纳入要约收购关系人的范围，从而作为内幕交易规制的主体；四是增加了内部交易的豁免情节。

三、日本证券法对我国的启示

日本证券法的历史发展对我国有以下几点启示：

1. 建立统一的金融立法，对金融业统合监管

日本由分业经营、分业监管走向混业经营、混业监管的历史，既是日本的趋势，也是整个国际金融体系改革的趋势。随着金融业的混业经营、金融创新产品的层出不穷，金融业的分业监管已逐渐乏力。金融机构如银行业、证券业、信托业、保险业的业务活动相互交织，界限日益模糊，传统的金融监管已经不能适应形势的要求。建议建立统一的金融体系，对金融产品和服务进行统一的监管。

一是借鉴日本经验制定统一的《金融产品发行和交易法》，将具有金融性质的产品，包括证券、保险、期货、期权、理财产品以及众多金融衍生产品等通通纳入该法调整范围，建立统一的信息披露制度、保护金融消费者权益制度和处罚制度。在整合现有《证券法》《商业银行法》《保险法》《信托法》等法律的基础上加以完善，既要考虑金融消费者的不同需求，又要考虑金融产品间的相同相融。既要预防各种风险，又要提升投资者对金融市场的信心。

二是在组织上建立统一的金融监管委员会，对金融市场和金融产品进行统一的监管。这样既是对混业经营模式的现实适应，也是和国际监管接轨的表现，方便合作与交流。金融危机的教训已经告诉我们，证券市场应当是加强管制而不是放松管制。而我国现在的金融监管模式已经适应不了混业经营的需要，造成监管部门之间的协调成本，也浪费了监管资源。可以将现在的银监会、证监会、保监会进行合并，实行大部制，建立统一的国家金融监督管理委员会，减少监管的交叉和重复，提高监管的效率。

2. 在证券立法中体现灵活性和渐进性

作为金融领域的重要组成部分之一，证券市场复杂而多变。一部好的证券方面的立法，必须是顺应以上规律的立法。如前所述，中国证券立法的改革是建立统一的金融体系，统一监管，统一制定《金融商品发行及交易法》。但这必将是一个浩大的工程，不可能一蹴而就。参照日本的经验，日本在实施《金融商品交易法》时也不是一步到位的，而是采取了分步实施的策略。从 2005 年的颁布，到 2009 年的全部条文实施，总共经历了 4 年的过渡期。此外，2013 年，日本再次根据新形势的变化，对《金融商品交易法》进行了修改。日本证券立法的灵活性还体现在规定了如“集合投资计划”等笼统的概念，扩展了金融立法的调整范围。我国可以借鉴日本的经验，一是在确定制定统一的《金融商品交易法》后，给予一定的过渡期，让金融立法的改革成为一个渐进、平稳、被社会逐步充分理解和接受的过程。对于实践中反应较大、受关注程度较大的事项，应当采取相应的过渡性措施。二是引入一些集合概念和兜底条款，增加法条的弹性和法律适用的广度，给金融立法增加更多的活力。三是注重法律的微调和修改，紧跟社会发展的步伐调整法律规范，做到证券立法、金融立法的与时俱进。

3. 加强证券领域的前瞻性研究

证券市场是一个极具创新和快速发展的市场。参考日本的经验，对新兴证券产品和金融衍生品要加强监管，因为它们常常都是高风险集中的产物，最容易引起危机。一是要针对新出现的证券品种，扩大证券立法调整的范围。目前市场上已经出现的资产证券化产品、非公司制企业债券以及外国证券等，都应当属于证券法调整的范畴。二是要为金融市场的创新留下法律的补充空间。实践中，我国的证券市场相比日本等国家创新不足，对安全性强调得过多，市场的交易品种较为稀少。因此，要通过法律机制给予市场创新更宽松的环境，对于自律组织、企业内部能解决的事情，减少行政的干预，减少刚性的规定。对一些暂不易拿到法律中来规定的事项，可以先行由业务规则、行政法规等进行规制，等成熟后再统一纳入法律的范围，体现多层次法律架构和作用，增强市场的活力。我国目前的证券法中还是有部分管制性较强的规制，在金融市场法制意识、风险意识不断增强，监管机制也有了很大变化的今天，建议参考日本的做法，开展监管方式的创新研究，简化行政程序，善用市场规则，为金融创新创造出更好的环境。

第三节　Reforms in Market Abuse

Introduction

In response to the 2008 financial crisis and the growth of new trading platforms, the European Commission has proposed to reform the EU's legislative framework against the market abuse.[1] So, under the circumstance, Market Abuse Regulation *No 596/2014 on Market Abuse* (MAR) and *Market Abuse Directive 2014/57/EU on Criminal Sanctions for Market Abuse* (CSMAD) will replace completely the current *Market Abuse Directive 2003/6/EC* (MAD) to ensure market integrity and investor protection on 12th June, 2014.[2] At the same time, the European Securities and Market Authority (ESMA) has set out three consultations on proposed technical standards, technical advice and guidelines implementing the *Central Securities Depositories Regulation* (CSDR).[3]

---

[1] W. Jong. Tackling Financial Market Abuse in the EU. Library of the European Parliament. http://www.europarl.europa.eu/RegData/bibliotheque/briefing/2013/130440/LDM_ BRI%282013%29130440_ REV1_ EN.pdf, last visited 4 January, 2015.

[2] European Commission. Daily News. http://europa.eu/rapid/midday-express-12-06-2014.htm?locale=en, last visited 3 January, 2015.

[3] ESMA. CSDR: ESMA Consults on Implementing Measures for New Settlement Regime. http://www.esma.europa.eu/news/CSDR-ESMA-consults-implementing-measures-new-settlement-regime. lasted visied 4 January, 2015.

It is not the first time to reform the framework of market abuse legislations. Review of the reforms about EU market abuse legislations, as early as European Union has not established in 1989, the European Community Council has already launched the *Council Insider Dealing Directive 89/592/EEC* (IDD) on 13th November, 1989. But the Directive only coordinated regulations on insider dealing to ensure that market operates smoothly.[1] on 28th January, 2003, the European Commission has formulated the *Market Abuse Directive* (MAD) to tackle insider dealing and market manipulation (jointly referred to as market abuse[2]).[3] It consists of a directive (Directive 2003/6/EC), three Commission Directives (Directive 2003/124/EC2; Directive 2003/125/EC3; Directive 2004/72/EC4) and a Commission Regulation (Regulation 2273/20035).[4] Then in October 2011, a new proposal was presented by the EU Commission. This new reform covers insider dealing, market manipulation and ad hoc disclosure of insider information.[5] In June 2014, MAR and CSMAD have been published in the *EU Official Journal*. And after two years, the new rules were applied in July 2016 during every Member States.[6][7] Meanwhile, EMSA has implemented two Consultation Papers setting out proposed draft secondary measures under MAR.[8]

This essay is divided into three sections. First part is about the definitions of market abuse and securities market. Second portion is about the reforms and developments about market abuse legislations. The last one is about the new reforms in 2014 to-

---

[1] *Council Directive 89/592/EEC* of 13 November 1989 coordinating regulations in insider dealing.

[2] Proposals for A Regulation on Market Abuse and for A Directive on Criminal Sanctions for Market Abuse: Frequently Asked Questions. http://europa.eu/rapid/press-release_ MEMO-11-715_ en.htm?locale=en.

[3] *Directive 2003/6/EC*: Market abuse consists of insider dealing and market manipulation.

[4] Public Consultation on A Revision of the Market Abuse Directive (MAD). http://ec.europa.eu/internal_ market/consultations/docs/2010/mad/consultation_ paper.pdf.

[5] Siems. M & Nelemans. M. The Reform of the EU Market Abuse Law: Revolution or Evolution [J]. The Maastricht Journal of European and Comparative law (2012), Vol 19.

[6] *Regulation (EU) No 596/2014.*

[7] *Directive 2014/57/EU.*

[8] The new EU Market Abuse and Inside Information Regime-ESMA Consults on Draft Implementing Measures. http: //hsfnotes. com/fsrandcorpcrime/2014/07/16/the-new-eu-market-abuse-and-inside-information-regime-esma-consults-on-draft-implementing-measures/.

gether with the influences.

1. The definition

1.1 Market abuse

Most commonly, market abuse consists of insider dealing and market manipulation. The objective of legislation against insider dealing is the same as that of legislation against market manipulation.[1] In MAR, Market abuse contains unlawful disclosure of inside information.[2] Insider dealing occurs when a person who has price-sensitive inside information trades in related financial instruments. Market manipulation takes place when a person artificially manipulates the price of financial instruments through practices such as the spreading of false or misleading information and conducting trades in related instruments to profit from this. Together these practices are known as market abuse.[3]

1.2 Securities market

The securities market is between a component of the broader financial market can buy and sell securities economy.[4]

The meaning of securities Include the following: (i) shares and other securities equivalent to shares; (ii) bonds and other forms of securitized debt; or (iii) securities debt convertible or exchangeable into shares or into other securities equivalent to shares.[5]

---

[1] *Directive 2003/6/EC.*

[2] *Regulation (EU) No 596/2014 (7)*: Market abuse is a concept that encompasses unlawful behaviour in the financial markets and, for the purposes of this Regulation, it should be understood to consist of insider dealing, unlawful disclosure of inside information and market manipulation. Such behaviour prevents full and proper market transparency, which is a prerequisite for trading for all economic actors in integrated financial markets.

[3] Directive on Criminal Sanctions for Market Abuse—Frequently Asked Questions. http://europa.eu/rapid/press-release_ MEMO-14-78_ en.htm, last visited 5 January, 2015.

[4] See at http://en.wikipedia.org/wiki/Securities_ market.

[5] *Regulation (EU) No 596/2014* article 3 point 1.

2. A list of legislations to tackle financial market abuse

2.1 *The Council Insider Dealing Directive* (IDD) 89/592/EEC

As above mentioned, as early as in 1989, when European Union has not established, the European Community Council has already launched *the Council Insider Dealing Directive 89/592/EEC* (IDD) on 13th November 1989. IDD aimed to coordinate regulations on insider dealing, but did not contain market manipulation.[1] So, after 14 years, MAD has ruled the market manipulation at the first time.[2]

IDD is a directive, rather than regulation. According to relevant rules, directive need member states to transfer the law into national law, which can not directly be applicable in member states domestic law.[3]

2.2 *The Market Abuse Directive* (MAD) regulatory frameworks

One of the virtue measures in the *EU Financial Services Action Plan* is the *Market Abuse Directive* which aims to help completing the single EU market in financial services. The purpose of MAD is to establish a basic framework to prevent market abuse, and realize the integrity of the greater the confidence of investors and financial system.[4] MAD has replaces the IDD.[5] Similarly, the MAD still need to be implemented into national law by each member state.[6] This regulation would broaden the scope, review definitions of insider dealing and market manipulation, explicit procedures for managing of inside information, and widen the national authorities' responsibilities.[7]

---

[1] *Directive 89/592/EEC.*

[2] *Directive 2003/6/EC.*

[3] *Directive 89/592/EEC.*

[4] Review of Market Abuse. http://www.betterregulation.com/hot-topic/market-abuse.

[5] *Directive 2003/6/EC.*

[6] Ibid.

[7] W. Jong. Tackling Financial Market Abuse in the EU. Library of the European Parliament. http://www.europarl.europa.eu/RegData/bibliotheque/briefing/2013/130440/LDM_ BRI% 282013% 29130440_ REV1_ EN.pdf, last visited 4 January, 2015.

In February 2001, the Committee of Wise Men on the Regulation of European Securities Markets issued its Final Report❶recommending the using of four layers of management method (hereinafter referred to as Lamfalussy process) in order to reduce market fragmentation in Europe.❷ The first level involves the establishment of basic framework principles for a particular aspect of securities regulation. The second level comprises the adoption of detailed technical provisions necessary for giving effect to the framework principles. The third level concerns the consistent and uniform application of the Community rules. At level four, the Commission ensures compliance with the European law.❸

The MAD is under the new legislation theory. The process of European market abuse regulation is a four level Lamfalussy results. Therefore, it is composed of a group of coexistence and comprehensive provisions.❹❺❻ MAD is belonged to first

---

❶ The four levels are as follows: 1) framework directives adopted by the Council and European Parliament pursuant to the codecision procedure (Art. 251 of the Treaty); 2) implementing measures (directives or regulations) adopted by the Commission with the assistance of the European Securities Committee (ESC); 3) cooperation among national regulators in order to reach a higher level of convergence in supervisory practices; 4) enforcement of Level 1 and Level 2 measures by the European Commission. For an assessment of the Lamfalussy process in comparison with the traditionaln EU law making process see ALEXANDER SCHAUB, The Lamfalussy Process Four Years On, in Journal of Financial Regulation and Compliance, 2005, 110. The Wise Men Report is available at http://ec.europa.eu/internal_market/securities/docs/lamfalussy/wisemen/final-report-wise-men_en.pdf.

❷ Market Directive Disclosure Regime in Practice: Some Margins for Future Actions. http://www.assonime.it/AssonimeWeb2/servletAllegati? numero=3931.

❸ Staikouras P. the new market abuse regime in Greece: A step towards increased market transparency or a new source of confusion? [J]. Journal of Financial Regulation and Compliance (2014) Nov. 12. 4.

❹ Directive 2003/6/EC (4): At its meeting on 17 July, 2000, the Council set up the Committee of Wise Men on the Regulation of European Securities Markets. In its final report, the Committee of Wise Men proposed the introduction of new legislative techniques based on a four-level approach, namely ramework principles, implementing measures, cooperation and enforcement. Level 1, the Directive, should confine itself to broad general "framework" principles while Level 2 should contain technical implementing measures to be adopted by the Commission with the assistance of a committee.

❺ Directive 2003/6/EC (5): The Resolution adopted by the Stockholm European Council of March 2001 endorsed the final report of the Committee of Wise Men and the proposed four-level approach to make the regulatory process for Community securities legislation more efficient and transparent.

❻ Siems M. The EU Market Abuse Directive A case-Based Analysis [J]. Law and Financial Market Review (2008).

and second level. The Directive 2003/6/EC provides the basic legal framework about inside dealing and market manipulation (The first level). The Directives 2003/124/EC, 2003/125/EC and *2004/72/EC* and the *Commission Regulation* (*EC*) *No. 2273/2003* specifies some technical details to supply and ensure the implementer legislation (The second level).[1]

There are some specific chances about MAD. Firstly, it expands the scope of market abuse. Market abuse consists of insider dealing and market manipulation.[2] With the prosperity of the market, if legislation only controls insider trading, and no limit on market manipulation, which already can't meet the needs of the market development.

Secondly, review definitions of insider dealing and market manipulation. The point 1 of Article 1 of IDD definite the meaning of inside information, "inside information" shall mean information which has not been made public of a precise nature relating to one or several issuers of transferable securities or to one or several transferable securities, which, if it were made public, would be likely to have a significant effect on the price of the transferable security or securities in question.[3] But *Direction 2003/124/EC* expands the scope of applicative field. Point 1 of Article 1 of *Directive 2003/6/EC*, information shall be deemed to be of a precise nature if it indicates a set of circumstances which exists or may reasonably be expected to come into existence or an event which has occurred or may reasonably be expected to do so and if it is specific enough to enable a conclusion to be drawn as to the possible effect of that set of circumstances or event on the prices of financial instruments or related derivative financial instruments.[4] It expands and makes clear the scope of insider dealing.

---

[1] Siems M. The EU Market Abuse Directive A case-Based Analysis [J]. Law and Financial Market Review (2008).

[2] Directive 2003/6/EC: Given the changes in financial markets and in Community legislation since the adoption of Council Directive 89/592/EEC of 13 November 1989 coordinating regulations on insider dealing, that Directive should now be replaced, to ensure consistency with legislation against market manipulation.

[3] Directive 89/592/EEC.

[4] Directive 2003/6/EC.

Thirdly, the MAD is more flexible than IDD for Member State.❶ Accoring to IDD, Member State has to apply more stringent or additional provisions.❷ Compared with IDD, MAD rules the concept of maximum harmonization. So, member states are able to adopt neither lenient nor stricter legislations.❸

But MAD can not take active role in some fields. The existing legislation does not adjust new markets, platforms and over-the-counter trading. And commodities and commodity derivatives are not included in the current scope. At the same time, regulators have encounted problems in enforcing MAD as Member States apply rules distinctly, allowing regulatory arbitrage by financial institutions. Lacking of legal certainly undermines the effectives of MAD.❹ Administrative burdens heavily, especially for medium-sized companies (SMEs).❺

3. 2011 proposals

In response to these problems, the EU has published new proposals to amend a list of legislations to tackle financial market abuse replaced MAD.❻ A proposal for a Regulation on insider dealing and manipulation was implemented on 20th Oc-

❶ Siems M. The EU Market Abuse Directive A case-Based Analysis. Law and Financial Market Review (2008).

❷ Directive 89/592/EEC, Article 6: Each Member State may adopt provisions more stringent than those laid down by this Directive or additional provisions, provided that such provisions are applied generally. In particular it may extend the scope of theprohibition laid down in Article 2 and impose on persons referred to in Article 4 the prohibitions laid down in Article 3, Article 7.

❸ L. Enriques & M. Gatti. Is There A Uniform EU Securities Law after the Financial Services Action Plan? [J]. Working Paper (2007). http://ssrn.com/abstract=982282.

❹ Proposals for a Regulation on Market Abuse and for a Directive on Criminal Sanctions for Market Abuse: Frequently Asked Questions. http://europa.eu/rapid/press-release_MEMO-11-715_en.htm?locale=en.

❺ W. Jong. Tackling Financial Market Abuse in the EU. Library of the European Parliament. http://www.europarl.europa.eu/RegData/bibliotheque/briefing/2013/130440/LDM_BRI%282013%29130440_REV1_EN.pdf, last visited 4 January, 2015.

❻ The Market Abuse Regulation-provisionally Agreed Text Published. http://www.freshfields.com/uploadedFiles/SiteWide/Knowledge/MAR%20briefing%20-%20August%202013.pdf.

tober, 2011.[1]

4. 2014 framework on abuse market

Since then, proposals have been discussed first between the Commission and the Council of the European Union ("Council") and then between the European Parliament and the Council. Political agreement was reached on 9th September, 2013 with respect to MAR, and on 4th February, 2014 with respect to CSMAD. The Council adopted them on 14th April, 2014, roughly coinciding with the adoption of the new markets in financial instruments directive ("MiFID Ⅱ"), to which MAD Ⅱ cross - refers.[2] Ultimately, the EU Market Abuse Regulation (596/2014) ("MAR" or the "Regulation") and the Criminal Sanctions for Market Abuse Directive (2014/57/EU) ("CSMAD"), together known as MAD Ⅱ, have been published in the EU Official Journal and have replace completely the existing Market Abuse Directive (2003/6/EC) ("MAD") and its implementing measures in July 2016.[3] Like its predecessor, the new legislation shares the same aims as MAD, namely to prohibits market abuse on EU financial markets.[4]

The current market abuse directive was regarded to have a number of disadvantages, so MAD Ⅱ aims to amend precise provisions to address shortcomings from those aspects: (i) expending the scope of the market abuse rules, for example,

---

[1] W. Jong. Tackling Financial Market Abuse in the EU. Library of the European Parliament. http: //www.europarl. europa. eu/RegData/bibliotheque/briefing/2013/130440/LDM _ BRI% 282013% 29130440 _ REV1 _ EN. pdf, last visited 4 January, 2015.

[2] Cleary Gottlieb Steen & Hamilton LLP. MAD Ⅱ Adopted by European Parliament and Council (2014). http: //www. cgsh. com/files/News/b50f94c4-82e5-4ce4-9b87-6a2d8c9de4a8/Presentation/NewsAttachment/907ed507 - 44ad - 4c02 - bdc4 - 6f7585627df3/European% 20Union% 20Overhauls% 20Insider% 20Dealing%20and%20Market%20Abuse%20Regime. pdf, last visited 5 January, 2015.

[3] Jones. C. Casting A Wider Net to Catch Market Abuse. Financial Services (2014). http: //blogs. lexisnexis. co. uk/fs/casting-a-wider-net-to-catch-market-abuse/, last visited 5 January, 2015).

[4] As defined in MiFID Ⅱ: "a multilateral system operated and/or managed by a market operator, which brings together or facilitates the bringing together of multiple third-party buying and selling interests in financial instruments-in the system and in accordance with its non-discretionary rules-in a way that results in a contract, in respect of the financial instruments admitted to trading under its rules and/or systems, and which is authorised and functions regularly and in accordance with Title III of this [MiFID Ⅱ]."

spot commodities markets and multilateral trading facilities; (ii) updating market developments such as emission allowances, over the counter (OTC) trading and new technology such as high-frequency trading (HFT); (iii) harmonizing the application of minimum criminal and administrative sanctions across the EU Member States; (iv) explicitly banning the manipulation of benchmarks, such as LIBOR; (v) reinforcing the investigative and sanctioning power of regulators.[1]

4.1 MAR

The huge difference between MAD is that, as an EU Regulation, MAR has direct effect in each Member States without amendment. MAR will create a wider single European rulebook.[2] MAR is for the correct application of this Regulation, it is necessary that Member States take all measures in order to ensure that their national law comply by 3 July, 2016 with the provisions of this Regulation concerning competent authorities and their powers, administrative sanctions and other administrative measures, the reporting of infringements and publication of decisions.[3] For instance, in the UK, the Disclosure Rules for listed companies have been repealed and the provisions of MAR have taken effect in their place.[4]

4.1.1 Scope of the rules

MAR significantly broadens the scope of the market abuse rules, compared with the current MAD, which applies only in relation to dealing with inside dealing and market manipulation admitted to trading on a regulated market. MAR will apply

[1] European Commission. Daily News. http://europa.eu/rapid/midday-express-12-06-2014.htm? locale=en, last visited 3 January, 2015.

[2] The New EU Market Abuse and Inside Information Regime-An Overview: Corporate and Financial Services Briefing. http://hsfnotes.com/fsrandcorpcrime/2014/07/04/the-new-eu-market-abuse-and-inside-information-regime-an-overview/, last visited 5 January, 2015.

[3] Regulation (EU) No 596/2014.

[4] The New EU Market Abuse and Inside Information Regime-An Overview: Corporate and Financial Services Briefing. http://hsfnotes.com/fsrandcorpcrime/2014/07/04/the-new-eu-market-abuse-and-inside-information-regime-an-overview/, last visited 5 January, 2015.

to trading on all EEA trading facilities.[1]

4.1.1.1 The extension of the scope of the financial instruments

(a) Financial instruments traded on an MTF, admitted to trading on an MTF or for which a request for admission to trading on an MTF has been made;

(b) Financial instruments traded on an OTF;

(c) The price or value of which depends on or has an effect on the price or value of a financial instrument referred to in those points, including, but not limited to, credit default swaps and contracts for difference.[2]

In fact, all financial instruments which are publicly traded on some style of exchange or trading platform in the EU are possible to be under the scope,[3] and the variation reflects that securities are increasingly traded off-market.[4]

4.1.1.2 Emission allowances

It is first time that emission allowances[5] is captured by the market abuse legislation, given their new classification as a type of "financial instrument".[6] Because it is usually not emission allowances issuers have insider information, the standard definition can not fully guarantee the disclosure of internal information. Hence, a particular definition of inside information for emission allowances is produced.[7] Emission allowances adapt for the obligations which are relating to disclosure of in-

---

[1] New Market Abuse and Inside Information Regime to Bring Major Change. http://www.boardpad.com/news/new-market-abuse-inside-information-regime-bring-major-change/, last visited 5 January, 2015.

[2] Regulation (EU) No 596/2014article 2 point 1.

[3] The Market Abuse Regulation-provisionally Agreed Text Published. http://www.freshfields.com/uploadedFiles/SiteWide/Knowledge/MAR% 20briefing% 20 -% 20August% 202013. pdf, last visited at 5 January, 2015.

[4] Cleary Gottlieb Steen & Hamilton LLP. MAD II Adopted by European Parliament and Council (2014). http: //www. cgsh. com/files/News/b50f94c4-82e5-4ce4-9b87-6a2d8c9de4a8/Presentation/NewsAttachment/907ed507-44ad-4c02-bdc4-6f7585627df3/European% 20Union% 20Overhauls% 20Insider% 20Dealing%20and%20Market%20Abuse%20Regime. pdf, last visited 5 January, 2015.

[5] Regulation (EU) No 596/2014Article 3 point 1.

[6] The Market Abuse Regulation-provisionally Agreed Text Published. http://www.freshfields.com/uploadedFiles/SiteWide/Knowledge/MAR% 20briefing% 20 -% 20August% 202013. pdf, last visited at 5 January, 2015.

[7] European Parliament's Endorsement of the Political Agreement on Market Abuse Regulation. http: //europa. eu/rapid/press-release_ MEMO-13-774_ en. htm? locale=en, last visited 5 January, 2015.

side information, insider lists and managers transactions in MAR.❶

4.1.1.3 Spot commodities market

The relation between spot commodity markets and relevant derivative markets are highly interconnected and abusive market behaviours may take place across these markets.❷ However, lacking a clear and binding definition under the current MAD of inside information in relation to commodity derivatives markets that may allow information asymmetrics in related to those connection spot markets, which means that, in the current market abuse framework, investor protection commodity derivatives may be lower than investors in the financial derivatives market.❸ So, MAR provides the abusive trading in spot commodity contracts whose price or value is based on a derivative financial instrument, and spot commodity contracts to which financial instruments are referenced. MAR authorise competent authorities that will have the right to request information from market participants to the related spot market and direct access the system of traders, and receive report affairs.❹

4.1.1.4 Benchmarks

Since March 2011, a number of banks have already been investigating about possible manipulation of the EURIBOR (Euro Interbank Offered Rate) and LIBOR (London Interbank Offered Rate) benchmarks for interbank lending rates. The reason is that banks suspect the estimates of the interest rate at which they would accept offers of funding and which the rate they would have accepted in practice were different. Therefore, the integrity of the interest rate has been questioned—the interest rate as the benchmark for lending and reference of many finan-

---

❶ The New EU Market Abuse and Inside Information Regime-An Overview. Corporate and Financial Services Briefing. http://hsfnotes.com/fsrandcorpcrime/2014/07/04/the-new-eu-market-abuse-and-inside-information-regime-an-overview/, last visited 5 January, 2015.

❷ European Parliament's Endorsement of the Political Agreement on Market Abuse Regulation. http://europa.eu/rapid/press-release_ MEMO-13-774_ en.htm? locale=en, last visited 5 January, 2015.

❸ Ibid.

❹ The New EU Market Abuse and Inside Information Regime-An Overview. Corporate and Financial Services Briefing. http://hsfnotes.com/fsrandcorpcrime/2014/07/04/the-new-eu-market-abuse-and-inside-information-regime-an-overview/, last visited 5 January, 2015.

cial instruments such as interest rate swaps and consumer contracts, such as mortgages, loans and credit cards. In addition, the individual contributor banks' estimates provided misleading information to the market about their likely costs of funding. In order to capture the direct manipulation of benchmarks and in order to ensure that such manipulation of benchmarks is an offence, the Regulation explicitly prohibits this. The individual contributor banks' estimates the given misleading information to the market in related to their possible costs of funding.❶ So MAR provides Benchmarks.

4.1.2 Inside dealing

Unlike MAD adjust the market abuse between attempted insider dealing and market manipulation, MAR prohibits insider dealing, improper disclosure of inside information and market manipulation. The new Regulation extends the market abuse regime.❷

4.1.2.1 Inside information

MAR revises the inside information which is based on price sensitivity in MAD.❸ The new regulation amends some provisions to keep pace with the development of securities market include information on emission allowances, as well as spot commodity contracts and derivatives.❹ In addition, according with MiFID, financial instruments include those traded on unregulated markets such as platforms installed by investment firms for trading between multiple third parties. MAR also

---

❶ European Parliament's Endorsement of the Political Agreement on Market Abuse Regulation. http://europa.eu/rapid/press-release_ MEMO-13-774_ en.htm? locale=en, last visited 5 January, 2015.

❷ Cleary Gottlieb Steen & Hamilton LLP. MAD Ⅱ Adopted by European Parliament and Council (2014). http://www.cgsh.com/files/News/b50f94c4-82e5-4ce4-9b87-6a2d8c9de4a8/Presentation/NewsAttachment/907ed507-44ad-4c02-bdc4-6f7585627df3/European%20Union%20Overhauls%20Insider%20Dealing%20and%20Market%20Abuse%20Regime.pdf, last visited 5 January, 2015.

❸ W. Jong. Tackling Financial Market Abuse in the EU. Library of the European Parliament. http://www.europarl.europa.eu/RegData/bibliotheque/briefing/2013/130440/LDM_ BRI%282013%29130440_ REV1_ EN.pdf, last visited 4 January, 2015.

❹ Regulation (EU) No 596/2014: "In relation to emission allowances or auctioned products based thereon, information of a precise nature, which has not been made public, relating, directly or indirectly, to one or more such instruments, and which, if it were made public, would be likely to have a significant effect on the prices of such instruments or on the prices of related derivative financial instruments."

introduces the acceptability of "Chinese walls" and other arrangements, in order to avoid transmitting inside information within a company.❶

4.1.3 Unlawful disclosure of inside information

MAR provides a new legislation for discloser who knew or should have known the recommendation or inducement was based on inside information except for normal exercise of an employment, a profession or duties.❷

4.1.4 Market soundings

A market sounding consists of the communication of information, prior to the announcement of a transaction, in order to gauge the interest of potential investors in a possible and the conditions relating to it such as its potential size or pricing, to one or more potential investors by the issuer, a secondary offeror, an emission allowance market participant, a third party acting on behalf or on the account of a person.❸

4.1.5 Market manipulation

Algorithmic and high-frequency trading and accepted market practices are two new important types of market manipulation which be defined in MAR.❹ To move forward a single step, the definition now provides for descriptions of market manipulations, including algorithmic and high-frequency trading and use of electronic systems. To manipulate the market no longer need to focus on a particular order or transaction, but may also include the general behavior, "attempted manipulation" as well as cancellations of transactions.❺

---

❶ W. Jong. Tackling Financial Market Abuse in the EU. Library of the European Parliament. http://www.europarl.europa.eu/RegData/bibliotheque/briefing/2013/130440/LDM_BRI%282013%29130440_REV1_EN.pdf, last visited 4 January, 2015.

❷ Regulation (EU) No 596/2014Article 10: "For the purposes of this Regulation, unlawful disclosure of inside information arises where a person possesses inside information and discloses that information to any other person, except where the disclosure is made in the normal exercise of an employment, a profession or duties."

❸ Regulation (EU) No 596/204Article 11 point 1.

❹ Regulation (EU) No 596/2014.

❺ W. Jong. Tackling Financial Market Abuse in the EU. Library of the European Parliament. http://www.europarl.europa.eu/RegData/bibliotheque/briefing/2013/130440/LDM_BRI%282013%29130440_REV1_EN.pdf, last visited 4 January, 2015.

4.1.6 Issuer obligations

4.1.6.1 Insider list

MAR will introduce a new standard content and format for insider lists. Companies with traded securities will be required to draw up an insider list those in possession of any inside information before it is announced to the market.[1]

4.1.6.2 Disclosure of inside information

MAR requests the issuer to disclose insider information to the public directly as soon as possible. And the ability to delay disclosure is limited so as not to affect the issuer's legitimate interests if the omission is unlikely to mislead the public and the issuer's confidential information.[2] The variations to the definition of inside information are meaningful for issuers as well as for those buying and selling securities, as an issuer must publish inside information as soon as issuer can.[3]

4.1.7 Investigations and enforcement

MAR will enlarge the range of investigation powers that regulatory authorities' rights would be reinforced for both inside dealing and manipulation.[4] The provisions enter business premises, seize documents and data, summon and question any person, procure telephone records, sequester assets, suspend trading in the instrument in question and impose temporary bans on the professionals involved, among others.[5] National regulators will have reinforced obligations to

---

[1] The New EU Market Abuse and Inside Information Regime-An Overview. Corporate and Financial Services Briefing. http://hsfnotes.com/fsrandcorpcrime/2014/07/04/the-new-eu-market-abuse-and-inside-information-regime-an-overview/, last visited 5 January, 2015.

[2] Ibid.

[3] The Market Abuse Regulation-provisionally Agreed Text Published. http://www.freshfields.com/uploadedFiles/SiteWide/Knowledge/MAR% 20briefing% 20 -% 20August% 202013. pdf, last visited at 5 January, 2015.

[4] W. Jong. Tackling Financial Market Abuse in the EU. Library of the European Parliament. http://www.europarl.europa.eu/RegData/bibliotheque/briefing/2013/130440/LDM _ BRI% 282013% 29130440 _ REV1 _ EN. pdf, last visited 4 January, 2015.

[5] Cleary Gottlieb Steen & Hamilton LLP. MAD Ⅱ Adopted by European Parliament and Council (2014). http://www.cgsh.com/files/News/b50f94c4-82e5-4ce4-9b87-6a2d8c9de4a8/Presentation/NewsAttachment/907ed507-44ad-4c02-bdc4-6f7585627df3/European%20Union%20Overhauls%20Insider%20Dealing%20and%20Market%20Abuse%20Regime. pdf, last visited 5 January, 2015.

collaborate and to provide mutual assistance. National regulators will also be authorised to admit a national regulator from another member state to implement an on-site inspection or investigation on their fields.❶

4.1.8 Administrative sanction

MAR recommends Member States to carry out civil sanctions for breaches of the market abuse prohibitions, as well as for off foot of certain of the provisions concerning to recordkeeping, notifications and complying with investigations.❷ Unlike MAD, MAR will rule the certain measures for national regulators' powers to impose sanctions rather than leave it to Member States to determine the suitable sanctions for abusive behaviour.❸ Civil Sanctions for breaches of market abuse prohibitions are as shown in Table 5-1.

Table 5-1　Civil Sanctions for Breaches of Market Abuse Prohibitions

	Legal Person	Natural Person
Breach of insider dealing, improper disclosure or market manipulation provisions	€ 15 million or 15% of consolidated annual turnover❹	€ 5 million
Breach of most of the other provisions of MAR	€ 2.5 million or 2% of consolidated annual turnover	€ 1 million

❶ The Market Abuse Regulation-provisionally Agreed Text Published. http://www.freshfields.com/uploadedFiles/SiteWide/Knowledge/MAR%20briefing%20-%20August%202013.pdf, last visited at 5 January, 2015.

❷ Cleary Gottlieb Steen & Hamilton LLP. MAD Ⅱ Adopted by European Parliament and Council (2014). http://www.cgsh.com/files/News/b50f94c4-82e5-4ce4-9b87-6a2d8c9de4a8/Presentation/NewsAttachment/907ed507-44ad-4c02-bdc4-6f7585627df3/European%20Union%20Overhauls%20Insider%20Dealing%20and%20Market%20Abuse%20Regime.pdf, last visited 5 January, 2015.

❸ W. Jong. Tackling Financial Market Abuse in the EU. Library of the European Parliament. http://www.europarl.europa.eu/RegData/bibliotheque/briefing/2013/130440/LDM_BRI%282013%29130440_REV1_EN.pdf, last visited 4 January, 2015.

❹ In an apparent oversight, MAR does not indicate which of the two fining measures should be used. It is submitted that it would be more in line with the *Rule of Law* (the "Rule of Lenity" in particular) for this ambiguity to beresolved in favour of the market abuser.

续表

	Legal Person	Natural Person
Overarching minimum fine applicable to any breach of MAR	Three times the profits gained or losses avoided	

[1]

4.2 CSMAD

CSMAD is a branch of MAD Ⅱ that introduces mandatory criminal sanctions for serious cases of intentional insider dealing, unlawful disclosure of inside information and market manipulation. The new Directive is intended to promote investor confidence, foster consistent cross-border enforcement and strengthen social disapproval for market abuse. Member states need to transpose the Directive into national law.[2]

4.2.1 Scope

Member States will have to make sure that such behaviours, including the manipulation of benchmarks (the manipulation contains manipulation using fictitious devices, contrivances or deceptions; and manipulation involving giving misleading signals or securing an artificial price in the absence of an accepted market practice[3]) is a criminal offence.[4]

But CSMAD is subject to minimum thresholds. It is subject to minimum thresholds. The transaction up to €5, 000 within one year will not trigger the disclosure

---

[1] Cleary Gottlieb Steen & Hamilton LLP. MAD Ⅱ Adopted by European Parliament and Council (2014). http://www.cgsh.com/files/News/b50f94c4-82e5-4ce4-9b87-6a2d8c9de4a8/Presentation/NewsAttachment/907ed507-44ad-4c02-bdc4-6f7585627df3/European%20Union%20Overhauls%20Insider%20Dealing%20and%20Market%20Abuse%20Regime.pdf, last visited 5 January, 2015.

[2] Cleary Gottlieb Steen & Hamilton LLP. MAD Ⅱ Adopted by European Parliament and Council (2014). http://www.cgsh.com/files/News/b50f94c4-82e5-4ce4-9b87-6a2d8c9de4a8/Presentation/NewsAttachment/907ed507-44ad-4c02-bdc4-6f7585627df3/European%20Union%20Overhauls%20Insider%20Dealing%20and%20Market%20Abuse%20Regime.pdf, last visited 5 January, 2015.

[3] Ibid.

[4] European Commission. Daily News. http://europa.eu/rapid/midday-express-12-06-2014.htm?locale=en, last visited 3 January, 2015.

requirement, and competent authorities may increase this threshold to €20, 000.❶

4. 2. 2 Sanctions

CSMAD supplements MAR by requiring all Member States to provide coordination of crime of insider dealing and market manipulation, and to impose maximum criminal punishment of not less than 4 and 2 years imprisonment for the most serious market abuse offences.❷

4. 3 ESMA consults on draft implementing measures

The European Securities and Markets Authority (ESMA) has set out a consultation on MAR which entered into force on 2 July, 2014. It issues two consultation papers seeking stakeholders' views on the draft regulatory and implementing technical standards (RTS/ITS) and Technical Advice (TA). ESMA has to develop for the implementation of the new MAR framework which would become applicable in July 2016.❸

The first ESMA paper (ESMA 2014/808) seeks comments on the technical advice that ESMA proposes to give to the European Commission on a number of possible delegated acts concerning the Regulation. The second ESMA paper (ESMA 2014/809) sets out draft implementing technical standards.❹

Both the RTS and the ITS ultimately aim at re-establishing securitisation on a sustainable basis mainly by encouraging market participants to develop a more transparent and uniform securitisation market and by enabling more convergence of

---

❶ Cleary Gottlieb Steen & Hamilton LLP. MAD Ⅱ Adopted by European Parliament and Council (2014). http://www.cgsh.com/files/News/b50f94c4-82e5-4ce4-9b87-6a2d8c9de4a8/Presentation/NewsAttachment/907ed507-44ad-4c02-bdc4-6f7585627df3/European%20Union%20Overhauls%20Insider%20Dealing%20and%20Market%20Abuse%20Regime.pdf, last visited 5 January, 2015.

❷ European Commission. Daily News. http://europa.eu/rapid/midday-express-12-06-2014.htm?locale=en, last visited 3 January, 2015.

❸ ESMA Details New Market Abuse Regime. http://www.esma.europa.eu/news/Press-release-ESMA-details-new-market-abuse-regime, last visited 5 January, 2015.

❹ The new EU Market Abuse and Inside Information Regime-ESMA Consults on Draft Implementing Measures. http://hsfnotes.com/fsrandcorpcrime/2014/07/16/the-new-eu-market-abuse-and-inside-information-regime-esma-consults-on-draft-implementing-measures/, last visited 5 January, 2015.

supervisory practices across Europe with regard to the securitisation retention rules and related requirements.[1]

Conclusion

With the development of economy, the existing legal system is not able to adjust the current finical market. Abuse market behaviours are continually increasing. A list of legislations is implemented constantly. The European Community Council has already launched the Council Insider Dealing Directive 89/592/EEC (IDD) on 13 November, 1989. Then the Directive 2003/6/EC provides the basic legal framework about inside dealing and market manipulation, which replaced the IDD. The Commission and the Council of the European Union ("Council") and then between the European Parliament and the Council make agreement to carry out MAR and CSMAD, which have been published in the EU Official Journal.[2] The new reforms expand the scope of market abuse and add some new platform of economy interaction. The new reforms will be fit the integrity of market.

第四节 The Capacity of Company's Agency as Applied in Company Law

Introduction

The law handling with the principles of corporate liability and company's capacity is an extraordinary elusive area, even if, existing numerous relevant legal principles to adjust those fields.[3] According to *Salomon v. Salomon*[4], it would be

[1] https://www.eba.europa.eu/draf-regulatory-technical-standards-rts-on-securitisation-retention-rules/-/regulatory-activity/consultation-paper; jsessionid=CA1E78E33E73918ACDEE68F3E7A7BCE5.

[2] Jones. C. Casting A Wider Net to Catch Market Abuse. Financial Services (2014). http://blogs.lexisnexis.co.uk/fs/casting-a-wider-net-to-catch-market-abuse/, last visited 5 January, 2015.

[3] M. Naniwadekar. The Law of Agency as Applied in Company Transaction, (2008) ECFR 3.

[4] *Salomon v. Salomon & Co.*, [1897] AC 22.

conferred that company operations only through its agency. Generally speaking, agencies are authorized to act on behalf of companies to deal with a series of contractual, quasi-contractual and non-contractual relationship with a third party.[1] But sometimes agencies would not totally truly represent the whole companies purposes, even though agency should comply with the memorandum and an agent's action is under company's authority.[2][3] Therefore, the behavior of an agency arise a major question: the liability of the company for the actions of its agents when agent's action is beyond his or her capacity or is into misleading transaction.[4] Why the law of agency is into paradoxical situation, maybe firstly reason is that companies are complex organization[5], and secondly there are difficulties inserted into the company law context by the approved company's constitution and the consequent case law and legislative referred to the agency exception.[6] Of course, doctrines such as *ultra vires*, constructive notice can be used to adjust the company's agency as applied to company law.[7] And a famous case *Royal British Bank v. Turquand*[8]generates an important and useful rule, called indoor management rule, and has changed the previous relevant legislation. Subsequently, it is supplemented by the *Company Act* 2006 sections 39-41.[9]

The essay seeks to discuss the liability of the company for the acts of its agency in *Company Law* 2006 sections 40, 41 and consider the case *Royal British Bank v. Turquand*. The first aspect of the essay will introduce the principal of agency. In doing so, the aforesaid doctrines about agency will be interpreted and particularly the types of agency which are the actual authority and the ostensible authority will

---

❶ Law of Agency http: //en. wikipedia. org/wiki/Law_ of_ agency.

❷ D. DeMott, "Instructions and the Agency Relationship" (unpublished manuscript) 3-4.

❸ There are two kinds of authority, one is actual authority, and another is apparent (or ostensible) authority.

❹ M. Naniwadekar. The Law of Agency as Applied in Company Transaction, (2008) ECFR 3.

❺ A. Dignam & J. Lowry. Company Law [M]. 7th ed. Oxford: Oxford University Press, 2012.

❻ B. Pettet. Company Law [M]. 2nd ed. Edinburgh: Pearson Education Limited Press, 2005.

❼ M. Naniwadekar. The Law of Agency as Applied in Company Transaction, (2008) ECFR 3.

❽ *Royal British Bank v. Turquand* [1856] 6 E & B 327.

❾ *Royal Bank v. Turquand*. http: //en. wikipedia. org/wiki/Royal_ British_ Bank_ v_ Turquand.

be considered. The brief second section of this essay will proceed to discuss the case *Royal British Bank v. Turquand* and analyse the effect of *the Turquand* rule. The third part of the essay will then briefly discuss the 2006 UK *Company Law* sections 44 and 41.

1. Agency

The House of Lords made it very clear in *Salomon v. Salomon* case that the company is a legal person, not a natural person, separating from its shareholders.[1] Actually, it might be indicated that a company, unlike humans, cannot conduct acts on itself.[2] Hence, company either directly nominates an outsider as an agent or it authorizes a director or employee to be its agent.[3] So, this is where the doctrine of agency produces. Synchronously, Larelle Chapple and Phillip Lipton claimed that "the legal fiction of the separate legal entity principles enables companies to be bound by contracts entered into with outside parties."[4] Also it would be found that the relationship between the company and the shareholders would be a contractual relationship of agency.[5] And an agent is someone who is authorized by company to conduct on that company's behalf, and is permitted to do what the company could empower fully do through him or her.[6] Davies and Worthington have pointed the main features of the agency principles:

> "A principal is bound by the transactions on his behalf of his agents or employees if the latter acted within either:
>
> (a) The actual scope of the authority conferred upon them by their principle prior to the transaction or by subsequent ratification; or

---

[1] *Salomon* v. *Salomon & Co.*, [1897] AC 22.

[2] M. Naniwadekar. The Law of Agency as Applied in Company Transaction, (2008) ECFR 3.

[3] A. Dignam & J. Lowry. Company Law [M]. 7th ed. Oxford: Oxford University Press, 2012.

[4] L. Chapple & P. Lipton. Enforcing Contracts in Dealings with Corporate Officers. Melbourne: 2002.

[5] D. Kershaw. Company Law in Context Text and Materials [M]. 2nd ed. Oxford: Oxford University Press, 2012.

[6] D. Baze. Common Law of Agency A Supplement Chapter for Oklahoma Real Estate Principles (2009). https://www.charlesbarnes.com/pdf_files/agency.pdf.

(b) The apparent (or ostensible) scope of their authority."[1]

From those words, it would be concluded that there are two main kinds of the authority of agencies. One is the actual authority, and the other is the apparent authority (sometimes known as ostensible authority).

1.1 The common law rule of agency: actual authority

From *Freeman & Lockyer v. Buckhurst Park Properties* case, it is considered the explanation of "actual authority" interpreted by Diplock LJ[2]:

> "An actual authority is a legal relationship between principal and agent created by a consensual agreement to which they alone are parties. It scope is to be ascertained by applying ordinary principal of construction of contracts, including any proper implications from the express words used, the usages of the trade, or the course of business between the parties."[3]

Actual authority comes from the result of a consensual relationship between the principle and the agent.[4] And actual authority is authority which the principal expressly or impliedly delegates agent to bind the company.[5] Normally express actual authority will be created an explicit agreement conferring of authority on a director through written or spoken words.[6] For example, an executive director designated under a written service contract has express actual authority to bind the company.[7] It can be said that the executive director has cxpress actual authority. However, the company can appoint agent actual authority by indirect conduct. This kind of actual

[1] D. Paul L. & W. Sarah. Principles of Modern Company Law [M]. 9th ed. London: Sweet & Maxwell Press, 2012.

[2] D. Kershaw. Company Law in Context Text and Materials [M]. 2nd ed. Oxford: Oxford University Press, 2012.

[3] [1964] 2 Q. B. 480 CA.

[4] B. Pettet. Company Law [M]. 2nd ed. Edinburgh: Pearson Education Limited Press, 2005.

[5] E. Ferran. Company Law and Corporate Finance [M]. 1st ed. Oxford: Oxford University Press, 1999.

[6] B. Hannigan. Company Law [M]. 2nd ed. Oxford: Oxford University Press, 2009.

[7] E. Ferran. Company Law and Corporate Finance [M]. 1st ed. Oxford: Oxford University Press, 1999.

authority is called implied actual authority.[1] Implied actual authority may be deduced from the action of the board in acquiescing in the agent conduct without express authority from the board.[2] For instance, a managing director, is usually regarded to do all such things as all within the usual scope of that office because of implied actual authority[3]. The example can be conferred in Hely-Hutchinson v. Brayhead Ltd.[4]

1.2 The common law rule of agency: apparent authority (ostensible authority)

Apparent or ostensible authority, rather than any actual authority being given[5], is the authority of an agent when it emerges to others and it can expand actual authority or to create no existing actual authority, but it cannot be relied upon if a third party is aware of that the agent has no actual authority or is put on investigations as to an missing authority.[6] The extensive nature of it is that apparent authority will need two conditions: firstly, where it appears to the third party that the agent has authority to connect with transaction; and secondly, the appearance has come out through the fault of the principal so that it is fair that he is now stopped to deny that appearance.[7][8] It means that agent should have the right of authority on the surface. And the third party has reasonable reliance. Professor Lawton mentioned that ostensible authority arises where

---

[1] L. Sealy & S. Worthington. Sealy and Worthington's Cases and Materials in Company Law [M]. 10th ed. Oxford: Oxford University Press, 2013.

[2] A. Hicks & S. H. Goo. Cases & Materials on Company Law [M]. 6th ed. Oxford: Oxford University Press, 2008.

[3] B. Hannigan. Company Law [M]. 2nd ed. Oxford: Oxford University Press, 2009.

[4] [1967] 3 All ER 98, CA.

[5] A. Dignam & J. Lowry. Company Law [M]. 7th ed. Oxford: Oxford University Press, 2012.

[6] B. Hannigan. Company Law [M]. 2nd ed. Oxford: Oxford University Press, 2009.

[7] B. Pettet. Company Law [M]. 2nd ed. Edinburgh: Pearson Education Limited Press, 2005.

[8] It has been observed that there is some similarity between the estoppels theory and the objective consent theory of apparent authority, in that both theories "require a manifestation from the principal to the third party that, objectively construed, causes the third party to believe the agent has authority to enter into the transaction in question". C. H. Tan. The Law of Agency. Singapore: Academy Publishing, 2010.

“(a) There is a representation that the contracting officer had authority; (b) that representation came from someone with actual authority to manage the business; (c) it was relied upon; (d) there was nothing inconsistent in the public documentation to undermine that representation.”❶

From *Freeman & Lockyer v. Buckhurst Park Properties* case❷, Diplock LJ also makes clear that the meaning of apparent authority. If there is no real power authorized by board, the company is not bound. However, exceptionally if the company authorized third parties on behalf of the directors, when the direction is not, and the third party has dependent on this, the company may be bound. The company seems to have been authorized by the director, so “apparent authority” which in reality is no authority at all.❸

The doctrinal bases of apparent authority are objective consent theory and estoppels theory.❹ One of the principle bases on agency law is consent, in other words, according to a number of cases, the principal is willing to authorize the agent to conduct on his behalf and that this provides justification for the principal being bound by the performs of the agent.❺ And the theory provides the idea that in contractual relationships, each contracting party is bound by what he repents rather than what he wants. Under the apparent authority, the objective consent theory would pay close attention to the objective appearance of consent as testified by the representations and act of the principal.❻

The estoppel justification for apparent authority has deep roots in English law. Also in *Freeman & Lockyer v. Buckhurst Park Properties*❼case, Diplock L. J. ’s famous formulation of apparent authority is built on estoppel reasoning. Abundant

---

❶ P. Lawton. LLM International Business and Corporate Law Lecture Outline about Corporate Capacity—Ultra Vires Contracts.

❷ [1964] 2 Q. B. 480 CA.

❸ A. Hicks & S. H. Goo. Cases & Materials on Company Law [M]. 6th ed. Oxford: Oxford University Press, 2008.

❹ Y. Ji. Apparent Authority: Doctrinal Underpinnings and Competing Policy Goals, [2014] JBL 72.

❺ Bowstead & Reynolds on Agency (2010).

❻ Y. Ji. Apparent Authority: Doctrinal Underpinnings and Competing Policy Goals, [2014] JBL 72.

❼ [1964] 2 Q. B. 480 CA.

English cases have involved apparent authority as a form of eatoppel.[1] Estoppel in the circumstance of apparent authority has been described as taking a weak form[2], as the representation leading to the estoppel may generally be a very common one (such as appointing the agent to his position in the origanisation).[3][4] An instance of such a general representation may be observed in *Kelly v. Fraser*[5], where the Privy Council pointed that the agent (who was appointed as vice-president of the Employee Benefits Division and who had various administrative duties relating to the running of the Pension Plan) had apparent authority to transact the fact that transfers had been approved.[6]

Indoor Management Rule

The "constructive notice" Rule

The doctrine of constructive notice carries out on the basement of the rule.[7] The doctrine of constructive notice which went back to *Ernest v. Nicholls case*[8], all individuals trading with a company have noticed of the statute under which the company has been incorporated and of the public documents of the company. The Memorandum of Association and the Articles of Association were the most important documents.[9] Because it is possible for public inspection, people contracting with the Company are freedom and convenient to investigate the document to see if there is

---

❶ L. S Sealy and R. J. A. Hooley. Commercial Law, Text, Cases and Materials [M]. 4th ed. Oxford: Oxford University Press, 2009.

❷ P. Watts and F. M. B. Reynolds. Bowstead & Reynolds on Agency [M]. 19th ed. London: Sweet & Maxweel Press, 2010.

❸ Another reason why estopped was described as taking a weak form in relation to apparent authority is that the detriment incurred by the represented may be small.

❹ Y. Ji. Apparent Authority: Doctrinal Underpinnings and Competing Policy Goals, [2014] JBL 72.

❺ *Kelly v. Fraser* [2012] UKPC 25; [2012] 3 W. L. R. 1008 PC (Jamaica).

❻ Y. Ji. Apparent Authority: Doctrinal Underpinnings and Competing Policy Goals, [2014] JBL 72.

❼ Per Lord Hatherley in *Mahoney v. East Holyford Mining Co.*, (1875) LR 7HL 869; see Also *Ernst v. Nicholls*, (1857) 6 HLC 401.

❽ *Ernst v. Nicholls*, (1857) 6 HLC 401.

❾ The Turquand Rule - Statutory and Common Law. http://www.academia.edu/8765063/The_Turquand_Rule_Statutory_and_Common_Law.

any limitation of rights or limitations relays on the features of the business. Under this circumstance, outsiders should be deemed to know any limitation place on the Directors of the Company. So it may witness that there was some irregularity within the Company referring to any conclusions, outsiders having transacting with the Company are regarded to be known it.❶

The European Communities Act 1972 published the provision of constructive notice, which has now abrogated.❷ And after 13 years, *the Companies Act* 1985, indicating that a party shall not be engaged in having notice of any matter almost because it is disclosed in a document delivered to the Registrar of Companies and is also available to public inspection.❸ The statutorily modified doctrine of constructive notice would, in respect of the circumstances, means that a person will be treated as realizing the contents of certain documents recorded according to the company with which he candles. These documents will tell the party who deals with the company what objects it may gain, how much share capital it has issued and may issue in future, how its board of directors is constituted.❹

Some early cases on the constructive knowledge doctrine might be interpreted into two situations.❺ Professor Stiebel argued that the constructive notice doctrine had a positive inspiration.❻ On the other hand, Professor Montrose claimed that the doctrine of constructive notice is not able to be applied against the company; in some sense, it is a negative doctrine, rather than a positive one. However, it can be said that the doctrine of constructive notice, beyond all doubts, acts harshly upon third parties.❼ As an example, considering the case of *Re John Beuforte*

---

❶ The Indoor Management Rule. http://vijayhighcourt1. blogspot. co. uk/2008/10/indoor-management-rule. html.

❷ European Communities Act1972, Chapter 68.

❸ Companies Act1985, Chapter 6.

❹ Doctrine of Constructive Notice. http://www. lawteacher. net/free-law-essays/company-law/doctrine-of-constructive-notice. php.

❺ M. Naniwadekar. The Law of Agency as Applied in Company Transaction, (2008) ECFR 3.

❻ A. Stiebel. The Ostensible Powers of Directors [J]. Law Quarterly Review350 (1933).

❼ M. Naniwadekar. The Law of Agency as Applied in Company Transaction, (2008) ECFR 3.

(London) Ltd.,[1] if the harshness of the rule is to be applied strictly[2], third parties would be left unprotected.[3] The rule makes it impossible for one person to communicate with the company to argue that they were aware of that the company lacked capacity to enter the transaction.[4] Clearly, this is against business efficacy. In order to mitigate the harshness of this rule, Courts developed the "indoor management" rule, which can come to the aid of outsiders contracting with the company.[5]

Indoor management rule

As criticisms of the rule of constructive notice, the new theory called the doctrine of indoor management has been evolved by the courts.[6] To resolve the above problem the Courts developed the Indoor Management Rule.[7] It is concentrated that it was deemed as a means of offsetting the rigid rule of constructive notice by protecting "bonafide third parties" dealing with a company, and also by formulating them to assume that all internal management and procedures have been complied with.[8] And in the UK it is now accepted by *the Company Act* 2006 the sections 39-41.[9] The indoor management rule-or Turquand's rule-as the internal

---

❶ Re John Beuforte (London) Ltd., [1953] Ch. 131.

❷ English company law has been reformed to some extent in this regard. Section 35 A (1) of the English Companies Actas amended in 1989 states that in favour of a person dealing with a company in good faith, the power of the board of directors to bind the company, or to authorize others to do so, shall be deemed to be free of any limitations under the company's constitution. See, Gower, supra note 2, at pp. 213-214. The 2006 Act in Section 40 (1) roadly follows the scheme of the 1989 Amendment. See, Davies and Rickford.

❸ M. Naniwadekar. The Law of Agency as Applied in Company Transaction, (2008) ECFR 3.

❹ A. Dignam & J. Lowry. Company Law [M]. 7th ed. Oxford: Oxford University Press, 2012.

❺ M. Naniwadekar. The Law of Agency as Applied in Company Transaction, (2008) ECFR 3.

❻ Doctrine of Constructive Notice. http: //www. lawteacher. net/free-law-essays/company-law/doctrine-of-constructive-notice. php.

❼ The Turquand Rule - Statutory and Common Law. http: //www. academia. edu/8765063/The_ Turquand_ Rule_ Statutory_ and_ Common_ Law.

❽ Ibid.

❾ Royal British Bank v. Turquand. http: //en. wikipedia. org/wiki/Royal_ British_ Bank_ v_ Turquand.

management rule was expressed in the case of *Royal British Bank v. Turquand.*[1][2] The Turquand's rule was accepted as part of South African law in *Legg & Co. v. Premier Tobacco Co.*[3]. In this case, Turquand company's directors had given a loan to the Royal British Bank for security, but the articles of association provided that the directors only had power to borrow certain limited sums what were authorized by the shareholders in general meeting and the requisite authority had not been given.[4] Because of the doctrine of constructive notice, the bank is considered to know it. The court asserted that public documents only showed one measure to ask for resolution had been received. The bank did not notice that the resolution had not been authorized, so it did not appear in public of the public documents, the borrower was invalid. Therefore, the external person was able to consider that the internal procedures have been followed.[5]

In addition, it is pointed by Jervis C. J:

> "The party here, on reading the deed of settlement, would find, not a prohibition from borrowing, but a permission to do so on certain conditions. Finding that the authority might be made complete by a resolution, he would have a right to infer the fact of a resolution authorising that which on the face of the document appeared to be legitimately done."[6]

In *Mahony v. East Holyford Mining Co.*,[7] the Bank was reserved that it owned the right to accept checks and signed by the directors on the spot authorized by the article. And there is no obligation to check the validity of the appointment of individuals to sign checks for the director.[8] From the case, it is asserted that third

---

❶ *Royal British Bank v. Turquand* [1856] 6 E&B 327.

❷ M. Naniwadekar. The Law of Agency as Applied in Company Transaction, (2008) ECFR 3.

❸ *Legg & Co. v. Premier Tobacco Co.* (1926 AD 132).

❹ L. Sealy & S. Worthington. *Sealy and Worthington's Cases and Materials in Company Law* [M]. 10th ed. Oxford: Oxford University Press, 2013.

❺ A. Dignam & J. Lowry. Company Law [M]. 7th ed. Oxford: Oxford University Press, 2012.

❻ *Royal British Bank v. Turquand* [1856] 6 E&B 327.

❼ 1875LR 7 HL.

❽ B. Hannigan. Company Law [M]. 2nd ed. Oxford: Oxford University Press, 2009.

parties dealing with a company in good faith are entitled to assume that acts within the constitution of the company have been properly performed. They are not bound to inquire whether the acts of internal management of the company have been performed regularly.[1] Generally speaking, the articles of association may restrict the powers of the board. The question is whether a third party in good faith can enter into a transaction with a company which has not complied with such as article.[2]

However, in a number of situations, the rule is not valid. The exceptions here are:

> " (a) 'unusual' transaction; (b) fraud; (c) where the contracting party is not a 'stranger'; and (d) imposition of a duty to inquire."[3]

The first situation: It is claimed that the application of the indoor management rule, it is a necessary situation that the transaction must be a flawed trade, which was under the usual or ostensible authority of the agent.[4][5] Another exception was found in the Turquand's rule. It is written that if the agent has been involved into a fraudulent transaction, the indoor management rule cannot be regarded as an exception clause.[6][7] So, the necessary condition of this rule is that the rule only is used to adjust the legal relationship which the party's conducts are in good faith or the agent who favorably have no practical notice of the irregularity.[8][9] The next

---

[1] I. D. Campbell. Contracts with Companies. Ⅱ –The Indoor Management Rule [J]. Law Quarterly Review 115 (1960).

[2] A. Hicks & S. H. Goo. Cases & Materials on Company Law [M]. 6th ed. Oxford: Oxford University Press, 2008.

[3] M. Naniwadekar. The Law of Agency as Applied in Company Transaction, (2008) ECFR 3.

[4] The justifications for this have already been discussed. The principle rationale behind this submission is, of course, the "put on inquiry" relationale which has been briefly examined earlier.

[5] M. Naniwadekar. The Law of Agency as Applied in Company Transaction, (2008) ECFR 3.

[6] If a company represents that a document is genuine, it can be estopped from denying the same. Similarly, a company may be liable in tort for a fraud committed by its agent in a matter within the usual scope of the agency.

[7] M. Naniwadekar. The Law of Agency as Applied in Company Transaction, (2008) ECFR 3.

[8] A. Dignam & J. Lowry. Company Law [M]. 7th ed. Oxford: Oxford University Press, 2012.

[9] *Rolled Steel Ltd v. British Steel Corp.*, [1986] Ch 246.

condition stands here: if the third party is an insider partner, the rule is not applied as well.❶ The logic theory behind this sentence is very reasonable. Basically, an insider who is unlike a stranger, according to his or her having known information, it may be easy to know whether or not internal regulations have been finished or not. Hence, one directors of the company will be unable to depend on the indoor management rule against the company; because he is the director controlling the known information.❷❸ The fourth one: Obviously, the responsibility is imposed on the third party, and the third party cannot depend on proxy representation.❹❺

Company Act 2006, S. 40 and S. 41

With the possible abolition of the constructive notice doctrine and the enactment of CA 2006, s. 40 and s. 41, its importance is mitigated.❻ So, it is now supplemented by the *Company Act* 2006 sections 40-41.❼

Section 40 of the 2006 Act implementing article 9 (2), provides statutory provision dealing with the impact of restrictions in the articles upon the authority of the directions.

---

❶ A. Dignam & J. Lowry. Company Law [M]. 7th ed. Oxford: Oxford University Press, 2012.

❷ *Morris v. Kanssen*, [1946] 1 All ER 586. As seen earlier (see supra note 53), Section 35A of the English Companies Act states that in favour of a person dealing with a company in good faith, the power of the board of directors to bind the company, or to authorise others to do so, shall be deemed to be free of any limitations under the company's c constitution. An interesting issue which arises in this regard is as to whether the "insider-outside" distinction is relevant in determining the scope of the words "person dealing with the company". See Smith v. Henniker-Major & Co., [2002] 2 BCLC 655, where the Court of Appeals held by majority that the distinction was relevant in construing the words "any person", and the benefit of the Section could not be claimed by the Chairman of the company. The minority Judge refused to narrow the scope of the words "person dealing with the company" by importing the "insider-outsider" distinction. For a strong criticism of the majority's approach in this case, see, Jennifer Payne, "Company Contracts and Conundrums: when is a Board not a Board and when is a Dirctor not a Person?" (2004) *European Company and Financial Law Review* 235.

❸ M. Naniwadekar. The Law of Agency as Applied in Company Transaction, (2008) ECFR 3.

❹ *Underwood v. Bank of Liverpool*, [1924] 1 KB 775.

❺ M. Naniwadekar. The Law of Agency as Applied in Company Transaction, (2008) ECFR 3.

❻ A. Hicks & S. H. Goo. Cases & Materials on Company Law [M]. 6th ed. Oxford: Oxford University Press, 2008.

❼ Royal British Bank v. Turquand. http://en.wikipedia.org/wiki/Royal_ British_ Bank_ v_ Turquand.

Section 40 provides:

"(1) In favour of a person dealing with a company in good faith, the power of the directors to bind the company, or authorise others to do so, shall be deemed to be free of any limitations under the company's constitution.

(2) For this purpose

(a) a person 'deal with' a company if he is a party to any transaction or other act to which the company is a party,

(b) a person dealing with a company—

(i) is not bound to enquires as to any limitation on the powers of the directors to bind the company or authorise others to do so;

(ii) is presumed to have acted in good faith unless the contrary is proved, and

(iii) is not to be regarded as acting in bad faith by reason only of his knowing that an act is beyond the powers of the directors under the company's constitution.

(3) The references above to limitations on the director's powers under the company's constitution include limitations deriving—

(a) from a resolution of the company or of any class of shareholds, or

(b) from any agreement between the members of the company or of any class of shareholders." ❶

CA 2006, s. 40's objective is to make sure that the third parties participated in a contract with a corporation are guarded and not disfigured by the limitations of the management organs of the corporation. Thus, Turquand's rule acts as a complementary in Section 40. A third party handling with a trustworthy corporation is under protected by the section against any "limitation under company's constitution" of the board's capacity of confine a firm or accredit others to accomplish it. ❷

---

❶ Company Act2006.

❷ A. Hicks & S. H. Goo. Cases & Materials on Company Law [M]. 6th ed. Oxford: Oxford University Press, 2008.

There are several concepts need to be confirmed.

Meaning of "in good faith"

It is explicit that the section does not in avail for all the third parties, and only applies for those trustworthy ones. However, some other formulate pinpoint that 'bad faith' will encounter with trouble to set up.❶ Section 40 (2) offers a three-tiered set of conservation for the third parties.❷ To maintain the good faith demands, the regulation has long lengths to make sure that a people are unlikely to transact with a bad faith corporation, especially through identifying a conclusion of good faith.❸ The situation required to contradict the assumption of good faith is taken in to account in *Wrexham AFC Ltd. v. Crucialmove Ltd.*❹, and the third party acknowledge that director abolishing a specific contract for the company had a conflict of interest.

Meaning of "a person" and "a dealing with a company"

The problem, under this circumstance, was whether a corporation's director could depend on the context of CA s. 40 to operative a resolution conducted by the meeting, participated only by him, to allocate himself explicit causes of act for the company.❺ A person transacts with the company as long as he is a party to a deal or a conduct into a company which is still a transaction party. Even though, the courts are reluctant to take unpaid segment significance.❻ A question is that the director whether to be a person. In *Smith v Henniker-Major & Co.*,❼ while agreeing,

❶ L. Sealy & S. Worthington. Sealy and Worthington's Cases and Materials in Company Law [M]. 10th ed. Oxford: Oxford University Press, 2013.

❷ Ibib.

❸ B. Hannigan. Company Law [M]. 2nd ed. Oxford: Oxford University Press, 2009.

❹ [2008] 1 BCLC 508, CA.

❺ L. Sealy & S. Worthington. Sealy and Worthington's Cases and Materials in Company Law [M]. 10th ed. Oxford: Oxford University Press, 2013.

❻ A. Hicks & S. H. Goo. Cases & Materials on Company Law [M]. 6th ed. Oxford: Oxford University Press, 2008.

❼ [2002] 2 BCLC, 655, CA.

as referred in ordinary language, "person" maybe contains a director; the majority of the Court of Appeal did not accept the terms of the directors may depend on the statutory authority of the errors in the author's own mistakes.[1][2]

The outcome of section 40, in conclusion, is that so long as third parties are considered the board has the power to operate the company and conduct all the rights of the company. It does not influence the demands to set up the common law requirements of actual or apparent authority but it does mean that the constitution cannot, if third parties transacting with the company in good faith are confirmed, stop the board making a grant of authority or making a representation.[3] In terms of apparent authority, the other meaning is that to put this would be to show that this provision abolishes the constructive knowledge doctrine. But as a result of section 40, it is no limitations for them to have deemed knowledge of.[4]

Note in particular that the section has effect subject to CA 2006, s. 41 where the parties to the transaction include a director of the company or of its holding company or a person connected with such director.[5]

Conclusion

In daily business life, the doctrine of agency, which comes up with the vehicle through most commercial transactions are enforced by company, if without it, all that is left is the insuperable theoretical problem that the company, being a fictional entity, a legal personality, cannot perform certain acts on its own.[6]

---

❶ B. Hannigan. Company Law [M]. 2nd ed. Oxford: Oxford University Press, 2009.

❷ [2002] 2 BCLC 655 at 684, per Carnwath LJ who stressed that the director here was also the chairman and the person entrusted with ensuring that the constitution was observed; also at 687, per Schiemann LJ. Robert Walker LJ dissented on the basis of the relationship between what is now CA 2006, s. 40 and s. 41, but the basis of his dissent has been eroded by the fact that s. 40 (6) now states expressly that s. 40 has effect subject to s. 41.

❸ D. Kershaw. Company Law in Context Text and Materials [M]. 2nd ed. Oxford: Oxford University Press, 2012.

❹ Ibib.

❺ B. Hannigan. Company Law [M]. 2nd ed. Oxford: Oxford University Press, 2009.

❻ B. Pettet. Company Law [M]. 2nd ed. Edinburgh: Pearson Education Limited Press, 2005.

While an individual has completed legal capacity, nevertheless a company can only do those acts which are authorized to do by its constitution.❶ However, there is a question that what degree of agency authorized by company. As Ji Lian Yap said that if an agent is found to have represented to the third party when enter into a transaction without granted in fact. This situation often gives rise to difficult questions of agency law.❷ Later on, in case *Royal British Bank v. Turquand*, there is a new rule to adjust the above mentioned issue. The rule makes it impossible for one person to communicate with the company to argue that they were aware of that the company lacked capacity to enter the transaction.❸ Clearly, this is against business efficacy. In order to mitigate the harshness of this rule, Courts developed the "indoor management" rule, which can come to the aid of outsiders contracting with the company.❹ And in 2006 UK Company Act, the rule is to be written.

---

❶ B. Palmer. Palmer's Company Law [M]. 24th ed. London: Sweet & Maxwell Press, 1987.

❷ Y. Ji. Apparent Authority: Doctrinal Underpinnings and Competing Policy Goals, [2014] JBL 72.

❸ A. Dignam & J. Lowry. Company Law [M]. 7th ed. Oxford: Oxford University Press, 2012.

❹ M. Naniwadekar. The Law of Agency as Applied in Company Transaction, (2008) ECFR 3.

参考文献

[1] 黄韬. 我国金融市场从“机构监管”到“功能监管”的法律路径［J］. 华东政法大学学报，2011（11）.

[2] 郭峰. 大金融视野下的证券监管理念和证券法修改路径. 中国金融服务法律网. http：//www. ourlaw. net/.

[3] 叶林. 证券法［M］. 四版. 北京：中国人民大学出版社，2013.

[4] 李开国. 民法总则问题研究［M］. 北京：法律出版社，2003.

[5]［日］我妻荣. 债权在近代法中的优越地位［M］. 北京：中国大百科全书出版社，1999.

[6] 陈醇. 权利的结构——以商法为例［J］. 法学研究，2010（4）.

[7] 姚海放. 论证券概念的扩大及对金融监管的意义［J］. 政治与法律，2012（8）.

[8] 林志敏. 论法律权利结构［J］. 吉林大学社会科学学报，1990（4）.

[9]［美］弗兰克·B. 克罗斯，罗伯特·A. 普伦蒂斯. 法律与公司金融［M］. 伍巧芳，高汉，译. 北京：北京大学出版社，2011.

[10] 杨东. 论金融法制的横向规制趋势［J］. 法学家，2009（2）.

[11] 陈洁. 证券法的变革与走向［M］. 北京：法律出版社，2011.

[12] 郭锋. 新证券法：国家干预与放松管制之平衡. 中国民商法网. http：//www. civillaw. com. cn/article/default. asp？ id=26097.

[13] 高伟. 证券风险的外部性与证券监管［J］. 金融教学与研究，2002（4）.

[14] 周海冰. 政府隐性承诺与中国证券市场价格反应［J］. 南开经济研究，2006（5）.

[15] 侯东德，李俏丽. 多层次资本市场间转板对接机制探析［J］. 上海金融，2013（12）.

[16] 赵旭东. 公司法学［M］. 北京：高等教育出版社，2015.

［17］李东方. 论证券监管法律制度的基本原则［N］. 北京大学学报（哲学社会科学版），2001（6）.

［18］王京，等. 证券法比较研究［M］. 北京：中国人民公安大学出版社，2004.

［19］黄晓燕. 论完善证券监管法律制度的指导原则［N］. 运城学院学报，2005（2）.

［20］中国证监会国际合作部译. 证券监管的目标和原则［N］. 证券市场导报，2006-7（7）.

［21］周云倩. 舆论监督的程序价值研究［J］. 现代视听，2009（9）.

［22］韩强. 程序民主论［M］. 北京：群众出版社，2002.

［23］关保英. 论行政合理性原则的合理条件［J］. 中国法学，2000（6）.

［24］张忠军. 优化金融监管：金融监管法基本原则［J］. 法学，1998（1）.

［25］刘俊海. 现代证券法［M］. 北京：法律出版社，2011.

［26］李东方. 证券法学.［M］. 北京：中国政法大学出版社，2007.

［27］叶林. 证券法教程［M］. 北京：法律出版社，2005.

［28］屈小桀，罗忠洲. 我国推出融资融券的风险及其对策［J］. 浙江金融，2009（7）.

［29］卫绪华. 论融券交易风险的法律控制［D/OL］. 南宁：广西大学，2007.

［30］范健，王建文. 证券法［M］//北京：法律出版社，2007.

［31］International Financing Review：Mergers and Acquisitions the Complete and Practice. Gee & Co.［J］. 1989，432. 转引自谈萧：《上市公司治理与监管专题研究》［M］. 北京：法律出版社，2006.

［32］陈光. 上市公司收购中一致行动法律制度研究［D/OL］. 北京：中国政法大学，2006.

［33］姜廷松，周湘伟，黄宗强. 中国证券法与证券法律实务［M］. 北京：华夏出版社，2002.

［34］王安. 股爷您上座——大话中国证券市场十年［M］. 北京：华艺出版社，2000.

［35］方流芳. 证券交易所的法律地位——反思“与国际惯例接轨”［J］. 政法论坛，2007（1）.

［36］李慎波. 新三板操作实务［M］. 北京：法律出版社，2011.

[37] 东方财富网. 新三板做市商可 T+0 力促流动性 [N/OL]. http://stock.eastmoney.com/news/1614,20140426380131711.html, 2017-12-30.

[38] 中国证券业协会. 证券市场基础知识 [M]. 北京: 中国金融出版社, 2012.

[39] 中国证券业协会. 证券交易 [M]. 北京: 中国金融出版社, 2012.

[40] 葛扬. "后行政人控制"与企业治理结构经济管理与社会科学前言研究 [M]. 北京: 中国金融出版社, 2000.

[41] 赵万一. 公司治理法律问题研究 [M]. 北京: 法律出版社, 2004.

[42] 封思贤. 我国证券公司风险管理体系研究 [J]. 当代经济管理, 2006, 2 (28).

[43] 耿利航. 中国证券市场中介机构的作用与约束机制 [M]. 北京: 法律出版社, 2011.

[44] 黄小花, 黄忠仁, 谢利人. 我国证券中介机构失信及其防治对策 [J]. 证券与投资, 2011, 5 (24).

[45] 王苏生. 证券投资基金管理人的责任 [M]. 北京: 北京大学出版社, 2001.

[46] 许占涛. 投资基金论 [M]. 北京: 经济科学出版社, 1998.

[47] 刘俊海. 投资基金立法中的若干争议问题研究 [J]. 杭州师范学院学报, 2002 (2).

[48] 孔敏. 投资基金实用知识 [M]. 北京: 北京气象出版社, 1994.

[49] 陈丽萍. 证券投资基金的法律性质 [J]. 中国法学, 2004 (3).

[50] 吴弘. 基金的法律性质辨析 [J]. 投资基金法修订上海课题组资料汇编二, 2009 (2).

[51] 赵振华. 证券投资基金法律制度研究 [M]. 北京: 中国法制出版社, 2005.

[52] 郭锋. 证券投资基金法导论 [M]. 北京: 法律出版社, 2008.

[53] 张安中. 美国投资基金的独立董事制度及对我国的启示 [J]. 金融纵横, 2007 (21).

[54] 周玉华. 投资信托基金法律应用 [M]. 北京: 人民法院出版社, 2000.

[55] Campbell H. Black's Law Dictionary [M]. 6th ed. St. Paul, MN: West Publishing Co., 1990.

［56］高西庆. 证券市场强制性信息披露制度的理论根据［J］. 证券市场导报，1996（10）.

［57］Fama E. F. The Behavior of Stock-market Prices［J］. The Journal of Business，1965，38（1）. 转引自：吴晓灵. 投资基金法的理论与实践：兼论投资基金法的修订与完善［M］. 上海：上海三联书店，2011：15.

［58］乔治·阿克洛夫. "柠檬"市场：质量的不确定性和市场机制［J］. 经济导刊，2001（6）.

［59］吴晓灵. 投资基金法的理论与实践：兼论投资基金法的修订与完善［M］. 上海：上海三联书店，2011.

［60］胡杰. 开放式证券投资基金信息披露法律制度研究［D/OL］. 重庆：西南政法大学，2009. http：//cdmd. cnki. com. cn/Article/CDMD - 10652 - 2009121655. htm，2018-01-20.

［61］田英伟. 试论证券投资基金信息披露法律制度之完善——以开放式证券投资基金信息披露为中心［D］. 上海：华东政法大学，2007（30）. http：//www. doc88. com/p-0979365032768. html，2018-01-20.

［62］申晨. 我国证券投资基金信息披露制度研究［D/OL］. 合肥：安徽大学，2010. http：//cdmd.cn ki.com.cn/Article/CDMD-10357-2010145801.htm，2018-01-20.

［63］甫玉龙，黄凤兰. 行业协会权能的法律规范探讨［J］. 中国行政管理，2006（3）.

［64］符启林. 证券法［M］. 北京：法律出版社，2007.

［65］李朝晖. 证券市场法律监管比较研究［M］. 北京：人民出版社，2000.

［66］周友苏. 新证券法论［M］. 北京：法律出版社，2007.

［67］谭立. 证券信息披露法理论研究［M］. 北京：中国检察出版社，2009.

［68］Brandeis L. D. Other People's Money-and how the Bankers Use it［J］. Washington，DC：National Home Library Foundation，1933.

［69］Loss，L. Fundamentals of Securities Regulation［M］. Boston：Little，Brown and Co.，1983.

［70］林毅夫，李永军，路磊. 中国金融体制改革的回顾和展望［R］. 北京：北京大学中国经济研究中心，2000.

［71］赵春学，黄建军. 论虚拟资本和现实资本的基本关系［J］. 当代财经，2000（8）.

[72] 谭立. 证券信息披露法理论研究［M］. 北京：中国检察出版社，2009.
[73] 齐斌. 证券市场信息披露法律监管［M］. 法律出版社，2000.
[74] 周晓刚. 美国证券发行注册豁免制度研究［J］. 证券市场导报，2001（4）.
[75] 侯水平. 证券法学［M］. 武汉大学出版社，2009.
[76] 华强. 投资者保护做得好，资本市场就发展得好［N］. 证券时报，2002-6-24.
[77] 李扬. 适应金融发展需要重塑监管框架［J］. 金融博览，2011（2）.
[78] 吴志攀. 华尔街金融危机中的法律问题［J］. 中国检察官，2009（2）.
[79] 李安安. 欧美证券法的最新发展及其对我国证券法制完善之启示［J］. 证券法苑，5.
[80] 彭岳. 美国证券法域外管辖的最新发展及其启示［J］. 现代法学，2011（6）.
[81] 朱文忠. 多德-弗兰克法案的历史维度及启示［J］. 国际经贸探索，2011（11）.
[82] 彭兴庭. 公平、稳定与自由的权衡与协调——《多德-弗兰克法案》述评［J］. 证券市场导报，2010（10）.
[83] 周卫江. 美国金融监管的历史性变革——评析《多德-弗兰克法案》［J］. 金融论坛，2011（3）.
[84] ［美］约瑟夫·E. 斯蒂格利茨. 自由市场的坠落［M］. 李俊青，杨玲玲，译. 北京：机械工业出版社，2017
[85] 罗培新. 美国金融监管的法律与政策困局之反思——兼及对我国金融监管之启示［J］. 中国法学，2009（3）.
[86] 罗培新. 美国新自由主义金融监管路径失败的背后——以美国证券监管失利的法律与政治成因分析为视角［J］. 法学评论，2011（2）.
[87] ［日］上村达男. 美国、欧洲、中国及日本的公司法制度：以资本市场与市民社会的关系为视角［J］. 证券法苑，2011（4）.
[88] 廖凡，张怡. 英国金融监管体制改革的最新发展及其启示［J］. 金融监管研究，2012（2）.
[89] 梁慧星. 从近代民法到现代民法——二十世纪民法回顾［A］. 梁慧星. 民法学说判例与立法研究. 第2册. 北京：国家行政学院出版社，1999.
[90] 谢鸿飞. 现代民法中的“人”：观念与实践［J］. 北大法学评论. 北京：法

律出版社，2001（3）.

［91］于春敏. 金融消费者的法律界定［J］. 上海财经大学学报，2010（4）.

［92］赵万一. 证券法学［M］. 北京：中国法制出版社，2006.

［93］王和明. 金融消费者的八大权利［J］. 人民法院报，2004，3（21）.

［94］曹兴权. 商事法律制度构建视野的转换——以金融消费者保护为例［J］. 上海财经大学学报，2011（5）.

［95］胡婷婷. 金融消费者外延之惑求解［D］. 重庆：西南政法大学，2011.

［96］郎咸平. 股市“铁三角”不破　中小股民利益难保［OL］. http://stock.stockstar.com/SS2011121200001096.shtml，2012-2-7.

［97］杨东. 日本投资者保护立法理念的最新发展［A］. 王利明，祝幼一. 物权法与证券投资者权益保护. 北京：中国人民大学出版社，2008.

［98］刘学华. 我国投资者适当性管理制度构建浅析［J］. 中国证券期货，2011（9）.

［99］郭树清. 深化证券期货市场改革，促进实体经济科学发展——郭树清主席在第九届中小企业融资论坛上的讲话［OL］. http://www.csrc.gov.cn/pub/newsite/bgt/xwdd/201112/t20111201_202480.htm，2013-12-28

［100］［日］神崎克郎. 日本战后50年的金融、证券法制［J］. 法学杂志，2000（2）.

［101］席秉琼. 张春晖. 郑路. 日本的《金融商品交易法》及其借鉴意义［J］. 中国信用卡，2010（4）.

［102］刘俊海 . 2004法治化将加速前行［N］. 中国证券报，2003-12-30.

［103］刘俊. 建议《公司法》与《证券法》联动修改［J］. 法学论坛，2013（7）.

［104］Council Directive 89/592/EECof 13 November 1989 coordinating regulations in insider dealing.

［105］Directive 2003/6/EC：Market abuse consists of insider dealing and market manipulation.

［106］Directive on Criminal Sanctions for Market Abuse-Frequently Asked Questions. http：//europa.eu/rapid/press - release _ MEMO - 14 - 78 _ en.htm，last visited 5 January，2015.

［107］ESMA. CSDR：ESMA Consults on Implementing Measures for New Settlement

Regime. http: //www. esma. europa. eu/news/CSDR-ESMA-consults-implementing-measures-new-settlement-regime, lasted visied4 January, 2015.

[108] European Commission. Daily News. http: //europa. eu/rapid/midday-express-12-06-2014. htm? locale=en, last visited 3 January, 2015.

[109] Jones. C. Casting A Wider Net to Catch Market Abuse [J]. Financial Services (2014). http: //blogs. lexisnexis. co. uk/fs/casting-a-wider-net-to-catch-market-abuse/, last visited 5 January, 2015.

[110] L. Enriques & M. Gatti. Is There a Uniform EU Securities Law After the Financial Services Action Plan? [J]. Working Paper (2007). http: //ssrn.com/abstract=982282.

[111] Cleary Gottlieb Steen & Hamilton LLP. MAD Ⅱ Adopted by European Parliament and Council (2014). http: //www. cgsh. com/files/News/b50f94c4-82e5-4ce4-9b87-6a2d8c9de4a8/Presentation/NewsAttachment/907ed507-44ad-4c02-bdc4-6f7585627df3/European% 20Union% 20Overhauls% 20Insider% 20Dealing% 20and% 20Market% 20Abuse% 20Regime. pdf, last visited 5 January, 2015.

[112] Market Abuse Regulation No 596/2014on market abuse (MAR).

[113] Market Abuse Directive 2014/57/EUon criminal sanctions for market abuse (CSMAD).

[114] Market Directive Disclosure Regime in Practice: Some Margins for Future Actions. http: //www. assonime. it/AssonimeWeb2/servletAllegati? numero=3931.

[115] Proposals for A Regulation on Market Abuse and for A Directive on Criminal Sanctions for Market Abuse: Frequently Asked Questions, http: //europa. eu/rapid/press-release_ MEMO-11-715_ en. htm? locale=en.

[116] Public Consultation on A Revision of the Market Abuse Directive (MAD). http://ec.europa.eu/internal_ market/consultations/docs/2010/mad/consultation_paper.pdf.

[117] Ryder, N. Financial Crime in the 21st Century Edward [M]. Cheltenham: Elgar Publishing Limited, 2011.

[118] SIems. M. & Nelemans. M. The Reform of the EU Market Abuse Law: Revolution or Evolution [J]. The Maastricht Journal of European and Comparative law

(2012) Vol 19.

[119] The New EU Market Abuse and Inside Information Regime-An Overview. Corporate and Financial Services Briefing. http://hsfnotes. com/fsrandcorpcrime/2014/07/04/the-new-eu-market-abuse-and-inside-information-regime-an-overview/, last visited 5 January, 2015.

[120] The New EU Market Abuse and Inside Information Regime-ESMA Consults on Draft Implementing Measures. http://hsfnotes. com/fsrandcorpcrime/2014/07/16/the-new-eu-market-abuse-and-inside-information-regime-esma-consults-on-draft-implementing-measures/.

[121] W. Jong. Tackling Financial Market Abuse in the EU. Library of the European Parliament. http://www. europarl. europa. eu/RegData/bibliotheque/briefing/2013/130440/LDM _ BRI% 282013% 29130440 _ REV1 _ EN. pdf, last visited 4 January, 2015.

[122] A. Hicks & S. H. Goo. Cases & Materials on Company Law [M]. 6th ed. Oxford: Oxford University Press, 2008.

[123] A. Dignam & J. Lowry. Company Law [M]. 7th ed. Oxford: Oxford University Press, 2012.

[124] A. Stiebel. The Ostensible Powers of Directors [J]. Law Quarterly Review350 (1933).

[125] B. Hannigan. Company Law [M]. 2nd ed. Oxford: Oxford University Press, 2009.

[126] B. Palmer. Palmer's Company Law [M]. 24th ed. London: Sweet & Maxwell Press, 1987.

[127] B. Pettet. Company Law [M]. 2nd ed. Edinburgh: Pearson Education Limited Press, 2005.

[128] C. H. Tan. The Law of Agency [M]. Singapore: Academy Publishing, 2010.

[129] Companies Act 1985, Chapter 6.

[130] D. Baze. Common Law of Agency—A Supplement Chapter for Oklahoma Real Estate Principles (2009). https: //www. charlesbarnes. com/pdf_ files/agency. pdf.

[131] D. DeMott. Instructions and the Agency Relationship. unpublished manuscript.

[132] D. Kershaw. Company Law in Context Text and Materials [M]. 2nd ed. Oxford: Oxford University Press, 2012.

[133] D. Paul L. & W. Sarah. Principles of Modern Company Law [M]. 9th ed. London: Sweet & Maxwell Press, 2012.

[134] E. Ferran. Company Law and Corporate Finance [M]. 1st ed. Oxford: Oxford University Press, 1999.

[135] Ernst v. Nicholls, (1857) 6 HLC 401.

[136] European Communities Act 1972, Chapter 68.

[137] I. D. Campbell. Contracts with Companies. Ⅱ-The Indoor Management Rule [J]. Law Quarterly Review115 (1960).

[138] Kelly v. Fraser [2012] UKPC 25; [2012] 3 W. L. R. 1008 PC (Jamaica).

[139] L. Chapple & P. Lipton. Enforcing Contracts in Dealings with Corporate Officers. Melbourne: 2002.

[140] Legg & Co. v. Premier Tobacco Co. . (1926 AD 132).

[141] L. S. Sealy and R. J. A. Hooley. Commercial Law, Text, Cases and Materials [M]. 4 th ed. Oxford: Oxford University Press, 2009.

[142] L. Sealy & S. Worthington. Sealy and Worthington's Cases and Materials in Company Law [M]. 10 th ed. Oxford: Oxford University Press, 2013.

[143] M. Naniwadekar. The Law of Agency as Applied in Company Transaction, (2008) ECFR 3.

[144] Morris v. Kanssen, [1946] 1 All ER 586.

[145] Per Lord Hatherley in Mahoney v. East Holyford Mining Co., (1875) LR 7HL 869; see Also Ernst v. Nicholls, (1857) 6 HLC 401.

[146] P. Lawton. LLM International Business and Corporate Law Lecture Outline about Corporate Capacity—Ultra Vires Contracts.

[147] P. Watts and F. M. B. Reynolds. Bowstead & Reynolds on Agency [M]. 19 th ed. London: Sweet & Maxweel Press, 2010.

[148] Re John Beuforte (London) Ltd., [1953] Ch. 131.

[149] Rolled Steel Ltd. v. British Steel Corp., [1986] Ch 246.

[150] Royal British Bank v. Turquand [1856] 6 E & B 327.

[151] Royal Bank v. Turquand. http://en.wikipedia.org/wiki/Royal_British_

Bank_ v_ Turquand.

[152] Salomon v. Salomon & Co., [1897] AC 22.

[153] The Indoor Management Rule. http://vijayhighcourt1.blogspot.co.uk/2008/10/indoor-management-rule.html.

[154] The Turquand Rule-Statutory and Common Law. http://www.academia.edu/8765063/The_ Turquand_ Rule_ Statutory_ and_ Common_ Law.

[155] Underwood v. Bank of Liverpool, [1924] 1 KB 775.

[156] Y. Ji. Apparent Authority: Doctrinal Underpinnings and Competing Policy Goals, [2014] JBL 72.

后　记

本书各章写作分工如下：第一、三章：谢九华；第二章：宋姝；第四章：尹航；第五章：谢九华（第一节）、李俏丽（第二节），樊沛鑫（第三节和第四节）。本书选题确定、大纲拟订、统稿、修订、校稿工作由谢九华和樊沛鑫共同完成。由于水平有限，尽管经过多次集体讨论和反复修改校订，谬误仍在所难免，恳请读者批评指正。

谢九华　樊沛鑫

2018 年 1 月 29 日